복 있는 사람

오직 여호와의 율법을 즐거워하여 그 율법을 주야로 묵상하는 자로다.
저는 시냇가에 심은 나무가 시절을 좇아 과실을 맺으며 그 잎사귀가 마르지 아니함 같으니
그 행사가 다 형통하리로다. (시편 1:2-3)

『하나님의 나그네 된 백성』은 오랫동안 우리 성도들에게 추천해 온 책이다. 이 책은 하나님의 백성인 교회가 세상에서 소수자와 약자의 지위로 살아간다는 것을 깨우친다. 지는 것 같고 죽은 자 같은 우리의 존재를 통해 하나님은 진리와 생명과 영광을 담아내며 증거하신다. 이것이 하나님의 지혜요 권능인 십자가의 신비이며, 우리 모두의 신앙 현실이자 위대한 기회다. 출간된 지 30년이 지났지만 여전히 오늘날 교회와 그리스도인이 함께 고민하고 나눌 만한 통찰을 제시한다는 점에서 한국 교회에 참으로 반가운 선물이 아닐 수 없다.

박영선 남포교회 원로목사

이 세상에서 믿는 사람으로서 산다는 것이 무엇인지, 이 책처럼 선명하게 밝혀 준 책은 없었다. 교회의 본질이 무엇이며 그 본질을 지키는 것이 얼마나 고귀한 소명인지, 이 책처럼 가슴 벅차게 설명해 준 책은 없었다. 목회가 혹은 교회를 세우기 위한 헌신이 얼마나 거룩한 소명인지, 이 책을 통해 확신하게 되었다. 30년 전, 이 책을 붙들고 전율했던 기억이 생생하다. 그 이후로 이 책은 내 영성과 목회의 교과서가 되었다.

김영봉 와싱톤사귐의교회 담임목사

이 책의 두 저자는 마치 필사즉생必死卽生의 정신으로 배수진을 친 장수 같다. 교회와 세상을 구분하며 자기 도성을 쌓아가는 현대 교회의 대세를 막아선 채 비장하고 날 선 소리를 들려주기 때문이다. 그 때문에 이 책을 피하고 싶은 사람도 있을 것 같다. 하지만 이 안에 담긴 메시지를 경청하는 이들은 교회의 본질이 무엇인지, 그리스도인으로 산다는 것이 무엇인지 아프게 돌아볼 것이고, 문화와 교회의 관계에 대해 깊이 숙고하게 될 것이다. 이 책에서 다루고 있는 교회론은 화석화되어 버린 교리가 아니다. 현실의 이야기를 때로는 감동적으로, 때로는 따끔한 죽비로 담아낸다. 나에게 이 책은 도전이고 모험이다.

최주훈 중앙루터교회 담임목사

"이 세상을 변화시키려 하지 말라. 먼저 교회가 변하라. 오늘날 사회가 변하지 않는 것은 교회가 사회 윤리적 책임감이나 전략이 부족해서가 아니라 교회다움을 잃어버렸기 때문이다. 교회가 바로 사회 윤리다." 다소 소극적이고 분파적인 윤리로 들릴지도 모른다. 그러나 이 책은 이 주장의 신학적 근거와 실제적 전략을 명료하게 제시해 준다. 신앙과 삶의 태도와 방식에서 일반 사회와 다른 독특성을 보이지 못하고 있는 현재의 한국 교회로서는, 30년 전이나 지금이나 여전히 뼈아프게 새겨듣고 반성해 볼 만한 역작이다.

신원하 고려신학대학원 원장, 기독교윤리학 교수

쉽게 읽히면서도 우리의 의식에 깊은 자국을 남기고 삶을 근원적으로 변화시키는 책이 있다. 그런가 하면, 시간이 지날수록 그 의미가 더욱 분명히 드러나고 시대적 적합성을 증명하는 예언자적 메시지를 품고 있는 저작도 있다. 현대 미국 신학을 대표하는 두 거장의 협업과 우정의 결과물인 『하나님의 나그네 된 백성』이야말로 바로 그러한 책이다. 하우어워스와 윌리몬의 소박하고 진솔하며 유쾌한 글쓰기에는 현대 문명을 비판적으로 해부하고 교회의 본질적 사명을 재발견하게 해줄 소중한 신학적 통찰과 수사학적 힘이 배어 있다. 소비주의와 군사주의, 업적주의, 개인주의의 포로가 되어 있는 현대인에게 이 책은 그리스도인의 일차적 사명은 세상을 변혁하는 것이 아니라 '교회를 교회 되게 하는 것'임을 자각하게 해준다. 이번 판에 새롭게 포함된 윌리몬의 서문과 하우어워스의 후기는 이 책을 처음 접한 이들에게 신뢰할 만한 독서의 안내자가 되어 줄 것이고, 이 책을 다시 읽는 이들에게는 더욱 풍성한 해석과 이해의 기쁨을 선사해 줄 것이다.

김진혁 횃불트리니티신학대학원대학교 조직신학 교수

스탠리 하우어워스는 어느 누구와도 견줄 데 없는 이 시대의 탁월한 신학자다.

월터 브루그만 컬럼비아 신학교 구약학 명예교수

이 책이 처음 출간되었을 때, 그 반응은 실로 놀라웠다. 학계에서는 뜨거운 논쟁을 불러일으켰고, 현장 목회자들에게는 사역의 의미와 중요성을 한층 더 명민하게 깨닫게 해주었으며, 교회에게는 선교의 열정을 회복하고 교회의 고유한 신학 언어를 새로 배우도록 도와주었다. 한 권의 책이 가져온 결과라고 믿기 어려울 정도로 광범위한 영향을 미쳤다. 이 책이 촉발했던 교회와 문화에 관한 생생한 대화를 이 새로운 판을 통해 새 세대가 이어받아 계속해 가리라 기대한다.

토마스 G. 롱 에모리 대학교 캔들러 신학교 설교학 교수

『하나님의 나그네 된 백성』이 나뿐만 아니라 전 세대 기독교 지도자들에게 미친 영향은 참으로 커서 이루 다 말하기 어렵다. 내가 풀러 신학교 학생일 때 처음 손에 들었던 이 책은 밑줄로 가득 차고 모서리가 심하게 비틀려 버렸다. 지금까지 내가 사람들과 나눈 대화에서 이 책만큼 자주 언급한 책도 없을 것이다. 이제 새로운 판이 나옴을 기뻐하고 환영한다.

토니 존스 트윈시티 연합신학교 실천신학 교수

이 책은 내가 늘 곁에 두고 읽는 책 가운데 하나다. 나의 목회와 신학에 커다란 영향을 끼쳤다. 선교 지도자들을 위한 비판적이고 예언적인 독서 자료이며, 예수의 철저한 메시지로 돌아서라는 선명한 부름이다.

마이크 슬라우터 킹햄스버그 연합감리교회 담임목사

하나님의 나그네 된 백성

Stanley Hauerwas, William H. Willimon

Resident Aliens

하나님의
나그네 된
백성

Resident

Aliens

스탠리 하우어워스 · 윌리엄 윌리몬 | 김기철 옮김

이 땅에서 그분의 교회로 살아가는 길

복 있는 사람

하나님의 나그네 된 백성

2008년 8월 27일 초판 1쇄 발행
2018년 9월 20일 개정증보판 1쇄 발행
2022년 12월 12일 개정증보판 4쇄 발행

지은이 스탠리 하우어워스·윌리엄 윌리몬
옮긴이 김기철
펴낸이 박종현

(주) 복 있는 사람
주소 서울특별시 마포구 연남동 246-21(성미산로23길 26-6)
전화 02-723-7183(편집), 7734(영업·마케팅)
팩스 02-723-7184
이메일 hismessage@naver.com
등록 1998년 1월 19일 제1-2280호

ISBN 978-89-6360-242-4 03230

이 도서의 국립중앙도서관 출판예정도서목록(CIP)은
서지정보유통지원시스템 홈페이지(http://seoji.nl.go.kr)와 국가자료공동목록시스템
(http://www.nl.go.kr/kolisnet)에서 이용하실 수 있습니다. (CIP 제어번호: 2018006487)

토머스 랭포드와 데니스 캠벨에게

일러두기 | 이 책에 인용된 성경구절은 '새번역 성경'을 따랐다.

여러분 안에 이 마음을 품으십시오.

그것은 곧 그리스도 예수의 마음이기도 합니다.

그는 하나님의 모습을 지니셨으나,

하나님과 동등함을 당연하게 생각하지 않으시고,

오히려 자기를 비워서 종의 모습을 취하시고, 사람과 같이 되셨습니다.

그는 사람의 모양으로 나타나셔서, 자기를 낮추시고,

죽기까지 순종하셨으니, 곧 십자가에 죽기까지 하셨습니다.

그러므로 하나님께서는 그를 지극히 높이시고,

모든 이름 위에 뛰어난 이름을 그에게 주셨습니다.

그리하여 하늘과 땅 위와 땅 아래 있는 모든 것들이

예수의 이름 앞에 무릎을 꿇고,

모두가 예수 그리스도는 주님이시라고 고백하여,

하나님 아버지께 영광을 돌리게 하셨습니다.

……

그러나 우리의 시민권은 하늘에 있습니다. 그곳으로부터 우리는

구주로 오실 주 예수 그리스도를 기다리고 있습니다.

그분은 만물을 복종시킬 수 있는 권능으로,

우리의 비천한 몸을 변화시키셔서,

자기의 영광스러운 몸과 같은 모습이 되게 하실 것입니다.

빌립보서 2:5-11. 3:20-21

차례

서문

『하나님의 나그네 된 백성』이 세상의 빛을 보게 된 것은 우연의 결과였다고 말하고 싶은 생각도 든다. 오늘날 북아메리카 사람들이 인생의 방향을 두고 서슴없이 주장하는 만큼이나 행운이 작용하였다. 조심스럽게 말하면, 행운이 스탠리와 나를 같은 주간에 듀크 대학교에 있도록 이끌었다고 볼 수 있을 것 같다. 우리 두 사람은 빠르게 친구가 되었으며 마침내 한 권의 책을 함께 썼는데, 이 책은 우리가 그 전후로 쓴 어떤 책보다 많이 팔렸다.

하지만 독자들도 알다시피 그리스도인들은 행운을 믿지 않는다. 우리는 하나님을 믿는다. 하나님은 우리 가운데서 일하시면서, '내 인생은 나의 것'이라는 망상에 젖어 내 마음대로 살아가는 삶을 휘어잡으신다. 세상에서 행운이라고 부르는 것을 우리는 섭리, 곧 살아 계신 하나님의 놀라운 모략이라 부르도록 배웠다. 예수 그리스도의 부활 덕분에 우리는 우리 자신이 쓰지 않은 우리 이야기를 살아 낼 수 있다. 도로시 데이Dorothy Day는 그의 책 『고백』The long loneliness의 마지막 부분에서 다음과 같은 아름다운 구절을 들려준다. 도로시 데이와 피터 모린, 그리고 몇 명의 좌파 운동가들이 둘러앉아 한가롭게 이야기를 나누고 있는데, 어떤 사람이 끼어들어 먹을 것을 요청하였고 그에 응답해 빵을 내주었다. 또한 대공황이 한창이던 때 그들이 『가톨릭 노동자』The Catholic Worker를 제작하며 한담을 나누고 있는데, 어떤 사람이 들어와 잠잘 곳을 요청하였고 그래서 잠자리를 마련해 주었다. 만약 그들이 그런 행동으로 답하지 않았더라면, 그들의 말은 그저 공허한 말로 끝나 버렸을 것이다. 이렇게 해서 평범한 좌파 사람에 불과했을 한 무리의 사람들을 통해 하나님께서 뉴욕의 한 지역에 선을 다시 일으켜 세우는 위대한 이야기가 시작되었다. 잘 알려져 있듯이, 루터는 자기가 질 좋은 비텐베르크 맥주를 많이 마셨을 뿐인데 그렇게 해서 종교개혁이 일어났다고 말했다. 사도행전에 따르면, 빌립은 사마리아 지역으로 떠밀려 들어갔으며, 그러다 번뜩 정신을 차리고 보니 자기가 이방인과 내시에게 세례를 베풀고 있는 모습을 보게 되었다.

그리스도인들은 자기의 삶을 데이나 루터, 누가와 같은 방식으로 묘사하는데, 그 까닭은 이교도들이 환상적으로 그려 내는 행운을 신뢰하는 것이 아니라 하나님의 섭리에 대한 믿음을 고백하려는 것이다. 그 섭리 안에서 우리는 우리 이야기에 대한 주도권을 상실하고, 성령께서 우리를 사로잡았음을 깨닫고, 우리가 바라는 것보다 훨씬 더 위대한 일을 위해 우리가 사용됨을 확인하게 되는, 때로는 기쁨으로 충만하고 때로는 두렵기도 한 순간들로 삶이 이루어짐을 고백하게 된다.

나는 스탠리와 내가 성령의 감화를 받아 『하나님의 나그네 된 백성』을 저술했다고 믿는다. 물론 이 책의 내용 전체가 삼위일체의 셋째 위격 덕으로 완성되었다고는 할 수 없지만, 이 책은 하나님께서 이 책을 원하셨다고 생각해도 괜찮을 만큼 좋은 내용으로 가득하다. 나는 우리 두 저자가 많은 내용에서 그릇됐을 수도 있다고 생각하지만 (비평가들 중 공평치 못한—혹시 모두가 다 그런 것은 아닌가?—사람들에게 "아, 그 부분은 내가 쓴 것이 아니라 스탠리가 썼습니다"라고 말할 수 있다는 것이 얼마나 신나는 일인지 모른다) 적어도 우리는 하나님께 많은 것을 드렸고, 그로써 수많은 목회자와 평신도들이 "『하나님의 나그네 된 백성』은 우리 자신과 교회에 대해 그리고 하나님께서 우리에게 맡겨 주신 일에 대해 정확하게 밝혀 준다"고 말할 수 있게 되었다고 생각한다.

내가 책 서두에서 폭스 극장이 최초로 주일에 영화를 상영했던 일을 기독교 세계의 죽음이라고 설명했던 부분을 두고 이 책에서 가장 기억에 남는다고 말한 독자들에게 감사드린다.

토마스 롱[Thomas G. Long]이 장례식에서 일어난 일을 다룬 놀라운 책 (토마스 린치와 공저)에서 내 책에 나오는 다음과 같은 구절을 인용하여 글을 시작한 것을 보고 놀랐다.[1]

그날 저녁은 사우스캐롤라이나식으로 유지되어 온 기독교의 역사에서 분기점이 되었다. 서구 사회에서 세속성에 맞서 싸운 마지막 보루였던 사우스캐롤라이나 그린빌은, 그날 밤에 이제는 더 이상 교회를 위한 버팀목이 되지 못한다는 사실을 공표한 것이다.……누가 젊은이들에게 세계관을 심어 줄 것인가를 놓고 폭스 극장과 교회가 담판을 벌였다. 1963년 그날 밤, 전초전에서는 폭스 극장이 승리를 거두었다.

그가 오늘날의 장례식 역사와 자기의 사역을 설명하기 위해 이 구절을 사용했다는 사실이 참으로 놀랍다. 스탠리와 나는 기독교 세계의 종말을 이렇게 묘사한 글이 널리 영향을 끼치고 있다는 것을 많은 독자들을 통해 듣고 놀랐다.

과거를 되돌아보는 지금, 나는 제대로 된 교회론을 알았던 두 사람의 바르트주의자가 교회론을 중심으로 저술한 책이 바로 『하나님의 나그네 된 백성』이라고 믿는다. 이 책에서는 감정적이고 주관적이며 까다로운 가현설Docetism이 오만하고 교회 중심적인 승리주의보다 북아메리카의 그리스도인들에게 훨씬 더 위험하다고 주장했는데, 물론 그 당시에는 이런 식으로 딱 집어 표현하지는 않았다. 우리는 의로움과 죄 사이, 믿음과 무신론 사이, 자유주의와 보수주의 사이에 선을 그어 구분하지 않고 교회와 세상으로 나누어 선을 그었다. 우리는 정치라는 것을 새롭게 정의하고는 교회에게 그 기준에 맞춰서 좀 더 철저하고 적극적으로 "정치적"이 되라고 요청하였다. 우리는 칼 바르트Karl Barth가 큰소리로 외쳤던 "교회를 교회 되게 하라"는 구호를 주제로 삼아 논쟁하였다.

『하나님의 나그네 된 백성』에서는 기독교를 대항문화로 규정하였는데, 기독교 신앙이 철저하게 유형적corporeal 특성을 지니는 것이 그 근거였다. 스탠리와 나는 예일 대학교에서 함께 바르트의 글을 읽으며 그의 다음과 같은 경고에 주목하게 되었다. "교회의 가시성을 무시하여 교회의 세상적이고 역사적인 형태를 하찮은 것으로 여기거나, 성령과 영들의 불가시적 교제를 과장하고" 그렇게 해서 현실의 교회로부터 "이상한 나라"로 도피하기 위해 "교회를 극심하게 부인하거나 필요악에 불과한 것으로 여기는"[2] 일이 있어서는 결코 안 된다. 나는 하나님께서 스탠리보다는 내게 그리스도인이 될 만한 타고난 성향을 더 많이 부어 주셨다고 생각하지만(내가 아버지 없이 자라난 것이 그런 장점이 되었다) 우리 두 사람은 모두 교회가 우리를 품어 주지 않았다면 신앙을 받아들이고 그 안에서 보존될 수 없었을 것이라고 믿는다.

디트리히 본회퍼Dietrich Bonhoeffer가 말했듯이, 우리는 전혀 존재한 적 없는 집단 정체성으로 채색된 교회를 꿈꾸어서는 안 된다. 하지만 역시 본회퍼가 말한 대로, 그리스도인의 삶을 객관적이고 인격적인 신실함이 가시적이고 역사적으로 구현된 것이라고 보지 않고 내적이고 영적인 것으로 만들려는 경향에도 저항해야 한다. 『하나님의 나그네 된 백성』에서 우리는 교회의 항구한 역사성과 확고한 가시성을 입증하고자 했다(내 경우는 뉴비긴의 덕을 보았다). 레슬리 뉴비긴Lesslie Newbigin의 비판에 따르면, 종교개혁자들의 교회 개념에서는 "교회가 그리스도 안에서 여러 세대를 하나로 묶어 단일한 교제로 항구적 삶을 펼칠 현실적 자리를 찾아볼 수 없다. 그들의 교회 개념은 사실 교회를 완전히 별개인 여러 사건들의 조합으로 만들어 버리며, 그래서 복음의 말씀과 성례전이 행해지는 자리에서 그때마다 하나님의 창조 능력으로 교회가 부름받아 존재하게 된다."[3] 나는 『하나님의 나그네 된 백성』에 실린 내 글에서 바르트와 루터와 개혁파가 제시하는 이러한 사건성eventfulness을 어느 정도 극복하고, 나아가 오늘날의 공허한 "영성"을 좀 오래되고 좋은 웨슬리안의 "실천적 영성"으로 반박하기를 원했다. 지난 25년 동안 그리스도의 사상과 사역, 선교를 다루는 좋은 책들이 출간되었다. 나는 우리의 책이 그리스도의 유형적이고 육체적이며 성례전적인 **몸**—즉 정치적인 몸—을 그려 내는 데 그리 나쁘지 않았다고 생각한다.

아쉬운 점을 든다면 무엇이 있을까? 나는 우리가 처음에 펴낸 이 책에서 과거의 학자들과 씨름하느라 너무 많은 시간을 허비한 것이 아니길 바란다(그들 가운데 많은 사람이 죽었거나 더 이상 관심의 대상이 되지 않는다). 다시 말해, 우리의 신학 경력에서 초반에 지나치게 흥분한 것이 아니기를 바란다. 또한 이 책의 특이한 형태라든가 내용, 하나님의 선교^{missio Dei}의 독특한 성격을 좀 더 강조했으면 좋았겠다는 생각이 든다. 실은 지난 학기에 '하나님의 세상을 향한 선교와 개체 교회'라는 과목에서 『하나님의 나그네 된 백성』을 사용하면서 어느 정도 그런 효과를 거두기는 했다. 물론 우리는 교회가 **곧** 선교라고 믿는다. 뉴비긴과 마찬가지로 우리도, 교회가 지금까지 마주쳤던 가장 힘겨운 선교지들에 북아메리카를 포함해야 한다고 주장했다. 미국 사람들은 대부분 자기들이 희미하게나마 기독교의 명목을 유지하는 사회 속에 살고 있다고 여긴다. 키에르케고어^{Søren Kierkegaard}가 살았던 덴마크처럼, 북아메리카는 사람들로 하여금 기독교에 촉촉하게 젖어들게 하여 참된 실재에 영향을 받지 못하도록 차단해 버리는 땅이다. 이미 기독교 안에 있노라고 자부하는 세상 속에서 교회가 회심과 해독의 주요한 도구가 되고, 그리스도인이 되는 데 필요한 실천들을 가르치는 수단이 될 수 있다고 우리는 믿는다. 믿음을 잃어버린 세상이 우리에게 "선교적인 일을 하라"(또는 "정치적인" 일, "전도의" 일, "윤리적인" 일, "유용한" 일을 하라)고 요구해 올 때마다, 우리가 하는 일은 교회를 세우고 자라도록 힘쓰는 것이다.

또한 우리의 기독론을 좀 더 분명하게 제시했으면 좋았겠다는 생각이 든다. 스탠리의 교회론은 (내 짧은 식견에서 볼 때) 종종 그리스도를 그리스도의 교회 속으로 흡수해 버리는 경향이 있다. 기포드 강연에서 스탠리는 "예수 그리스도가 없으면 세상은 사라져 버린다.……교회가 존재하지 않는다고 해서 세상이 반드시 사라져 버리는 것은 아니다"라고[4] 말한 바르트의 주장에 이의를 제기했다. 나는 바르트가 옳았다고 믿고 싶다.

감독의 직무를 마친 뒤에 나는 스탠리가 종종 교회론적 낭만주의 쪽에 추파를 던지는 것은 아닌가 생각하기 시작했다(그가 기독교 평화주의자가 아니었다면 이 말을 듣고 나를 후려쳤을지도 모르겠다). 나는 바르트와 마찬가지로 교회는 단지 "모호한 증인"일[5] 뿐이라는 점을 인정한다. 바르트가 재치 있게 한 유명한 말처럼, 교회 안에서 우리는 새장에 갇혀 창살을 향해 끊임없이 날개를 퍼덕이는 새와 같이 될 수도 있다.[6] 감독으로 8년을 지낸 후 나는 그런 새장에 관해 스탠리보다 훨씬 더 많이 알게 되었다.

이 책에서 성령론을 좀 더 많이 다루었어도 괜찮았겠다 싶다. 가톨릭과 성공회의 성례주의에서 어떤 것도 포기하지 않고서도 힘이 넘치고 거칠고 유별난 오순절주의를 좀 더 호감을 지니고 다룰 수 있었을 것 같다. 성례주의도 성령의 사역이 낳은 열매이지만, 나는 성령에 의해 전 세계 오순절운동에서 일어나는 표적과 기사를 하나님께서 오늘날 교회와 함께 이루시는 가장 흥미로운 사역 가운데 하나로 여긴다. 올해 내가 가르치는 반에서 『하나님의 나그네 된 백성』이 여전히 새로운 기독교 세대에게 공감을 얻는지 궁금하다고 말했을 때, 어떤 잘난 체하는 학생이 빈정거리는 투로 "이 책은 내가 태어나기 2년 전에 나왔군요"라고 말했다. 그런데 이 책을 공격한 비평가들은 대부분 사라졌어도 이 책은 살아남았다. 훨씬 더 이해하기 쉬운 나의 언어를 통해 우리 세대의 가장 흥미로운 신학자인 스탠리의 만만찮은 사상에 새로운 사람들을 이끌 수 있었다.

놀라운 점을 든다면 어떤 일이 있을까? 물론 나도 그리스도인들, 특히 젊고 새로운 그리스도인들이 (캐나다의 평원이나 호주의 오지, 뉴질랜드의 목장 지역, 독일 동부의 음산한 도시에서) 이 책을 읽고 미래에 대한 희망을 찾았다는 말을 전해 듣고 감격했다. 스탠리와 내가 서둘러 발견해서 미래의 가능성이라고 말하고 싶었던 그것이 현재 오리건의 그리스도인 공동체와 디트로이트의 가정 교회, 나아가 잉글랜드의 오래된 고딕양식 대성전에서 현실로 펼쳐지고 있다. 애틀랜타에 있는 큰 침례교회의 목회자가 이 책을 집사 훈련교재로 사용한 일을 전해 듣고 나는 참으로 감격했다. 하나님께서도 감격하지 않으실까?

솔직히 말해 『하나님의 나그네 된 백성』을 읽었다는 사람들이 어떻게 우리를 가리켜 세상을 혐오하는 분파주의자라고 비난할 수 있는지 이해가 되지 않았다. 나는 스탠리를 알기까지는 분파주의와 아무런 관계가 없었다. 뒤돌아보니 스탠리는 고인이 된 존경받는 인물인 존 하워드 요더John Howard Yoder에게 크게 영향을 받아 다듬어졌는데 반해, 나는 듀크 대학교의 교목으로 있을 때 만난 학생들에게서 훨씬 더 큰 영향을 받았던 것 같다. 그 학생들은 그리스도인들을 휘어잡으려고 애쓰는 세상 속에서 그리스도인이 되고자 씨름했던 이들이다.

우리를 가리켜 세상을 혐오하는 사람들이라고 비난했던 이들이, 우리가 "세상"이라고 말할 때 그것이 펜타곤(미국 국방부)을 염두에 둔 것이라는 사실을 알았더라면 우리를 좀 더 제대로 이해했을 것이다. 내가 "교회"라고 말할 때 염두에 두는 것은 늙고 메마르고 갈팡질팡하며 세상에나 기웃거리고 무기력한 혼돈에 빠져 있는 교회, 그런데도 그리스도께서 신부로 받아 주시는 미국 연합감리교회다(그런데 연합감리교회 출판부에서 이 책을 기쁜 마음으로 출판해 주었다). 그러므로 나는 스탠리와 내가 "공공신학과 정치적인 책임"에 등을 돌리는 일을 옹호한다고 말하는 말도 안 되는 비판을 심각하게 받아들이지 않는다. 나는 연합감리교회의 감독이었으며, 심지어는 잘못된 이민법을 문제 삼아 앨라배마 주지사뿐만 아니라 주의회까지도 고소했던 고위 성직자였다. 이 정도면 여러분이 보기에 충분히 정치적이지 않은가? 게다가 세상을 혐오하는 분파주의자 가운데서 종신직 교수인 우리 두 사람만큼 보수를 많이 받는 사람이 얼마나 되겠는가? 여기까지만 말하자.

스탠리가 내게 가르쳐 준 바에 따르면, 타협적인 교회는 교회/세상에 관한 논의를 다음과 같은 식으로 규정하려고 한다. "당신은 현대 민주주의에 적극적으로 참여하여 이 세상을 좀 더 좋은 곳으로 만들기 위해 당신 몫의 책임을 다하거나, 아니면 두려워하는 마음으로 세상에서 도피하여 책임에 눈감아 버리는 하찮은 분파주의자가 되든지 선택할 수 있다." 『하나님의 나그네 된 백성』에서는 교회/세상의 문제에 대해 좀 더 미세한 부분을 고려하면서 복잡한 논의를 시도했다. 오바마[Barack Obama] 행정부(우리는 근동 지역 전쟁에서 우리를 구해 주기를 바라는 마음으로 오바마를 대통령으로 뽑았다)가 이슬람의 적개심을 키워 놓은 것 외에는 이룬 일이 거의 없는 전쟁에다 수십억 달러와 수많은 인명을 희생하고, 250만 명에 이르는 밀입국자들을 추방하고, 새로 드론을 사용해서 현대전을 더욱 심각한 문제로 만들어 버린 지금, 미국 연합감리교회 감독들은 오바마 대통령에게 아부하는 일을 멈추고 우리 교회를 다시 세우는 노력을 시작할 때가 아닌가?

『하나님의 나그네 된 백성』은 정치를 예수의 이름으로 폭넓게 성찰한 것으로 볼 수 있다. 이러한 성찰은 내가 사우스캐롤라이나의 도심에 있는 퇴락하는 교회에서 목회자로 일할 때 요더가 쓴 『예수의 정치학』 The Politics of Jesus 에 자극받아 시작되었으며, 두 주 후에 스탠리가 덕에 관해 쓴 논문을 읽고서 더욱 활기를 띠게 되었다. 스탠리는 그의 경력 전체에 걸쳐서, 세상이 "정치"를 말할 때마다 교회는 "교회"를 말해야 한다고 가르치려고 애썼다. 하나님께서는 이른바 민주주의 정치체제가 지배하고 자본주의 경제와 국가 주도 교육, 막대한 군비, 거리의 총기 폭력에 더해 세계 어느 나라보다 높은 수감자 비율을 특징으로 하는 세상 속에 북아메리카의 그리스도인들을 살게 하셨다. 그렇다면 **지금 우리는** 하나님께서 예수를 죽은 자들 가운데서 일으키셨다는 놀라운 일에 비추어 어떻게 살아야 할까? 이것이 바로 우리 앞에 놓인 "정치적" 문제다.

브루스 윈터 Bruce W. Winter 가 그의 책 『시민의 복지를 위하여』 Seek the Welfare of the City: Christians as Benefactors and Citizens 에서[7] 밝혔듯이, 초기 그리스도인들은 로마 제국과 복잡하게 얽힌 관계를 유지하였다. 그들은 수완과 용기를 발휘하여 국가의 특정 제의와 요구에는 참여하기를 거부하면서도, 어떤 사람들(예를 들어 필로 같은 사람)과는 달리 그들이 속한 국가^{politeia}가 (희귀하게나마) 가난하고 곤경에 처한 사람들에게 관심을 기울일 때면 적극적으로 나서서 그 일을 후원하였다. 또 그 당시 그리스도인들은 탁월한 자선 네트워크를 통해, 이교 국가로서는 생각조차 할 수 없는 사회 혁명을 주도함으로써 새로운 국가가 어떤 것인지를 이교 국가에 보여주었다. 윈터에 따르면, 그리스도인들은 할 수 있는 데까지 시민권을 행사하였으며(예배 문제에서는 철저히 혼합주의를 거부하였고 국가로부터 지원을 받는 일에는 초연하였다) 언제나 풍성한 자선을 베풀었다. 우리가 『하나님의 나그네 된 백성』에서 하려 했던 일은 오늘의 북아메리카 그리스도인들에게, 세상의 문젯거리가 되고 있는 낡고 초라한 교회에게 하나님께서 주시는 근원적인 답에 비추어 교회/세상의 상황을 다시 생각해 보라고 요구한 것이었다.

나는 늘 『하나님의 나그네 된 백성』이 그 특성상 온전히 "감리교인"의 책이라고 생각해 왔다. 사우스캐롤라이나와 텍사스 출신의 우리 두 사람에게까지 하나님께서 은혜를 베푸셔서 성도가 되는 길을 열어 주셨다는 사실을 우리 두 사람의 웨슬리안 말고 누가 믿을 수 있을까? 또 우리가 마주한 현실에서 문화 적응과 성서에 대한 무지를 간파할 수 있는 사람이 감리교인인 우리 두 사람 외에 누가 있을까? 우리 감리교인들은 우리의 출신이 한때 뻔뻔스러운 신학을 내세워 국가 교회에 들러붙으려 한 일로 비난당하는 종파라는 사실을 결코 부인하지 않는다. 그런데 어느 날 우리 웨슬리안들이 번뜩 정신을 차리고 보니, 조지 부시$^{George\ W.\ Bush}$가 자기는 감리교인이면서 동시에 대통령이 될 수 있다고 생각한다는 사실을 알았다. 우리 감리교인들은 침대에서는 제국과 뒹굴다가 아침에 깨어나서는 자신을 혐오해 대는 기득권 세력이 되었다. 지금 스탠리는 내쉬빌에 있는 미국 성공회 크라이스트처치 대성당의 성당 참사회 회원이지만(잘 알다시피, 미국 성공회는 분파적이며 세상을 혐오하는 특성으로 잘 알려진 교단이다) 감리교회 감독으로 일했던 나는 이전보다 더 확고한 감리교인이 되었다. 나는 특권을 누리는 지위에서 그리스도의 몸의 가장 취약한 부분을 지켜보았던 경험에서 『하나님의 나그네 된 백성』이 25년 전 못지않게 지금도 필요하다고 강변한다.

이 책이 출간된 이후, 니부어 계열의 개신교 자유주의는 점차 위축되거나, 아니면 젊고 똑똑한 복음주의자나 정통주의자들과 겨루는 지적 싸움판을 등진 채 진보적인 기독교를 실천하는 소수의 늙은 무리로 바뀌었다. 북아메리카의 교회는 예수가 아니라 재물을 구하는 세상 속에서 이른바 신앙의 유용성을 근거로 이 문화를 향해 자기네 소리를 들어 달라고 애걸하고 있다. 번영 복음의 설교자들은 십자가에 달리신 구주를 아메리칸 드림을 성취하기 위한 확고한 기술로 바꿔 버렸다. 『하나님의 나그네 된 백성』에서 우리는 기독교를 예수 그리스도를 예배하는 사람이 꼭 갖추어야 할 대항문화적 실천이라고 치켜세웠었는데, 그랬던 것이 이제는 신학적 내용도 없고 그리스도론의 주도권도 인정하지 않는 무의미한 헛소리에 불과한 "실천" 논의로 변질되어 버렸다. 이것이 예수 없는 기독교 신앙을 타당한 것으로 만들려고 시도하는 최근의 형편이다. 내가 속한 교단(스탠리가 전에 속했던 교단)은 의식하지도 못한 사이에 삼백만 명이 넘는 교인을 잃어버렸다. 연합감리교회 감독들은 미국의 좌파나 우파 이론가들이 퍼붓는 거짓말에 어떻게 대응할지 실마리조차 알지 못한 채, 손쉬운 해결 방법을 택하여 아프리카에서 말라리아를 종식시키기로 서약했다. 개신교 주류 세력은 하고많은 일 중에서 성^{sex} 문제로 다투는 일로 갈가리 분열되기까지 했다. 하나님에 대한 순종을 하나님의 사랑으로 대체한 경건주의는 당연히 개인적이고 도구주의적이며 꽉 막힌 감상주의로 퇴보하게 된다. 그리고 1960년대에 활개를 쳤던 스탠리와 나는 이제 따분한 늙은이가 되어 신학교에 둥지를 튼 채 젊은이들의 신학적으로 터무니없는 행동에 대해 불평이나 해대고 있다. 이 모든 사실로 말하고 싶은 것은, 만일 여러분이 어떤 신학자가 한 말을 좋아하지 않더라도 그저 참으라는 것이다. 하나님만이 영원하시며, 결국 하나님은 모든 신학자를 그들의 책이 좋든 나쁘든 따지지 않고 불러 가신다.

내가 대체로 우쭐한 감정을 잘 드러내지 않는 편이지만 『하나님의 나그네 된 백성』이 사람들의 심금을 울렸으며 그렇게 된 것은 하나님께서 원하셨기 때문이라는 점은 말하고 싶다. 여러분은 이스라엘과 교회의 하나님께서 그릇된 사람들을 택하셔서 그분의 나라에 위해를 가하기를 마다하지 않는다는 사실을 안다. 대학교에 묶여 있고 하나님께서 원하시는 모습이 아니라 현실 그대로의 교회 한가운데 휘말려 있는 두 사내가 쫓기듯이 저술한 한 권의 작은 책을 하나님께서 사용하셔서 우리가 할 수 있는 것보다 훨씬 더 많은 것을 말씀하셨다. 그래서 이 책은 선택 교리가 옳다는 것을 보이는 또 하나의 증거가 된다. 하나님께서는 소수의 사람을 사용하여 하나님께 속한 것을 취하시며, 그렇게 해서 많은 사람들에게 복을 베푸신다. 은혜롭게도 하나님은 그릇된 사람들을 택하셔서 하나님을 위해 옳은 일을 하게 하신다. 그분은 예상 밖의 사람들과 함께 일하기를 기뻐하는 하나님이시다. 하나님께서는 은혜를 베풀어 스탠리와 내게서 『하나님의 나그네 된 백성』에 대한 주도권을 거두어 가셨다. 별로 잘난 것 없는 두 그리스도인이 저술한 이 작은 책은, 성령께서 복 주신 모든 설교가 그렇듯이 우리 스스로 말할 수 있는 것보다 훨씬 많은 것을 담아냈다. 우리는 몇몇 목회자들에게는 삶을 훨씬 더 힘겹게 만들어 주었으며, 들어 본 적도 없는 곳에 사는 그리스도인들 사이에서 표적과 기사가 일어나는 것을 보았으며, 어떤 교회들 가운데는 예수께서 원하시는 삶의 모험이 무엇인지 깨닫게 해주었다.

그런데 이 모든 일은 어느 여름날 오후 듀크 대학교의 예배당―주류 개신교에게 남은 것이 무엇인지 헤아려 보기에 딱 좋은 장소―밖에서 시작되었다. 그때 그곳에서 한 사내가 친구에게 "자네는 내 생각에 대해 어떻게 생각하나?"라고 물었으며, 그다음의 일은 하나님께서 행하셨다. 하나님께 감사드린다.

윌리엄 윌리몬

머리말

    빌립보 교회에 보낸 편지 속에서 사도 바울이 사용한 이미지 하나가 우리의 눈길을 끈다. 그 이미지는 우리가 이 책에서 살펴보게 될 변화된 상황이 어떤 것인지를 상징적으로 보여준다. 바울은 빌립보 교인들에게 "여러분 안에 이 마음을 품으십시오. 그것은 곧 그리스도 예수의 마음입니다"라고 권면하고 있다(이 일이 평범한 사람들에게는 결코 작은 명령이 아니다). 이어서 그는 외롭게 분투하고 있는 이 교회에게 "하나님께서는 여러분 안에서 활동하셔서, 여러분으로 하여금 하나님을 기쁘게 해드릴 것을 염원하게 하시고 실천하게 하시는 분이십니다"라고 말한다.^{빌 2:13} 바로 우리를 향한 말이기도 하다. 그러고 나서 바울은 "우리의 시민권은 하늘에 있습니다"라고 일깨운다.^{빌 3:20}

    바울은 여러 줄에 걸쳐서 빌립보 교인들에게 장엄한 여행길에 참여하라고 초청하고 있다. 다름 아니라 그리스도처럼 살고 죽으라는 것이요, 그리스도를 온전히 본받아 그들 깊숙이 그리스도의 마음을 품고 살라는 것이다. 이어서 그는 "기뻐하십시오"라고 권면하고 있다.^{빌 3:1} 왜 기뻐해야 하는가? 하나님께서는 합심하여 회중을 이룬 그들의 평범한 삶 속에 함께하시며 또 그들이 이 세상에서 하나님의 대리자로 사는 모습을 기뻐하시기 때문이다. 기적, 곧 교회를 이루는 모험에는 적지 않은 요구가 따른다. 그러나 그에 따른 기쁨도 역시 엄청나다.

우리를 이러한 모험으로 초대하는 이미지를 빌립보서 3:20에서 다시 보게 된다. "우리의 시민권은 하늘에 있습니다." 모팻^{Moffatt}은 '폴 리튜마'^{politeuma}라는 말을 생생하게 번역해 이 구절을 다음과 같이 옮 겼다. "우리는 하늘나라의 식민지^{colony of heaven}입니다." 이산^{離散} 유대인 들은 낯선 땅에서 낯선 사람으로 사는 일, 곧 다른 사람들의 세상에다 삶의 뿌리를 내리려고 노력하는 나그네로 산다는 것이 어떤 의미인 지 잘 알았다. 유대 그리스도인들은 날마다 회당에 모이는 삶을 통해 서, 하나님의 이름을 부르고 그분의 이야기를 나누며, 시온의 하나님 을 알지 못하는 땅에서 시온의 노래를 부르고자 함께 모이는 일이, 나 그네 된 거류민^{resident aliens}(법률상 유효한 주거가 있는 외국인으로, 주거는 가능하나 시민권은 없다. 보통 '거류 외국인'으로 번역된다-편집자)에게 얼마나 중요한 일인지를 알았던 사람들이다.

식민지는 다른 문화 한가운데 세워진 문화의 섬이자 교두보며, 진초기지다. 모국의 가치를 젊은 세대에 반복해서 들려주고 선수 하는 장소이며, 나그네 된 거류민의 고유한 언어와 생활양식을 정성 을 다해 꽃피우고 살찌우는 자리다.

우리는 교회를 식민지라 부르고 그리스도인을 나그네 된 거류민 이라 일컫는 일이, 현대 미국교회에게 지나치게 심한 표현은 아니라고 생각한다. 식민지로 살아가는 일, 그것이 어느 시대이든 어떤 상황에서든, 교회의 본질이라는 것이 우리의 생각이다. 어쩌면 여러분이 몸담고 있는 현실의 교회를 이방문화 한가운데 있는 식민지로 묘사한다는 게 지나치게 극적으로 들릴지도 모르겠다. 그러나 미국에서 교회가 처한 상황은 변했다. 따라서 그리스도께 충성하려면 우리가 바뀔 필요가 있으며, 그렇지 않으면 우리는 모든 타협적인 기독교 신앙 형태들과 같은 운명을 맞을 수밖에 없을 것이다.

교회는 식민지이며, 타문화의 한가운데 있는 문화의 섬이다. 세례를 통해 우리의 시민권은 한 나라에서 다른 나라로 소속이 바뀌고, 그때 우리는 우리가 속한 문화가 어떤 것이든지 그곳에서 나그네 된 거류민의 신분으로 변하게 된다. 교회라 불리는 식민지 속에서 목회자와 평신도로 살고 있는 우리 두 저자는, 이 책을 통해 목회자들과 그들의 교회가 목회를 비판적이면서도 희망에 찬 것으로 볼 수 있도록 도와주고 싶다. 이 책이 비판적인 까닭은, 교회의 사고방식과 삶에 방향 전환이 필요하다고 주장하기 때문이다. 또한 이 책이 희망적인 이유는, 여러분과 우리의 교회 안에 "하나님께서……활동하셔서, 여러분으로 하여금 하나님을 기쁘게 해드릴 것을 염원하게 하시고 실천하게" 하신다는 것을 믿기 때문이다.

한곳에 거하지만 나그네로 사는 일은 그 누구도 쉽게 견딜 수 없는 외로운 삶이다. 우리의 외로움은 너무나도 쉽게 독선주의나 자기혐오로 변해 버리기 때문에 홀로 사역하는 일은 거의 불가능하다. 우리는 혼자가 아니요 하나님께서 우리와 함께하신다는 사실을 서로 확인시켜 주는 작은 행동을 수없이 나누고, 그 일을 통해 서로 떠받쳐

줌으로써만 그리스도인들은 살아남을 수 있다. 따라서 그리스도인의 삶에서 우정이란 결코 부차적인 일이 아니다.

우리는 이 책을 함께 써가는 동안, 많은 친구들의 우정이 있었기에 우리의 삶이 가능했다는 사실을 분명히 알게 되었다. 무엇보다도 우리 두 사람의 우정이 서로 큰 힘이 되었다. 또 멀리서 가까이서, 우리들보다 더 멋진 삶을 살면서 우리의 삶도 더 좋아지도록 이끌어 준 친구들이 있어 우리가 큰 힘을 얻었다는 점도 여기서 밝혀야겠다. 이 책의 원고를 읽고 평가하고 더 나아지도록 도와준 일로 특별히 감사드려야 할 분이 몇 분 있다. 펜실베이니아 앨러게니 대학의 마이클 카트라이트 교수, 메릴랜드 로욜라 대학의 그렉 존스 교수, 듀크 대학교의 종교학 대학원 과정에 있는 스티브 롱과 필 케네슨 씨, 듀크 대학교 신학부의 폴라 길버트 박사가 그들이다. 우리에게 친구로 부를 수 있는 영예를 허락하고 예수 그리스도의 사역을 위해 사람들을 훈련하는 직분을 맡겨 준 듀크 대학교 신학부의 학장인 두 분에게 이 책을 바친다. 두 분은 하나님을 지적으로 사랑하는 일과 살아 숨 쉬는 신앙이 하나라는 사실을 우리 마음속에 깊이 심어 주었다. 그분들이 있어 우리의 삶은 가능했다.

1989년
듀크 대학교 신학부에서
스탠리 하우어워스, 윌리엄 윌리몬

1장

현대 세계
:바른 질문 배우기

1960년과 1980년 사이의 어느 날엔가, 부적합하게 이해되어 온 낡은 세상이 끝나고 생기 넘치는 새 세상이 시작되었다. 극적으로 표현하고자 과장한 말이 아니다. 많은 사람들이 그런 사실에 대해 듣도 보도 못했다 해도 그것은 엄연한 사실이다. 다시 말해 오래되고 지친 세상이 종말을 고하고, 신나는 새 세상이 우리의 시야에 떠오르고 있다. 이 책은 이처럼 확연하게 변한 세상에서 그리스도인으로 사는 일이, 좀 더 구체적으로 말해, 그리스도인을 돌보는 목회자로서 사는 일이 어떤 의미를 갖는지 새롭게 살펴보는 데 목적이 있다.

변한 세상

우리는 언제 어떻게 변했는가? 하찮은 것 같아 보이지만, 우리 저자 가운데 한 사람이 이 변화의 날짜를 1963년의 어느 날 주일저녁으로 잡으면 어떨까 하는 생각을 해냈다. 그때 사우스캐롤라이나의 그린빌에서, 폭스 극장이 전통적이고 엄격한 정부 법규에 도전해 주일에 문을 열고 영화를 상영했다. 당시 방컴 교회의 감리교 청년회 회원이었던 우리 일곱 명은, 교회의 정문으로 들어가 눈도장을 찍고 는 잽싸게 뒷문으로 빠져나와 존 웨인의 영화를 상영하는 폭스 극장 에서 만나기로 모의했다.

그날 저녁은 사우스캐롤라이나식으로 유지되어 온 기독교의 역 사에서 분기점이 되었다. 서구 사회에서 세속성에 맞서 싸운 마지막 보루였던 사우스캐롤라이나 그린빌은, 그날 밤에 이제는 더 이상 교 회를 위한 버팀목이 되지 못한다는 사실을 공표한 것이다. 교회를 위 한 무료입장권, 무임승차권은 사라져 버렸다. 누가 젊은이들에게 세 계관을 심어 줄 것인가를 놓고 폭스 극장과 교회가 담판을 벌였다. 1963년 그날 밤, 전초전에서는 폭스 극장이 승리를 거두었다.

알다시피, 우리의 부모들은 우리가 그리스도인으로 자라게 될지 에 대해서는 전혀 염려하지 않았다. 교회는 마을에서 유일한 볼거리 였다. 주일마다 마을은 완전히 문을 닫았다. 자동차에 기름을 넣는 것 도 어려울 정도였다. 매 주일 아침 9시 45분이면 교회학교에 가는 사 람들로 인해 도로의 교통이 마비되었다. 사람들은 그 세상에서 잘못 되어 있는 많은 것들―그때는 인종차별의 세상이었다는 점을 기억하라 ―에는 눈을 감아 버리고 좋고 의로워 보이는 세상만을 보았다. 부모 들은 자녀를 주일학교에 보내 놓고는 만사가 좋고 건전하고 합당하 고 또 미국적이라고 믿었다. 교회와 가정과 정부가 거국적인 조합을 결성하여 "기독교적 가치"를 주입하는 일에 힘썼다. 사람들은 운 좋 게 사우스캐롤라이나의 그린빌이나 텍사스의 플레즌트 그로브 같은 곳에 태어나는 것만으로도 그리스도인으로 자라났다.

몇 년 전, 우리 두 저자는 우리의 부모들이야 세상과 기독교 신앙에 관해 그렇게 믿는 것으로 충분했는지 몰라도 오늘날에는 아무도 그렇게 믿지 않는다는 사실을 깨닫게 되었다. 십중팔구 사람들이 그렇게 변했다. 오순절파 교인, 가톨릭교인, 루터교인, 감리교인이냐를 떠나, 오늘날 미국 기독교계의 관대하고 개방적인 환경 속에서 물을 마시고 숨을 쉬는 것만으로도 저절로 그리스도인이 된다고 믿는 젊은 부모나 대학생, 자동차 수리공은 찾아보기 어렵게 되었다. 그중에는 여전히 "그리스도인" 상원의원을 약간 선출하고 새로운 법률을 통과시키고 연방 예산안을 손보는 일로 우리가 "기독교적인" 문화를 세울 수 있다고 생각하거나, 아니면 조금이나마 더 의로운 문화를 세울 수 있다고 믿는 사람이 있을지도 모르겠다. 그러나 대다수의 사람들은 이런 견해가 안타깝게도 시대에 뒤진 것임을 안다. 모든 부류의 그리스도인들이 눈이 열려 이것이 "우리의 세상"이 아니라는 것을, 지금까지는 그랬는지 몰라도 더 이상은 아니라는 것을 알게 되었다.

1963년 이전이 그리스도인들에게 더 좋은 시절이었다고 말하는 것이 아니다. 우리의 논점은 다음과 같다. 폭스 극장이 주일에 영화를 상영하기 이전 시대에는 그리스도인들이 착각에 빠져 우리에게 주도권이 있다, 우리가 중요하다, 우리가 기독교 문화를 이룩했다고 생각해 왔다는 점이다.

세상이 바뀐 것은 확실하지만, 그 변화가 폭스 극장이 주일에 문을 열었을 때 시작된 것은 아니라는 것이 우리의 생각이다. 세상은 예수 그리스도 안에서 근본적으로 바뀌었으며, 그 후 계속해서 우리는 그 변화가 주는 의미를 파악하고자 애써 왔고, 때로는 실패하기도 했으나 그 노력을 계속해 오고 있다. 폭스 극장이 주일에 문을 열기 이전만 해도 우리는 개조되고 손에 익은 복음을 수단으로 미국적인 가치들을 막연하게 기독교적인 틀에 끼워 맞출 수 있다고, 그렇게 해서 우리가 문화적으로 중요한 위치를 차지할 수 있다고 자신만만했었다. 이런 식으로 세상을 다루는 방식은 313년(콘스탄티누스의 밀라노 칙령)에 시작되었고, 또 우리의 판단에 의하면 1963년에 끝났다. 물론 "콘스탄티누스주의"Constantinianism(로마 황제 콘스탄티누스가 기독교를 국교로 공인한 뒤로 이어져 온 국가와 교회 간의 연합을 말한다—옮긴이)는 313년보다 훨씬 일찍 시작되었고 1963년 이전에 끝났겠으나, 시간 속의 사건들은 돌 속에 고정되지 않는다는 사실을 염두에 두고 탄생과 죽음 같은 날짜들을 볼 필요가 있다.

우리는 313년부터 1963년 사이에 살았던 그리스도인들이 모두 신실하지 못했다고 말하는 것이 아니다. 이 시대의 콘스탄티누스 같은 인물들과 힘을 합쳐 일한 그리스도인들도 그들이 주장한 것이 그들 나름대로 선택한 견해였다고 인정하고 보면, 칭찬받을 일이 많을 것이다. 하나님의 영광을 가리는 모든 행동(주일에 영화관에 가는 일이 그 예이다)에 통제를 가해 하나님의 모든 피조물이 안식의 날을 지키게 만들려고 애쓴 사람들도 크게 칭찬받아 마땅하다. 그리고 313년부터 1963년 사이에도, 사회 질서를 세우고자 동원된 강압적인 조치들에 대해 많은 그리스도인들이 그리스도의 이름으로 저항했었다는 것도 사실로 인정한다. 우리가 말하고자 하는 것은, 옛 세상이 힘을 잃게 되면서 비로소 예나 지금이나 변함없는 진리를 새롭게 볼 수 있는 기회가 열렸다는 것이다. 여기서 말하는 진리란, 하나님께서는 사람들을 불러내셔서 이 세상이 자기 스스로는 이룰 수 없는 대안적인 사회를 세우셨는데, 그것이 바로 교회라는 것이다.

콘스탄티누스주의 세계관이 쇠퇴한다고 해서 슬퍼할 필요는 없으며, 또 교회를 튼튼히 세우고 젊은이들을 양육하려면 "기독교" 문화라는 환경이 필요하다는 생각이 퇴보한다고 해서 안타까워할 이유는 없다. 오히려 그것은 환영해야 할 기회다. 콘스탄티누스식으로 교회와 세상을 하나로 묶었던 낡은 통합은 힘을 잃게 되었으며, 그 결과 우리 미국의 그리스도인들은 자유롭게 되어 이제 그리스도인의 삶을 신나는 모험으로 만들어 가는 일에 최선을 다할 수 있게 되었다.

전에 우리가 담당했던 교회의 이웃에는 유대교 회당이 있었다. 어느 날 차를 마시는 시간에 랍비가 이런 말을 했다. "그린빌에서 유대인을 양육하는 일은 참 어렵습니다. 우리는 끊임없이 아이들에게 '그 일은 다른 사람들에게나 좋은 일이지 너에게는 아니란다. 너는 특별해. 너는 다르단다. 너는 유대인이고, 다른 내력을 가지고 있고, 다른 가치관들을 가지고 있지'라고 말하지요."

그의 말에 내가 이렇게 답했다. "랍비님, 믿기지 않으시겠지만 저도 얼마 전에 근본주의 지역에 속하는 이 그린빌에서, 교회학교를 맡고 있는 한 젊은 부부가 그와 똑같은 말을 하는 것을 들었답니다."

목회자들이 자기 교인들, 특히 젊은 부모들의 말에 귀를 기울이다 보면 그들이 자기 자녀들에게 "그런 행동은 다른 사람들에게나 어울리지 너에게는 합당한 일이 아니란다. 너는 특별한 아이야. 너는 다르단다. 너는 다른 내력을 가지고 있어. 또 다른 가치들을 가지고 있지. 너는 그리스도인이야"라고 하는 말이 점점 늘어가는 것을 들을 수 있다.

위와 같은 현실 인식 속에서 우리는 현대 교회의 세계관에 발생하고 있는 커다란 변화를 감지할 수 있다. 그리고 이 변화는 세상 속에서 우리가 어떻게 교회됨의 과제를 이루느냐는 방법에도 커다란 차이를 가져온다. 이제 우리의 교회들은 자유롭게 되어 우리의 뿌리를 확인하게 되었으며, 또 자기만 할 수 있는 것을 세상에게 요구하지 않는 신앙 공동체인 회당에 좀 더 가까이 다가가 배울 수 있게 되었다. 우리가 전에는 신학적으로 알았던 것을 이제는 경험을 통해서 알게 되었다. 즉 테르툴리아누스^{Tertullianus}가 옳았다. 그리스도인은 그린빌이나 다른 어떤 장소에서 저절로 **태어나는** 것이 아니다. 그리스도인은 모험적인 교회에 의해, 다시 말해 올바른 질문, 오직 그리스도만이 정답을 제공해 줄 수 있는 질문을 던질 줄 아는 교회에 의해, 계획적으로 **만들어지는** 것이다.

올바른 신학적 질문들

물론 우리가 다루게 될 내용 중 상당 부분이 1963년의 그 주일 저녁보다 훨씬 오래 전에 발생했다. 우리 시대 최고의 신학자들까지 사로잡아 버린 그 계몽주의가 시작된 이래로, 신학은 어떻게 하면 복음을 현대 세계가 받아들일 수 있는 것으로 제시할 수 있느냐를 과제로 삼아 왔다.

현대 신학자들에 의하면, 그리스도인들은 고대 근동 지역에서 나온 편협한 문서들에 신앙의 뿌리를 두는 상당히 곤란한 처지에 있다. 게다가 이 문서들이 보여주는 것도 고대의 근동 지역에서 예수라는 이름으로 살았던 편협한 한 유대인의 삶일 뿐이다. 현대의 그리스도인들은 독일 철학자인 레싱^{Gotthold E. Lessing}이 말한, 역사의 "더럽고 넓은 개천"의 건너편에 서서 예수의 삶과 죽음, 부활을 바라보고 있다. 교회가 코페르니쿠스^{Nicolaus Copernicus}의 입을 틀어막으려고 그렇게 노력했음에도 그는 결국 우리로 하여금 태양이 지구 둘레를 도는 것이 아니라는 사실을 받아들이게 만들었으며, 그 결과 모든 것이 바뀌어 버렸다. 우리 두 저자가 믿는 바에 의하면, 코페르니쿠스 혁명은 교회가 맞은 최초의 대변혁이었다. 모든 사람의 세계관은 이제 "현대 세계관"이라고 불리는 것으로 바뀌었다. 그런데도 늙고 초라한 교회는 "과학 이전의(다시 말해, 전근대적인) 세계관"이라는 유산에 매달려서 떨어질 줄 모르고 있다.

바로 이러한 사실로 인해 교회의 신학이 적어도 한 세기 동안은 극도로 변증적인 성격을 띠게 되었다. 교회는 우리가 코페르니쿠스의 경우에서 저지른 실수를 되풀이하지 않고자 했다. 우리가 대학에서 처음으로 종교 과목을 듣게 되었을 때 배웠던 것은, 어떻게 성경을 과학적인 세계관과 조화시킬 수 있느냐는 것이었다. 창세기에 나오는 고대의 우주론을 과학이 밝혀 낸 진짜 우주론과 비교했다. 또 모세오경을 기록한 사람이 모세가 아니고, 에베소서를 기록한 저자가 바울이 아닌 근거가 무엇인지에 대해 배웠다. 설교에 대해 배우면서, 한 손에는 성경^{the Bible}을 다른 손에는 신문을 들라는 말을 들었다. 설교자란, 고대의 낡은 세상인 성서^{Scripture}와 새롭고 실제적인 세상인 현대 사이에 가로놓인 넓고 깊은 공백을 영웅적으로 연결하는 사람이었다. 기독교에 도전하는 "교양 있는 비판자들"에게 신앙을 신뢰할 만한 것으로 제시하고자 했던 슐라이어마허$^{Friedrich\ Schleiermacher}$의 과제가 이제 모든 사람의 몫이 되었다.

우리 시대의 최고 변증신학자는 폴 틸리히$^{Paul\ Tillich}$였다. 어떤 의미에서 그는 가장 현대적 인물이었다. 현대 사상, 특히 실존주의 사상에 정통한 신학자요 우리의 유산인 옛날 사고 형태들을 현대의 사상 형태로 번역해 낼 수 있는 신학자였다. 그는 하나님을 '궁극적 실재'로, 신앙을 '궁극적 관심' 등으로 번역했다.

그렇지만 틸리히는 그가 처음 등장했을 때만큼은 새로운 인물이 못되었다. 그를 제대로 묘사한다면, 19세기 최후의 위대한 신학자라 할 수 있을 것이다. "현대 세계"는 사상의 위기를 맞았으며, 그 지적인 딜레마는 너무나 커서 기독교 사상을 현대인들에게 이해시키기 위해서는 반드시 번역해 낼 필요가 있다는 점을 기본적인 전제로 삼았던 조직신학자였다. 오늘날 목회자가 회중에게 설교하려고 일어설 때, 그는 오래된 성서의 세계를 현대인들이 살고 있는 새로운 세계로 연결하는 다리가 된다. 우리가 보기에, 그 해석적인 다리에서 소통의 흐름은 한 방향으로만 흐르는 경향이 있다. 현대의 신앙 해석자들은 "현대 세상"으로 하여금 제 마음대로 질문을 선택하게 만들고, 따라서 그에 대한 답을 제한해 버리는 경향이 있다. 틸리히가 제기한 지적 딜레마, 즉 고대 세계의 신앙을 현대 세계의 불신앙과 어떻게 상관시킬 것인가의 문제가 정말 현대 교회가 씨름해야 할 문제일까?

틸리히의 견해는 복잡 미묘하다. 그러나 간략하게 정리하면, 기독교를 믿는 일이 어렵게 되어 버렸지만 현대인들은 본래적으로 종교적이라는 것이 그의 기본 사고였다고 할 수 있다. 틸리히에게는 종교가 결정적인 유개념類概念의 위치에 있으며 기독교는 단지 그것의 종개념種概念에 불과하다. 틸리히의 이런 견해가 미국의 실용주의적 환경에 들어와서는 조잡한 일반화로 변했다. 즉 당신이 어떤 것을 믿고 있는 한, 무엇을 믿느냐는 문제될 것이 없다는 것이다. 불트만Rudolf Bultmann과 마찬가지로, 틸리히도 기독교가 처음부터 믿기 어려웠던 것이 아니라 지적으로 그릇된 걸림돌이 너무 많이 그 위에 덧씌워진 것이라고 생각했다. 예수가 물 위를 걸었는지 아닌지, 모세가 홍해를 갈랐는지 아닌지, 예수가 죽음에서 육체적으로 부활했는지 아닌지에 대해 누가 관심이나 있겠느냐고 현대 신학자들은 묻는다. 중요한 문제는, 이러한 과학 이전의 사고 형태가 아니라 그 밑에 깔려 있는 실존론적 현실이다. 어떤 것이든 믿게 만들려면 실존주의로 번역해야만 한다. 오늘날 실존주의가 유행에 뒤지면서 현대 신학자들은 모든 것을 믿을 수 있는 것으로 만들기 위해 화이트헤드Alfred Whitehead의 과정신학이라든가 최신의 정신분석학 이론, 마르크스의 분석을 도구로 삼아 번역하는 것 같다.

　이런 식의 신학 작업은 비록 의도는 좋았으나 잘못된 길로 걸어왔음이 분명해졌다. 번역의 신학에서는 진짜 기독교에 해당하는 어떤 핵심이 존재한다고, 즉 고대의 근동 지역이라는 껍데기를 벗겨 버려도 그대로 유지되는 추상적인 본질이 있다고 생각한다. 그러나 이런 견해는 기독교의 본질을 왜곡한다. 우리는 예수에게서 하나님과 세계와 인간에 관한 기본적인 관념들을 배우는 것이 아니라, 한 운동에 참여하고 한 백성이 되라는 초청을 받는다. 현대 신학이 번역하는 일에 노력을 기울임으로 말미암아 무의식적으로 복음을 왜곡해 왔으며, 또한 복음을 그 본래적인 모습과는 상관없는 것으로 바꾸어 버렸다. 그 결과, 자기 백성들과 함께하는 예수는 잃어버리고 예수에게서 추상화된 관념들만 남게 되었다.

대다수의 변증론은, 사람은 누구나 무엇인가를 믿어야 한다는 신념을 이론적 기초로 삼고 있다. 이것은 종교적 믿음은 피할 수 없는 것이라고 본 콘스탄티누스적 주장과도 일치한다. 콘스탄티누스는 로마 제국이 굴러가게 하기 위해서, 이제는 종래의 이교 신앙을 신봉하지 않게 된 백성을 제국의 그리스도인으로 만들 필요가 있다는 사실을 알았다. 사람들이 무엇인가를 믿지 않는다면 세상을 경영하는 일은 불가능하다. 신앙을 당시의 권력자들이 신뢰할 수 있는 것으로 만들고, 그 결과 그리스도인들이 이제 그 권력에서 한몫을 차지하게 만드는 콘스탄티누스식 사업 속에 우리 시대의 최고 지성인들도 이름을 올리고 있다. 아무튼, 그리스도인들이 제국이 알아들을 수 없는 언어를 사용한다면, 우리는 결코 문화적으로 중요한 위치를 차지하지 못할 것이다. 변증론은 다음과 같은 정치적 가정 위에 서 있다. 우리로 하여금 그리스도께 충성하면서도 동시에 아직 그리스도를 모르는 세상의 정치적 구조에 참여하는 것도 가능하게 하는 지적 이론이 필요한데, 교회의 주장을 이런 지적 이론으로 바꾸는 책임이 그리스도인들에게 있다는 것이다. 바로 우리 자신이 아니라 복음을 바꾸라고 요구하는 것이다. 이러한 콘스탄티누스적 전제가 기독교를 지적 "문제"로 변질시켰으며, 현대의 신학자들은 이 문제에 깊숙이 파묻혀 버렸다.

기독교는 믿음으로서의 믿음을 옹호하는 실용주의적 태도와는 아무런 관계가 없다는 것이 우리의 생각이다. 기독교를 하나의 믿음 체계라고 보는 신학적 주장(이런 주장이 초기 변증론자들에게서, 즉 일부 초대 교회 교부들에게서 비롯되었다는 생각은 잘못이다)에는 분명 문제가 있다. 성경에서 중요한 것은 믿음의 **내용**이지, 믿을 만한 신학 체계를 수단으로 불신앙을 뿌리뽑는 일이 아니다. 과연 현대인들도 신앙을 가질 수 있겠느냐는 문제와 씨름하는 일은 성경의 관심사가 아니다. 나사렛 예수의 삶과 십자가와 부활을 통해 하나님께서 우리와 함께 하신다는 복음, 언제나 변함없는 진리인 그 복음에 우리가 신실한지 아닌지가 성경이 중요하게 생각하는 문제다.

근래에 들어와서, 마치 신앙이 인간의 타고난 능력이요 본능적인 충동이나 되는 양, '신앙 발달'과 '신앙의 단계'에 관해 말하는 일이 유행하게 되었다. 우리 인간이 본래적으로 종교적 동물이며 또 무엇인가에 머리를 조아리도록 태어났다고 보는 미심쩍은 사상에도 약간의 진리는 있을 수 있다. 그러나 성경은 그러한 행동을 장려하거나 그것이 지닌 힘을 분석하는 일에는 거의 관심이 없다. 다만 이 '신앙 발달'이라는 것을 제멋대로 날뛰도록 방치하여, 그 결과 우상숭배의 한 형태로 나타날 때에나 예외적으로 관심을 둘 뿐이다.

성경이 관심을 갖는 것은 우리가 믿음을 **갖느냐 마느냐**의 문제가 아니라, 우리가 믿을 것이 **무엇이냐**에 있다. 그렇게 보면 한 유명한 저자가 기도에 대해 옹호하고 있는 다음과 같은 글은 요점을 벗어난 것이 된다.

사람들은 누구나 기도합니다. 자기가 하는 일이 기도라고 생각하든 않든 말이지요. 참으로 아름다운 일이나 선하고 악한 일이 발생할 때 그 앞에서 사람은 기묘한 침묵 속에 빠져듭니다. 독립기념일에 수면 위로 치솟아 터지는 불꽃을 보고 군중이 질러대는 함성처럼 당신의 깊은 곳에서 터져 나오는 환호성……당신의 삶을 돌아보며 탄식하게 될 때 쏟아져 나오는 그 어떤 말이나 신음소리든, 이것들은 모두 그 나름의 기도입니다.[1]

이런 식으로 기도를 옹호하는 글은 내용의 물음에는 교묘히 답을 회피한다. "예수의 이름으로" 기도한다는 것이 무슨 의미일까? 그리스도인의 기도와 타종교인들의 알아들을 수 없는 주문소리는 어떤 차이가 있을까? 흥밋거리 삼아 믿음으로서의 믿음 belief qua belief 을 이야기하는 종교들이 너무나도 많다.

위에서 살펴본 사실을 통해, 으뜸가는 "현대" 신학자라고 할 수 있는 틸리히와 불트만이 왜 그렇게 현대적이지 못한지 분명해졌다. 두 신학자는 모두 슐라이어마허 이후(아니 콘스탄티누스 이후) 일반에 통용되어 온 관념을 그대로 답습했다. 그 관념에 의하면, 기독교의 과제란 주로 지적 문제를 해결하는 것으로, 예를 들어 서로 다른 두 신앙 체계의 마찰에서 빚어진 문제, 즉 옛 기독교를 어떻게 새로운 현대 세계에게 이해시킬 것인가의 문제를 해결하는 것이었다.

위에서 살펴본 사실을 통해, 우리는 칼 바르트가 틸리히보다 훨씬 더 새로운 이유가 무엇인지도 알게 되었다. 여전히 틸리히는 조직 신학을 새롭게 개조해 더 낫게 만드는 것이 신학적인 과제라고 생각했다. 바르트는 신학적인 과제란, 더 나은 새 교회를 세우는 데 있다고 보았다. 틸리히는 어떤 사람이 자기의 『조직신학』*Systematic Theology*을 다 읽고 나면 만사를 다른 식으로 생각하게 될 것이라고 기대했다. 바르트는 사람들이 자기의 『교회 교의학』*Church Dogmatics*을 다 공부하고 나면 **다른 식으로 살게** 될 것이라고 생각했다. 세상은 코페르니쿠스나 콘스탄티누스가 아니라, 나사렛에서 태어난 한 유대인의 출현과 함께 시작하고 끝났다는 것이 바르트의 가르침이었다. 인류의 전체 역사는 그리스도의 삶과 죽음, 부활과 승천 안에서 다시 정리되어야 한다. 그리스도의 오심은 우주적 의미를 갖는다. 그는 모든 일의 경로를 바꾸어 버렸다. 따라서 신학의 과제는 예수를 현대적 범주들로 번역하는translate 해석적 문제가 아니라, 세상을 그분을 향하도록 변혁하는translate 것이다. 신학자의 업무는 복음을 이 세상이 믿을 수 있도록 만드는 것이 아니라, **이 세상을 복음의 기준에 합당하도록 만드는 것**이다. 이 일이 바로 새 일이다.

새로운 이해인가, 새로운 삶인가

기독교는 새로운 이해라는 차원을 훨씬 넘어선다. 기독교는 나그네 된 백성, 곧 그리스도를 통해서만 알 수 있는 것을 알기에 차별화된 백성이 되어 살라는 초청이다. 바르게 산다는 것은, 바르게 생각하는 것이라기보다는 도전하는 삶이라고 할 수 있다. 이 도전은 지적인 것이 아니라 정치적인 것이다. 즉 그리스도로 말미암아 세상에 일어난 큰 변화에 동조해 사는 새 백성을 세우는 것이다.

우리 두 저자가 이 글에서 주장하는 것은, 바르트의 경우처럼 세상에 대한 신학적 평가를 바탕으로 삼는다. 그러나 바르트와 마찬가지로 한 가지 특별한 경험에 근거한 것이기도 하다. 바르트뿐 아니라 우리 두 저자에게도 나치 독일은 현대 신학을 판단하는 가장 중요한 시금석이 된다. 거기서 우리는 우리가 그토록 이해하고자 했던 세계, 또 우리를 신뢰해도 좋은 것으로 보여주려고 애썼던 그 "현대 세계"가 사실은 코페르니쿠스적 세계관과 컴퓨터와 발전기로 이루어진 세상일 뿐만 아니라 나치주의자들이 지배하는 세상이기도 하다는 사실을 경험했다.

바르트는 그 당시 교회에게 히틀러^{Adolf Hitler}에 맞설 신학적 자원이 없음을 알고 큰 충격을 받았다. 신앙을 현대인들이 이해할 수 있는 말로 바꾸고 현대 문명을 일으키는 데 사용될 말로 번역하는 일에는 신학적 경력 전체를 쏟아부었으나 히틀러에게는 "아니요"라고 말할 수 없었던 사람들, 그들이 바로 신학에서의 자유주의자들이었다. 심지어 히르쉬^{Emanuel Hirsch} 같은 사람들은 히틀러에게 "예"라고 말하기까지 했다.[2]

자유주의 신학은, 예수의 유대인 신분을 심각하게 받아들일 필요가 없다는 점을 우리에게 이해시키려고 수십 년의 세월을 허비해 왔다. 예수의 유대인 신분이라든가 그의 메시아적 종말론 같은 신앙의 특수 조항들은 우리 믿음의 편협하고 잠정적이며 설화적인 특성을 나타내는 것들로서, 현대인들이 신앙을 받아들이는 데 방해 요소가 될 뿐이며, 따라서 기독교의 참 본질에 도달하기 위해서는 얼마든지 제거해 버릴 수 있는 것들이었다. 예수는 더 이상 **실제로** 유대인일 필요가 없었다. 그는 인간성에서 찬란하게 빛을 발하고 최고의 수준에 오른 인물이었고, 숭고한 이념과 문명의 최고치를 가르친 스승이었다. 자유주의에서 말하는 최고의 인간성을 지닌 예수와 나치주의가 내세우는 초인 사이의 거리는 한 걸음에 불과했다.

로마서 9-11장 같은 본문은 기독교 사상에 맞추어 조정될 필요가 있다고 주장한 사람들에 대해, 바르트는 로마서 주석을 통해 반격했다. 이 책에서 바르트는, 자유주의 신학자들이 어떤 식으로 인간 본성과 세상에 관한 인본주의적 가설들을 주장하는지, 또 어떻게 살아 계신 하나님을 빼놓고 그런 가설들을 신뢰할 만한 것으로 만들려고 하는지 밝히고 있다. 자유주의자들을 향해 바르트는 "큰소리로 떠든다고 해서 '인간'이 하나님이 되는 것은 아니다"라고 신랄하게 비판했다.

히틀러는 미치광이였으며 독일 국민은 일종의 집단 히스테리에 걸렸던 것이라고 말함으로써 모든 문제가 다 해명된 듯싶었다. 그리고 북미에 있는 그리스도인들은 생각하기를, 타협한 독일 교회는 실패했을지 몰라도 적어도 우리는 아니라고 할지도 모르겠다. 그러나 불행하게도, 부적절한 신학에서 파생한 윤리적 결과는 전 세계를 휩쓸어 버렸다.

1945년 8월 6일, 최초의 원자폭탄이 일본의 한 도시에 부하되었다. 순양함 어거스타호에 있던 트루먼 대통령은 주위에 있던 사람들을 향해 "이 일은 역사상 가장 엄청난 일입니다"라고 말했다. 그때 미국 그리스도인들 대부분은 "탁월한 침례교도"라고 불리기도 했던 트루먼에게 지지를 표했으며 원자폭탄에는 전혀 신경 쓰지 않았다. 그러나 원자폭탄은 우리의 도덕적 무능력을 보여주는 상징이었고, 우리가 거대한 악에 저항할 의지와 능력을 잃어버렸다는 사실을 공개적으로 자인한 것이었다.

미국 교회는 계속 성공을 거두어 1945년에는 해리 트루먼 곁에까지 서게 되었다. 불과 몇 년 전인 1937년에 프랑코의 군대가 스페인의 마을 게르니카를 폭격해 수많은 시민들을 살육했을 때 문명 세계는 큰 충격을 받았다. 같은 해 일본이 난징을 폭격했을 때 전 세계는 역사적으로 양민 학살을 금지해 온 규정을 지킬 생각이 없는 이 교활하기 짝이 없는 군대에 대응할 때라고 생각했다. 제2차 세계대전이 터지자 루스벨트Franklin Roosevelt 대통령은 전 세계 국가들에게 긴급 호소문을 보내 "무장하지 않은 약한 시민들을 폭격하는 일은 전 인류에게 공포심을 불어넣으려는 전략입니다. 저는 이러한 비인간적인 처사는 반드시 금지되어야 한다고 주장하며, 그 일에 미합중국이 변함없이 앞장서고 있음을 자신 있게 말씀드립니다"라고 말했다.

그러나 불과 몇 년 후인 1942년에(독일이 런던을 폭격한 뒤에) 처칠Winston Churchill은 무차별적으로 독일 도시들을 폭격해서 "독일 땅에서 생명을 쓸어버리는" 계획에 대해 언급했다. 파시스트 독재자의 행동으로 시작되었던 무자비한 일이 민주 국가들에서도 하나의 관례로 용인되기에 이르렀다. 그처럼 잔인하고 비도덕적인 행동에 대해 교회가 비난의 목소리를 높였던 때가 있었다는 사실을 그리스도인들의 기억 속에서조차 찾아보기 힘들게 되었다.[3]

민간인들까지 다 쓸어버리는 폭격이 군사적인 면에서 불가피한 일로 받아들여졌다. 끔찍스러운 악이 좀 더 나은 선을 이루기 위한 방법으로 옹호되었다. 원자폭탄이 투하된 이후로 온갖 유형의 도덕적 타협이 훨씬 더 수월하게 이루어졌다. 이를테면 1년에 200만 건에 이르는 낙태도 단순히 선택의 자유 문제로 여겨졌으며, 세계에서 가장 부강한 나라 안에서 가난한 사람이 겪는 고통은 경제적 차원에서 불가피한 일로 생각되었다.

콘스탄티누스 시대에 시작된 과제, 즉 그리스도인들로 하여금 권력자들에게 문젯거리가 되지 않으면서도 그 권력을 나누어 갖도록 해주는 과제는 이제 가장 커다란 결실을 거두게 되었다. 만일 그리스도인들이 저 옛날 카이사르의 요구 앞에서 "궁극적 해결책"Ultimate Solution을 용납하고, 현대에 이르러 최고 권력자 앞에서 핵폭탄을 용인했다면, 이제 우리의 행동을 통제할 수 있는 한계선은 존재하지 않게 된 것이다. 애석하게도 우리는 현대 세계에 말을 걸려고 기대었다가 그만 고꾸라지고 만 꼴이 되었다. 우리는 저항을 위한 신학적 자원을 잃어버렸으며, 심지어는 맞서 싸워야 할 문제가 있다는 사실을 인식하는 능력까지 잃어버리고 말았다.

신학자들은 최신의 좌파 정치 이론들로 무장함으로써 자기 자신을 "급진적" 인물로 내세우거나, 적어도 "새로운" 인물로 보여줄 수 있을 것이다. 틸리히는 사회주의자였으며 부르주아적 관습들에 대해 비판적 태도를 취했다. 그런데 틸리히가 콘스탄티누스주의식 전략, 즉 교회를 급진적으로 만드는 방법은 세속의 "급진주의자들"인 사회주의자들과 하나가 되는 것이라는 전략을 따른다는 점에서 보면, 사실 그의 사회주의조차도 타협적 노선에 속한다. 오늘날 이와 동일한 노선을 걷는 사람들이 있다. 그들은 교회를 마르크스주의나 여성

해방운동, 성혁명과 같은 최신의 세속적 해결책들과 동일시함으로써 교회를 갱신하고 예수 사건을 다시 일으키려는 소망을 가지고 일한다. 물론 바르트도 틸리히 못지않은 사회주의자였다. 그러나 바르트는 기독교 신앙에 의해 그리스도인들의 정치적 활동은 달라야 한다고 생각했다.

교회를 "급진적"이고 영원히 "새로운" 상태로 지켜 나가는 힘은 교회로 하여금 사회적 논쟁거리들과 관련해 좌파와 하나 되게 하는 데서 오는 것이 아니라, 세상이 알지 못하는 예수를 교회가 아는 데서 온다. 교회의 눈으로 볼 때, 정치적 좌파는 정치적 우파와 비교해서 특별히 더 흥미로운 것이 못된다. 또 좌파와 우파가 모색하는 해결책들의 배후에는 세상이 예수 안에서 시작하고 끝나는 것이 아니라는 전제가 깔려 있다. 이 "해결책들"이라는 것은, 사실 현실 체제를 거울에 비추어 놓은 상·image에 불과하다.

바르트는 복음을 세상 속의 현실 체제에 맞추기를 거부하고 교회를 복음에 맞추려고 했다는 점에서 확실히 틸리히보다 더 "새롭고" 더 "급진적"이다. 바르트에게서 우리는, 신학 연구의 목적이 이치에 맞는 개념으로 세상을 설명해 내는 데 있는 것이 아니라 삶을 변화시키는 것, 즉 복음의 놀라운 주장들에 비추어 삶을 재형성하는 데 있다는 신약성경의 주장을 재발견한다. 세상의 나라가 아니라 하나님이 이 세상을 다스린다는 사실을 모든 세대가 새롭고도 생생하게 깨달아야 한다. 우리는 타협이 아니라 회심을 통해서 이런 지식을 얻는다. 바르트가 말했듯이, 성화·sanctification와 칭의·justification는 손을 맞잡고 함께 간다. 우리가 변화되어 세상을 올바르게 해명할 신앙 언어를 사용할 줄 알게 되기까지는 세상을 제대로 이해할 수 없다. 우리가 기도에 대해 말할 때 그것의 의미가 무엇인지를 모든 사람이 다 본래적으로 알지는 못한다. 모든 사람이 다 자기가 죄인이라는 사실을 본래적으로 인정하는 것도 아니다. 우리는 우리가 죄인이라는 사실을 배워야 한다. 다시 말해, 공평하고 정의로우신 분이며, 인간이 보기에 의로운 것이 아니라 훨씬 더 심오한 기준을 따라 우리를 판단하시는 분인 하나님, 그 하나님의 비전에 의해 우리가 변화되어야 한다.

"세계 역사상 가장 엄청난 것"은 원자폭탄이 아니라(이전의 트루먼이나 현재의 반핵 운동가들은 그렇게 생각한다) 예수의 삶과 죽음과 부활이라는 사실을 깨닫지 못하는 한, 우리는 세상이 어떤 것인지 알 수 없다. 이런 의미에서 세상은 어느 봄날 저녁 그린빌의 폭스 극장에서 끝난 것이 아니라 어느 봄날 아침 예루살렘에서 끝난 것이다. 우리 그리스도인들은 그리스도 사건이 얼마나 결정적인 일인지 또 얼마나 종말론적인 사건인지를 너무나도 쉽게 잊어버린다. 이 문제는 지금까지 우리가 의지했던 콘스탄티누스적 주장들을 벗어 버리고자 끈질기게 노력해서야 고칠 수 있을 것이다.

만일 이 세상이 본래부터 기독교적이라면, 교회에 대해 염려할 일은 없을 것이다. 회심과 삶의 전환, 마약 중독 치료 따위는 필요 없다. 필요한 것이라면, 기껏해야 생각을 약간 바꾸거나 마음의 내적인 변화와 약간의 새로운 깨달음을 얻는 일일 것이다.

폭스 극장이 주일에 영업을 하려고 문을 열었던 그날 저녁, 그린빌에 있던 콘스탄티누스의 세상은 끝이 났다. 교회와 세상이 어떤 관계를 맺는가에 대한 물음은 새로운 국면을 맞게 되었다. 콘스탄티누스 이래 안전을 보장받으며 견고하게 지켜져 온 세상은 무너져 버렸다. 모든 것을 다시 검토해야 할 필요가 생겼다. 다카우Dachau(독일 나치에 의해 세워진 최초의 강제 수용소가 이 도시에 있었다. 이곳에서만 유대인 3만5천 명이 학살되었다—편집자)의 소각로에서 피어오르는 불길과 히로시마를 뒤덮은 화염으로 인해 옛 해결 방식들이 실패했다는 사실이 확연하게 드러났으며, 새로운 방식으로 질문을 해야 할 필요가 생겨났다. 세상은 바뀌었다. 흔히 보는 일이지만, 미국의 주류 개신교는 아무것도 바뀐 것이 없는 것처럼 완고한 모습으로 제 갈 길을 걸어가고 있다. 파산하여 남은 것이라곤 스러져 가는 집뿐이지만, 여전히 자기 가문이 마을을 지배하고 있다는 착각에 사로잡혀, 마을 끝의 쇠락해 가는 저택에서 늙어 가는 귀족 미망인처럼, 우리 시대의 신학자와 교회 지도자들은 아직도 옛 체제가 효력이 있으며 여전히 자기들에게 주도권이 있다는 착각에 빠져 살고 있다.

지금까지 살펴본 여러 가정들에 맞서 싸우는 것이 이 책의 목표다. 또한 교회를 이루는 일이 얼마나 큰 모험인지를 아는 목회자와 평신도들, 지금 여기 이 땅에 거주하지만 나그네로 사는 사람들, 그리고 비록 몸은 여기에 살고 있으나 "우리의 시민권은 하늘에" 있음을 아는 사람들에게, 얼마나 놀라운 일이 이루어질지 보여주는 것이 우리 두 저자의 목적이다.

2장

새 세계와 기독교 정치

지금까지 기독교를 주로 믿음의 체계라고 보는 사고방식의 문제점을 살펴보았으니, 이번 장에서는 기독교란 주로 정치 문제라는 점, 즉 복음에 의해 규정된 정치라는 사실을 밝히고자 한다. 복음에 참여하라는 요청은 나그네 된 백성이 되고, 대항문화 사건에 참여하고, 교회라는 이름의 새 폴리스에 가입하라는 신나는 초청이다. 복음이 우리에게 부과하는 문제는, 믿음의 옛 체계를 어떻게 하면 현대의 믿음 체계들과 조화시킬 수 있느냐를 다루는 지적 딜레마가 아니다. 예수가 우리에게 던지는 문제는, 하나님께서 우리와 함께하심을 보여 주는 이야기에 의해 세워진 낯선 공동체에 어떻게 충성할 것인가 하는 정치적 딜레마다. 이번 장에서 우리는, 적어도 콘스탄티누스 이후로 널리 퍼져 온 전제, 즉 세계 속에 존재하는 교회는 그 세계에 얼마나 도움이 되느냐 하는 기준에 의해 정치적으로 판단받는다는 전제에 대해 살펴보며 문제 제기를 하려고 한다.

종교와 정치의 혼합

1960년대에는 "교회의 참된 과제는 세상 안에 있다"거나 "교회의 의제는 세상이 결정한다"는 말을 흔히 들을 수 있었다. 이렇게 말한 사람들은 대개 교회를 잠자는 거인으로 생각했으며, 만일 잠에서 깨어나기만 한다면 사회의 유익을 위해 큰일을 할 수 있는 잠재 세력으로 보았다. 마틴 마티Martin Marty 같은 주석가들은 미국 교회가 "공적"public 교회와 "사적"private 교회라는 두 가지 유형으로 이루어져 있다고 말했다. "사적" 교회는, 교회의 사명이 영혼들을 구원하는 일에 전념하는 것이요 또 순전히 사적인 종교 영역에만 관여하는 것이라고 생각한 보수적인 복음주의자들로 이루어졌다. "공적" 교회(우리 두 사람이 속한 교파를 포함하여) 쪽에서는 그리스도인들이 자신의 사회적 의제를 들고 사회로 진출해서 더 나은 사회를 만들기 위해 현실 사회의 구조 안에서 활동해야 할 책임이 있다고 생각했다.

그러나 미국 교회의 현실은 공과 사의 이분법으로는 제대로 설명이 안 된다. 그 이유는 1970년대 이후로 복음주의자들 가운데서도 그들 나름의 사회적 의제를 들고 사회 속으로 나선 사람들이 증가해 왔을 뿐만 아니라 보수주의 교회와 자유주의 교회, 즉 좌파와 우파가 모두 교회와 세계라는 사안에서는 기본적으로 콘스탄티누스적인 관점을 따르고 있기 때문이다. 다시 말해 보수냐 자유냐와는 상관없이, 많은 목회자들이 교인들을 이끌어 정치에 참여하게 만드는 것이 자신의 과제라고 생각했다. 결론적으로 말해, 그 당시에 정치 이외의 다른 방도로 정의를 이룰 길이 있었을까?

이 "공적 교회"를 내세우는 사람들은 흔히 교회의 "교회다움"이라는 문제로 비판을 당했다. 이렇게 비판한 사람들은 교회를 전적으로 "영적인" 문제와 개인의 구원을 다루는 곳으로 생각했고 또 구원의 사회적 특성을 제대로 파악하지 못한 사람들이었다.

이런 공적 교회관을 강하게 옹호한 사람이 라인홀드 니부어 Reinhold Niebuhr 였다. 공적 교회에게 민주주의의 정치적 과정을 이해하는 법을 가르쳐 준 사람이 니부어였다. 그의 말을 들어 보자.

> 민주적 과정이란……여러 이해관계가 힘을 겨루는 자리로서, 합리적인 토론이 아니라 뜻밖의 상황에 의해 좌우된다. 민주주의는 우선 인간의 합리적이고 도덕적인 능력이 만들어 낼 수 있는 통치체제로 간주되어야 하며, 다른 한편 이해관계와 욕심에 의해 생겨나는 부패를 다루기 위해 필요한 점검과 조정의 체계로 간주되어야 한다.[1]

우리는 공적 교회가 교회와 정치를 보는 관점에 문제가 있음을 지적한다. 물론 사적 교회와 공적 교회로 나누는 구분이 부적절하게 되었다는 것, 달리 말해 오늘날에는 제리 포웰 Jerry Falwell (보수적인 메시지를 대변하는 목사이자 유명한 텔레비전 전도자이며 '도덕적 다수'의 공동 설립자이다─편집자)이 라인홀드 니부어와 비슷해 보이게 되었다는 섬을 지적하는 것도 이런 문제를 밝히는 방법 중 하나가 될 수 있다. 그러나 우리가 제기하려는 문제는 훨씬 더 중요한 것이다. 사적 교회와 공적 교회로 불리는 보수주의 교회와 자유주의 교회는 모두 사회 윤리라는 면에서 보면 근본적으로 타협파(즉 콘스탄티누스주의 계열)에 속한다는 것이 우리의 판단이다. 양측 다 미국 교회의 일차적 사회 과업은 미국의 민주주의를 지원하는 것이라고 보는 잘못을 저질렀다.

이렇게 해서 두 교회는 무의식중에 교회를 파괴하는 도덕적 전제들을 지지했다. 아리스토텔레스는 주장하기를, 폴리스*polis*(고대 그리스에서 도시 형태로 이루어진 국가 정체—옮긴이)의 일차적 목적은 사람들이 폴리스의 도움 없이 살았을 때에 비해 훨씬 더 나은 사람이 되도록 해주는 데 있다고 했다. 그러면 우리 사회, 우리의 폴리스는 우리에게 무엇을 해주는가? 민주주의의 일차적 실체는 개인이며, 사회의 주된 존재 이유는 개인의 독특성을 지원해 주는 데 있다. 사회의 존립 목적은 우리가 필요로 하는 것을, 그것이 어떤 것이든 상관없이 제공해 주는 데 있다. 우리 사회는 사람들로 하여금 자기의 욕구를 평가하고 옳은 욕구를 선택해 바른 방법으로 실행할 수 있도록 도와주는 곳이 되지 못한다. 오히려 만일 우리가 원하는 것을 마음대로 선택하고 주장할 수 있을 만큼 자유롭기만 하다면, 우리가 품어도 좋은 욕구는 무엇이며 바른 선택이 이루어지는 근거는 무엇인지와 같은 문제는 전혀 신경 쓰지 않아도 된다. 그러한 전제하에 움직이는 우리 사회는, 욕망으로 가득한 거대한 시장으로 변해 버린다. 우리가 "자유"라고 부르는 것은 우리 자신의 욕망대로 행하는 독재가 되어 버린다. 우리가 부지런히 자신의 욕망을 채우고 권리를 내세우게 되면서 우리는 서로 낯선 이가 되고 고립되어 버린다. 개인들은 하나님의 가족 안에서 이루어지는 정치·사회적 현상으로서의 기독교적 구원을 전혀 이해할 수 없게 된다. 우리의 경제는 정치와 상관관계에 있다. 자본주의는 "권리"가 중심적 정치 의제로 등장하는 환경 속에서 번성

한다. 교회 역시 소비자 지향적인 조직체가 되어, 개인을 몸^{the Body} 속으로 녹아들게 만드는 용광로가 되기보다는 개인의 성취를 지원해 주기 위해 존재하게 된다.

이른바 보수주의 신학과 자유주의 신학은 동일하게, 우리 미국의 그리스도인들은 운 좋게도 입헌 민주주의 국가에서 그 주권자로 태어났기 때문에 권력자와 투쟁할 필요가 전혀 없다는 전제에서 출발한다. 물론 우리도 현재의 국가 정책이라든가 특정한 법 절차에 만족하지 못할 수 있다. 그러나 운이 나빠 민주주의 국가에 살지 못하는 사람들과는 달리, 우리는 강력한 힘이 있어서 우리가 좋아하지 않는 것을 마음대로 바꿀 수 있다. 그리고 우리 현대인들은 다른 어떤 것보다 개인의 권력을 소중하게 여긴다. 간단히 말해, 우리 사회는 각 개인이 자기 자신의 독재자로 살아가게 해주는 사회가 좋은 사회라는 전제 위에 세워져 있다(버나드 쇼는 다음과 같이 지옥에 대한 정의를 내렸다. "지옥이란 당신이 하기 원하는 것을 의무적으로 해야 하는 곳이다").

오늘날 그리스도인들 대부분은 권리에 관한 한 어느 때보다도 많은 것을 누리고 있다. "개인의 자유"를 보장하고 나아가 제한된 정부를 세우는 것이 곧 "개인의 권리"를 보호하는 길이 된다. 따라서 모든 인간은 자신의 가능성을 최대한 계발할 권리가 있으며, 그 권리는 오직 다른 사람의 권리에 비추어서만 제한된다는 사실은 의문의 여지 없이 우리의 전제가 된다. 그러나 레슬리 뉴비긴은 다음과 같이 말했다.

"인권"이라는 개념이 공리^{公理}와 같은 자리를 차지하자 불가피하게 나온 물음은 다음과 같다. 누가 어떻게 이 권리를 보장해 줄 수 있을까? 계몽주의 이후의 사회들은 그것은 바로 국가라고 힘주어 답했다. 거룩한 교회와 신성한 제국이라는 옛 개념을 대신하게 된 민족국가는 계몽주의 이후 유럽의 정치적인 무대에서 중심 요소가 되었다. 17세기 종교전쟁의 충격이 가신 후, 유럽은 종교적인 평화 공존이라는 신념에 집중하게 되었으며, 이제까지 종교를 경쟁적으로 해석하는 데 쏟아부었던 열정을 점차 민족국가로 돌리게 되었다. 민족주의가 유럽인들을 이끄는 이데올로기가 되었으며, 위기가 닥칠 때면 언제나 그 어떤 이데올로기나 종교보다도 더 강한 힘을 발휘했다. 만일 최고의 충성을 바칠 만한 실체가 있다면, 그것은 바로 민족국가였다. 20세기에 들어와서는, 민족의 이름을 걸고 가톨릭교도가 가톨릭교도와 싸우고, 개신교인이 개신교인과, 마르크스주의자가 마르크주의자와 싸우기를 주저하지 않는 현상을 낯설지 않게 보게 되었다. 신성모독이라는 죄는 비록 발생한다고 해도 기이하고 시대착오적인 것으로 여겨졌으나, 국가에 대한 반역죄, 곧 민족국가보다 다른 것을 더 높이고 거기에 충성을 바치는 일은 용서할 수 없는 범죄로 다루어지게 되었다. 국가가 신의 자리를 차지하게 되었다. 전에는 교회의 손에 달려 있던 교육과 치료, 공공복지에 대한 책무가 점점 더 국가로 넘어갔다. 금세기에 이 운동은 "복지국가"의 출현으로 인해 훨씬 더 빠르게 진행되었다. 이전 세대들은 하나님만이 줄 수 있다고 생각했던 것들, 곧 공포와 굶주림과 질병과 결핍으로부터의 자유, 한마디로 말하면 "행복"을 이제는 중앙정부가 줄 수 있고 또 마땅히 주어야 한다는 생각이 널리 퍼지게 되었다.[2]

위에서 우리가 미처 언급하지 못한 내용이 있다. 우리의 권리를 보장하기 위해 세워진 국가는 언뜻 보기에도 상충하는 다음과 같은 두 가지 방식으로 자기를 구현해야 하는 풀기 어려운 딜레마를 안고 있다는 점이다. 첫째, 민주주의 국가는 자신이 단지 목적을 이루기 위한 수단에 불과하다는 점을 겸손히 인정해야 한다. 둘째, 바로 이 국가는 국민들에게, 공익을 성취할 수 있는 유일의 도구가 국가이기 때문에 국가만이 그들에게 의미 있는 정체성을 제공해 줄 수 있다는 확신을 심어 줄 필요가 있다. 앨러스데어 매킨타이어Alasdair MacIntyre가 말했듯이, 국가를 위해 죽는 일은 "전화 회사를 위해 죽으라고 요구하는 것과 같다."³ 그럼에도 불구하고 모든 국가, 심지어 민주주의 국가까지도 자신을 지탱하기 위해 국민들에게 나라를 위해 죽으라고 요구할 수밖에 없다.

국가, 그중에도 특히 자유 민주주의 국가들은 도덕적인 통합을 이루기 위해 전쟁에 크게 의존한다. 모든 사회가 다 전쟁을 벌일 수 있겠지만 자유 민주주의 국가에게 전쟁이 각별한 이유는, 국가를 존속시키는 데 필요한 가치관을 전쟁이 제공해 주기 때문이다.⁴ 우리는 도덕적인 면에서, 말 그대로 전쟁으로 먹고 사는 백성이다. 그 까닭은 전쟁은 자기희생을 위한 필연적 근거를 제공해 주며, 그 결과 자기 이익만을 위해 살도록 길들여져 온 사람들을 때에 따라서는 다른 사람들을 위해 죽도록 동원할 수 있게 해주기 때문이다. 예를 들어, 진 베스키 엘슈테인Jean Bethke Elshtain은 자신의 놀라운 책『여성과 전쟁』Women and War에서 랜돌프 본Randolf Bourne이 1918년에 한 다음과 같은 말을 인용하고 있다.

전쟁, 적어도 한 민주공화국이 강대한 적과 치른 근대 전쟁으로 말미암아, 국가는 정치적 이상주의자들이 열렬히 추구해 온 거의 모든 것들을 한 손에 거머쥐게 된 듯 싶다. 국민은 이제 더 이상 정부에 무관심하지 않으며, 오히려 국가의 기본 조직들은 한결같이 생기와 활력으로 넘쳐흐르고 있다. 즉 국가가 전쟁을 벌이게 되면, 모든 국민은 자신과 전체를 동일시하게 되고 그러한 일체감에서 무한한 힘을 느끼게 된다.[119쪽]

간단히 말해, 미국의 잘못된 모든 것을 선한 전쟁으로 치유할 수 있게 된 것이다.

불신앙의 정치

위에서 살펴본 사회적 가정들을 배경으로 놓고 볼 때, 자유주의 교회가 내세우는 "의로운 평화"라는 진부한 구호가 얼마나 허약한지 알 수 있다. 예를 들어, 몇 년 전에 기독교교회협의회[NCC]는 10월의 한 주를 '정의로운 평화 주간'으로 선포했다. 교회협의회는 회원 교회들이 정의로운 평화 주간을 지키는 것을 돕기 위해 정의로운 평화 포스터를 배포했다. 포스터에는 세계를 나타내는 지구가 그려져 있고, 다양한 피부색의 손들이 그것을 높이 쳐들고 있었다. 그리스 사람들에게는 아틀라스[Atlas]가 있었고 아랍 사람들에게는 거북이가 있었으나, 훨씬 더 현대적인 우리들은 그와 같은 부적합한 우주론들을 파기해 버렸다. 우리에게는 여러 색의 손들로 이루어진 교회협의회가 있어서 정의로운 평화를 이루기 위해 세상을 떠받칠 수가 있다. 여러 개의 손이 지구를 떠받치고 있는 이 포스터의 구석에는 비둘기가 한 마리 그려져 있다. 평화를 뜻하는 비둘기로 보인다. 비둘기는 세상에서 멀리 날아가고 있다.

우리는 이 포스터가 우리가 처한 상황을 정확하게 묘사하고 있다고 본다. 1장에서 우리는 우리의 문제가 불신앙의 문제가 아니라는 점을 논했다. 우리의 문제는, 어떻게 하면 기독교 신앙을 현대 세계가 신뢰할 수 있게 만드느냐에 있지 않다. 그런데 어떤 의미에서는, 불신앙이나 무신론은 지적인 문제가 아니라 **정치적인** 문제다. 오늘날 사회운동은 일반적으로 정의로운 평화의 세상을 세우는 데 하나님은 필요 없다는 전제 위에서 이루어진다. 운 좋게도 우리는 민주주의 사회에 살고 있기에 강력한 힘을 가지고 있고 그 힘을 자유롭게 사용할 수 있는 사람들이다. 모든 것이 다 우리 손에 달려 있는 것이다.

하나님의 지속적인 창조와 구속의 역사 속에 우리가 속하지 않는다는 전제 위에 삶을 세우는 그 순간부터, 우리는 신앙이 아니라 불신앙으로 행동하게 된다. 세상은 하나님의 손안에 있으며 그다음에야 우리가 다룰 수 있도록 우리에게 주어진다는 사실을 증언하기를 그만두는 바로 그 순간에, 전쟁과 불의가 생겨난다는 것이 성경의 가르침이 아닌가? 왜 교회협의회는 이 사실을 세상을 향해 선포하지 못하는가? 교회협의회가 포스터에서 이런 사실을 설교하지 못하는 이유는, 대부분의 미국 그리스도인들과 마찬가지로 교회협의회도, 우리의 정치적인 주장들을 (믿음은 없어도) 분별력 있고 예민하고 현대적이며 평균적인 미국인들이 이해할 수 있는 용어로 번역하는 것이 우리의 정치적인 유효성을 보여주는 실마리가 된다고 생각하기 때문이다. 그래서 나온 것이 "정의로운 평화"다.

그 결과 보수주의와 자유주의 그리스도인들 모두가 기독교적 정치를 기독교 사회운동이라고 생각하게 되었다. 물론 참다운 기독교적 사회 의제가 구체적으로 어떤 형태를 띠게 될 것인지에 대해서는 양쪽 그리스도인들 사이에 의견이 다를 수 있겠으나, 이 세상을 더욱 살기 좋은 곳으로 만들기 위해 우리의 민주적인 권력을 책임 있게 사용해야 한다고 생각하는 점에서는 의견이 일치한다. 제리 포웰은 "거듭난" 사람들이 권력을 행사하는 자리에 앉기를 원한다. 세속적 휴머니즘에 맞서기 위해 공립학교에서 기도소리가 울려 퍼져야 한다고 주장한다. 다른 한편 교회협의회는 대통령에게 군사력을 제한적이고 인간적인 방식으로 사용하도록 촉구한다. 이런 식의 사고들은 콘스탄티누스주의의 한 형태일 뿐이며, 역설적이게도 불신앙의 문화를 승인하는 것이다.

미국의 그리스도인들은 정의라는 명분을 내세워, 살아 계신 하나님에 대한 믿음을 시대에 뒤떨어지거나 사적인 일로 여기는 사회를 세우고자 애쓴다. 어떤 이들에게는 종교가 개인의 선택 여하에 달린, 완전히 사적인 문제가 되어 버린다. 영혼을 구원하는 일에나 힘쓰고 정치에는 신경 쓰지 말라는 말을 듣는다. 다른 한편, 큰소리로 정의를 부르짖는 행동파 그리스도인들의 정의관을 들여다보면, 하나님에 대한 믿음과는 전혀 상관없는 사회를 주장하고 있음을 볼 수 있다. 사람은 누구나 하나님은 믿지 않아도 이미 정의와 평화는 믿고 있기 때문이라는 것이 그 이유다.

우리는, 그리스도인의 정치적 과제는 세상을 변혁하는 것이 아니라 교회를 세우는 것이라고 주장한다. 이 세상을 더 좋게 만드는 것이 우리의 첫째가는 과제라고 말하는 것은 온당치 못하다. 그 이유 중 하나는, 우리 그리스도인들이 교회를 통하지 않고서는 세상을 바르게 해석하거나 정확하게 이해할 수 없기 때문이다. "예수 그리스도는 주시다"는 말의 의미를 모르는 사람이라도 평화와 정의라는 말의 뜻은 알 것이라는 가정하에 교회가 선택한 구호들, 즉 "평화"와 "정의"라는 거창한 말들은 내용이 텅 비어 있는 말일 뿐이다. 교회는 나사렛 예수의 삶과 죽음을 떠나서는 이 말들이 의미하는 것이 무엇인지 결코 알 수가 없다. 한마디로 빌라도가 예수를 죽이도록 허락한 것은, 유대 지역에서 (로마식의) 평화와 정의를 확보하기 위해서였다. 예수 그리스도의 이야기는 우리 신앙의 내용이 되며, 우리 신앙이 제도로 구체화된 것을 판단하는 기준이 된다. 또 우리에게, 하나님 없이도 자신이 진리가 된다고 주장하는 정치적 강령들을 믿어서는 안 된다고 가르쳐 주는 것도 예수 그리스도의 이야기다.

교회는 우리에게 해석적인 기술, 즉 일종의 참된 판단력을 제공해 주며, 우리는 그것을 통해 비로소 교회가 만나야 할 세계가 어떤 곳인지 알게 된다. 보수주의 그리스도인들이 내세우는 정치적 의제가 세속의 보수주의자들이 주장하는 정치적 의제와 똑같아 보인다고, 다시 말해 그들이 신앙을 가장한 공화당원 같아 보인다고 불평하는 사람들을 흔히 볼 수 있다. 또 주류 개신교 교파에 속한 어떤 집단이 자유주의적인 민주당원들 대부분이 따르는 사회적 견해와 다른 생각을 따른다는 것도 상상할 수 없는 일이다. 교회는 세속의 상투적인 정치 관념들에다 모호하게 종교적인 색을 입혀서 선전하는 어설

픈 옹호자에 불과하다. 좌익과 우익을 망라하여 정치 신학은 기독교 세계를 보존하기를 원하며, 그 안에서 교회는 때로 불만도 쏟아내지만 자신이 국가를 지원하는 버팀목이 된다고 자처한다.

1장에서 우리는 이 세상에 어떤 근본적인 변화가 발생했으며, 그 일을 계기로 미국 교회가 잃어버렸던 신학적인 본래성을 되찾을 수 있게 되었다고 주장했다. 기독교 세계의 붕괴는 오히려 우리에게 좋은 기회가 되었는데, 교회의 주된 사회적 책임을 국가를 도와주는 버팀목 정도로 보았을 때에는 결코 생각할 수 없었던 방식으로 복음을 선포할 자유를 되찾은 것이다. 이 말은 순수한 사회 변동의 영향을 받아서 기독교의 교회론을 수정하게 되었다는 뜻이 아니다. 과거의 교회는 지나칠 정도로 사회의 평가에 의존해 자신의 신학을 세워 왔다는 것이다. 즉 우리가 만일 사회적인 현실을 극복할 수 없다면, 그것들에 적응해서 그 상황을 잘 이용하는 것이 낫지 않겠느냐고 생각했다는 말이다.

분명히 말하건대, 미국 교회를 둘러싼 세상에서 일어난 사회 변동에 대해 우리가 내린 분석은 우리의 신학적인 연구 결과를 바탕으로 이루어진 것이다. 정말이지 이 신학이 없다면 우리는 이 세상에서 보는 것을 제대로 이해하지 못하게 된다. 교회가 존재하는 목적은, 이 세상을 원활하게 굴러가게 만드는 데 필요한 일이 무엇인지를 묻고 그렇게 해서 사람들이 그 일을 하도록 격려하기 위한 것이 아니다. 우리가 "협조적인 기관"으로서 얼마나 효과를 발휘하는지, 또 우리 성직자들이 "도움을 주는 전문가"로서 얼마나 제대로 일을 하는지가 교회를 판단하는 기준이 아니다. 교회는 그 자체의 존재 이유를 가지는데, 그것은 이 세상 속에서 찾을 수 있는 것이 아니라 교회 자신의 임무 안에 숨겨져 있다. 최고 권력자Emperor가 우리를 임명하는 것이 아니다.

리처드 니부어H. Richard Niebuhr는 『그리스도와 문화』Christ and Culture에서, 우리가 안고 있는 딜레마를 이해할 수 있는 유형론을 제시한다. 에른스트 트뢸치Ernst Troeltsch의 분파 대 교회라는 범주를 따르고 있는 니부어는, 여러 유형의 교회 전통들을 "문화 위에 있는 그리스도"(사회 복음)와 다른 편 끝의 "문화와 대립하는 그리스도"(문화의 주장들을 배타적으로 거부하는 재세례파와 기타 분파들) 사이에 그어진 연속선을 따라가며 배치하고 있다. 니부어의 책이 사회학적인 특징을 지니고 또 겉으로 드러난 모습도 교회와 세계에 대한 객관적인 서술 형식으로 되어 있지만, 니부어가 특정 유형의 교회론을 선호하며 그것은 문화를 변혁하는 그리스도라는 사실을 눈치 채는 것은 그렇게 어렵지 않다. 비록 니부어는 자유주의자들을 "문화에 속한 그리스도" 진영에 포함하지만, 미국의 주류 자유주의 개신 교회가 되고 싶어 했던 교회는 "문화를 변혁하는 그리스도"였다. "문화를 변혁하는 그리스도"는 문화에 굴복하지 않았으며, 또 문화에 담을 쌓고 무책임하게 도피하지도 않았다. 변혁주의적 견해를 따르는 교회는 미국을 더 살기 좋은 곳으로 만들고 사회를 예수가 인정할 만한 곳으로 변혁하기 위해 분주히 일했다.

우리는 『그리스도와 문화』만큼 우리가 처한 상황을 정확하게 평가하는 데 방해가 된 책도 없다는 결론에 이르게 되었다. 우리의 정치가 우리의 신학을 결정짓는다고 본 니부어의 생각은 옳다. 그리스도인들이 "문화"를 부정할 수 없다고 본 것도 맞다. 그러나 그가 하나님의 창조와 구속 행위의 통일성을 내세워 그리스도인들에게 "문화"(니부어가 말하는 이런 획일적인 문화가 어디에 있을까?)와 정치를 인정하도록 요구하는 것은 콘스탄티누스주의의 사회 전략을 승인해 주는 결과를 가져왔다. "문화"는 기독교가 세상과 얽히는 것을 승인해 주는 포괄적인 용어가 되었으며, 그 결과 그리스도인들은 "문화" 속에서 선한 것과 악한 것을 분별해 낼 수 있는 인식의 틀을 잃어버리게 되었다.

니부어가 전개하는 논증 방식을 보면, 변혁주의적 유형이 가장 좋은 것으로 보이도록 유도하고 있다. 우리나라와 같은 민주주의 사회는 민주주의가 진보한다는 사실을 믿어야 하며 또 사람들이 자신의 권력과 선택을 통해 세상을 좀 더 나은 곳으로, 즉 그러한 권력과 선택이 없었을 때보다 더 나은 곳으로 바꿔 나갈 수 있다는 것을 인정해야 한다는 것이다. 따라서 니부어는 우리가 선택할 수 있는 대안이 세상을 긍정하는 "교회" 아니면 세상을 부정하는 "분파"뿐인 양, 또 이러한 범주만으로도 어떤 역사적 혹은 사회학적인 사실들을 충분히 설명할 수 있는 것처럼 전제하고 논증을 전개한다. 니부어는 자유롭고 그럴듯한 논리를 펴서 가장 포괄적인 교회론이 가장 참된 교회론으로 인정받을 수 있다고 주장한다. 그는 또 자기 정체성에 관심을 쏟고 자기네 젊은이들을 양육하는 일에 몰두하는 교회는, 미국 문화에 의해 애초부터 "분파적"이라고 비난받고, 또 세상을 바꿀 정치적 수단을 국민에게 나누어 주는 국가 안에서는 온전한 책임을 감당하지 못하는 것으로 배척당한다고 주장한다. 그리하여 『그리스도와 문화』는 억압적 관용repressive tolerance의 가장 대표적인 사례가 된다. 니부어는 자기가 서술한 모든 교회 유형들에서 "옳은 점"을 찾아낼 수 있었기 때문에(어쨌든 그는 자기는 서술만 할 뿐 규정하지는 않는다고 주장했다), 그렇게 밝혀 낸 다원주의를 근거로 자신의 의견(다원주의)이 편협한 다른 교회론에 비해 훨씬 우월하다는 암묵적인 가정을 정당화했다. 신학에서의 다원주의는 소위 미국 문화의 다원주의를 정당화하는 이데올로기가 되었다. 『그리스도와 문화』 속에서, 자유주의 신학은 자유 민주주의를 신학적인 측면에서 지원해 주는 이론적 근거가 되었다.

겉보기에는 해가 없어 보이는 이 다원주의의 배후에는 교묘한 억압성이 자리잡고 있다. 니부어는 역사 속에서 그리고 오늘날에도 다양한 모습으로 등장하는 대안적 교회 유형들을 제대로 설명하지 못했다. 그는 단지 그때 이미 존재하고 있던 교회, 즉 실상은 세상이 교회를 길들여 버렸는데도 그 사실을 모른 채 자기가 세상을 바꾸었노라고 자랑이나 하고, 그 결과 더 이상 올바른 물음을 묻지 못하게 된 교회를 정당화했다.

위와 같은 경우가 "분파주의"는 아닌지 의심해 보라고 우리에게 가르쳐 준 사람이 바로 니부어였다. 교회가 문화 속에서 책임을 다하기 위해서는 기꺼이 자신의 독특성들을 억눌러야 한다는 것이다. 다시 말하거니와, 이것이 우리에게 히로시마의 참사를 불러온 바로 그 문화다. 이러한 우리의 주장이 위대한 그리스도인이라 할 수 있는 니부어의 사상에 지나치게 가혹한 비판처럼 보이기도 한다. 그는 히로시마의 폭력을 혐오했던 사람이요, 자신의 신학 속에 교회의 독특한 증언을 지지하는 터전을 마련하고자 애썼던 사람이다. 그러나 문제는, 그가 사용한 범주들의 구조 자체에 있다. 즉 그는 그리스도인은 문화에 대해 전부이거나 아니면 아무것도 아닌 관계를 맺으며, 또 우리는 책임을 지고 "전부"가 되거나 아니면 무책임하게 "분파"이기를 고집해 아무것도 아닌 것으로 남든지 선택하라고 가르친다.

교회만이 세상에 알려 줄 수 있는 그런 정치적 대안을 들고 교회가 세상과 만나게 될 때, 이것을 "분파적"이라고 말할 수 있을까? 초기의 재세례파 사람들은 세상에서 도피할 의도가 전혀 없었으며 우리도 역시 그렇다. 그들은 그들이 교회이기를 꾀했다는 이유로 칼뱅파나 루터파, 로마 가톨릭파에게 살해되었다. 그들이 도피한 이유는, 그들의 적에게서 자기 자녀들을 보호하기 위해서였다(그들은 대부분 자신들이 그리스도인이라고 생각했다). 재세례파 사람들은 도피하지 않았다. 다만 쫓겨난 것이다.

콘스탄티누스 시대가 종말을 고하는 상황에서 콘스탄티누스적인 교회가 최후의 몸부림으로 할 수 있는 말은, 기껏해야 우리가 이 책에서 주장하는 내용이 "부족주의"tribalism가 아닌지 의심스러워 보인다는 것이다. 우리가 만일 핵무기의 세상에서 살려고 한다면 우리 그리스도인들은 자발적으로 우리의 독특성을 억제하고, 누구든지 우리와 손잡고자 하는 사람들과 손을 잡으며, 정의와 평화를 위해 일해야만 한다고 콘스탄티누스주의자들은 말한다. 이러한 주장에 따르면, 그리스도인들(또는 유대인이나 이슬람교도들)이 그리스도인(또는 유대인이나 이슬람교도)으로서의 자신의 독특성을 고수하는 것보다 근대 민족국가를 더 진지하게 여기지 않는 경우, 그들은 "부족주의"요 또한 국제적인 협력에 기초를 둔 새로운 세계 질서를 세우는 데 장애물이 될 뿐이라고 비난받게 된다.

콘스탄티누스주의는 언제나 제국을 하나로 결속하기 위해 통일된 국가 종교를 필요로 했다. 오늘날에는 마르크스주의나 자본주의 대신 이 두 이데올로기조차도 그 아래에 두고 다스리는 실체, 곧 절대적인 국가가 모든 것을 지배하는 새로운 보편적 종교로 등장했다.

우리는 우리를 향해 부족주의라고 비난하는 것을 용납하지 않는다. 특히 그 비난이 자신들의 신학을 통해 부족주의 중에서도 가장 사악한 형태라고 할 수 있는 절대 국가를 위해 봉사하는 사람들이 제기하는 것일 때는 더욱 그렇다. 범세계적이고 여러 문화와 국가를 포괄하는 우리 문화 속에서 교회는 하나의 정치적인 실체로 존재한다. 카이사르가 아니라 하나님을 섬기기로 작정한 교회는 부족주의가 아니다. 제 마음대로 선을 긋고 살인까지 불사하며 그것을 방어하고자 애쓰는 미합중국이 부족주의다. 또 이 세상을 다스리는 것은 국가가 아니라 하나님이라는 사실을 공동의 삶을 통해 증언하고 보여줄 수 있는 교회가 사라지는 곳에서, 국가는 가장 악독한 부족주의로 변질되어 버린다.

베트남은 말할 것도 없고 드레스덴을 소이탄으로 불태우고 히로시마를 핵폭탄으로 파괴한 것이 자신을 보존하기 위해 싸웠던 현대의 자유 민주주의 국가였다는 사실을 결코 잊어서는 안 된다. 이런 정치 체제를 보존하기 위해 그리스도인들이 정치적 책임을 감당해야 하는 것인가?

사회 전략인 교회

우리는 "교회는 사회 전략을 갖지 않는다. 교회 자체가 사회 전략이다"라는 말로 교회의 정치·사회적 중요성을 이해하는 새로운 길을 제시하고자 한다. 교회는 세상 안에 있어야 하느냐 밖에 있어야 하느냐, 즉 '정치적으로 책임이 있느냐, 내부 지향적이기에 정치적 책임이 없느냐'라고 묻는 니부어식의 그릇된 딜레마 사이에서 씨름할 필요가 없다. 교회는 세상 밖에 있지 않다. 세상 속 이외에 교회가 있을 다른 자리는 없다. 1960년대에 교회는 세상에 봉사하면서 세상 "안에" 있어야 한다는 말이 유행했었다. 우리의 생각을 말하라면, 세상에 봉사하고 세상 안에 있는 것이 결코 교회의 거창한 문제는 아니었다고 주장하고 싶다. 안타깝게도 교회가 지나치게 자발적으로 세상에 봉사하려고 한 데서 우리의 가장 심각한 비극들이 생겨났다. 교회는 세상 안에 있어야 하느냐 말아야 하느냐의 문제로 걱정할 필요가 없다. 교회가 관심을 두어야 하는 일은 어떤 식으로, 즉 어떤 형태와 어떤 목적을 가지고 세상 안에 있어야 하느냐의 문제다.

앞에서 우리는 나치 독일이 교회에게 엄청난 시금석이었다는 사실을 말했다. 그때 교회는 너무도 자발적으로 "세상에 봉사"했다. 나치즘 앞에 교회가 굴복했던 일, 즉 교회가 세상사를 명확하게 간파하고 그것들을 본래의 이름으로 부를 수 있는 신학적 능력을 상실했던 일은 현대 교회의 간담을 서늘하게 만든다. 그러나 그때에 해야 할 일이 무엇인지는 정확히 몰랐어도, 최소한 참된 것을 말해야 한다는 소명을 품었던 사람들이 있었다. 바로 고백 교회confessing church였다. 히틀러에게 저항했던 이 교회를 "자유주의"와 "보수주의" 중 어느 쪽이라고, 또 "분파주의"와 "부족주의" 중 어느 것에 해당한다고 말할 수 있을까?

1934년, 칼 바르트는 '바르멘 선언문' The Barmen Declaration 을 작성하였는데, 이것은 세상사를 명료하게 파악하려는 고백 교회의 시도였다. 선언문은 다음과 같이 말한다.

성서의 증언에 의하면, 예수 그리스도는 우리가 귀 기울여 듣고 신뢰하고 생명과 죽음을 바쳐 복종해야 할 유일한 하나님의 말씀이다.

이 한분 하나님의 말씀 외에, 다른 사건이나 능력이나 형상이나 진리를 설교의 자료로 사용하면서 하나님의 계시가 있는 것처럼 전하는 그릇된 이론을 우리는 배격한다.[5]

이 선언문의 특성이 포괄적이 아니라 배타적인 점을 눈여겨 보라. 먼저, 바르게 행동하는 것이 아니라 바르게 듣는 것을 강조하고 있으며, 다음으로 그리스도의 주권에 대해 **제국주의적인**(이보다 더 나은 표현이 있을까?) 주장을 하고 있다. '바르멘 선언문'은 세상에 봉사하면서 카이사르의 요구에 굴복하기를 주저하지 않는 교회와는 분명히 대비된다.

『그리스도와 문화』에서 니부어가 제시한 유형론보다 더 도움이 되는 것이 존 하워드 요더의 유형론이다.[6] 요더는 행동주의 교회, 회심주의 교회, 고백 교회로 구분한다.

행동주의 교회 activist church 는 교회를 개혁하는 일보다는 좀 더 나은 사회를 건설하는 일에 큰 관심을 기울인다. 행동주의 교회는 사회 구조를 인간화함으로써 하나님께 영광을 돌린다. 이 교회는 자기 교인들에게 사회 변화를 위한 운동들 배후에서 하나님께서 일하심을 볼 수 있어야 한다고 요청하며, 그래서 그리스도인들은 정의를 위한 운동에, 그것이 이루어지는 자리가 어디이든 그곳에 참여할 수 있어야 한다고 가르친다. 이 교회는 자기가 역사의 방향을 읽어 내거나 역사의 진보적인 세력을 승인하는 열쇠를 가지고 있다고 믿으면서, 역사의 의로운 편에 서기를 바란다. 앞에서 언급했듯이, 문제는 행동주의 교회가 스스로 역사를 판단할 신학적인 통찰력을 가지고 있지 못하다는 점이다. 이 교회의 정치는 종교로 치장된 자유주의가 되어 버린다.

다른 한편, **회심주의 교회**conversionist church 가 있다. 이 교회는 사회의 구조를 제아무리 뜯어 고친다 해도 인간의 죄의 결과들을 해결할 수는 없다고 주장한다. 따라서 세속적 낙관주의가 내세우는 약속들은, 개인의 죄를 인정하고 하나님과 이웃과 화해하라는 성서의 요청을 무시하려고 하기 때문에 잘못된 것이라고 본다. 회심주의 교회로 말미암아 정치 행동의 영역이 밖에서 안으로, 사회로부터 개인의 영혼으로 바뀐다. 이 교회는 오직 내적인 변화만을 위해 일하기 때문에 세상에게 나누어 줄 수 있는 자체의 사회 구조라든가 대안적인 사회 윤리를 가지고 있지 못하다. 정치는 불가피하게 종교로 화려하게 치장된 보수주의로 전락하게 되며, 안타깝게도 이러한 정치로 인해 예수의 정치적인 주장들이 희생되었다.

고백 교회는 위에서 언급한 두 견해를 종합한 것이 아니며, 그 중간쯤에 있는 유용한 이론도 아니다. 차라리 별개의 급진적인 대안이다. 고백 교회는 회심주의자들의 개인주의와 행동주의자들의 세속주의를 거부하며, 또 양쪽이 똑같이 행동하는 것과 신앙이 좋은 것을 동일시했던 태도도 거부한다. 고백 교회는 자신의 주된 정치적 사명이 개인의 정신을 바꾸거나 사회를 변혁하는 데 있는 것이 아니라, 회중으로 하여금 만물 안에 계시는 그리스도를 예배하도록 결단케 하는 데 있다고 보았다.

고백 교회의 목표는 **효율성**이 아니라 **신실함**이라고 말하고 싶은 생각이 들기도 한다. 그러나 우리는 이런 식의 선택은 잘못된 것이라고 생각한다. 비용이나 결과는 무시한 채 신실함만을 주장하거나, 아니면 순전히 실용적이기만 한 효율성을 신봉하는 교회론을 따를 사람은 없을 것이다. "교회는 사회에 더 큰 영향을 미치기 위해 자신의 원칙들 중 일부는 포기해야 한다"고 말하는 사람들은 여전히 사회에 영향을 미친다는 목표가 중심 원리라고 주장하는 것이다. "효율성"이란 보통 내가 하나의 원리를 다른 것보다 더 중요한 것으로 선택했다는 것을 뜻한다. 고백 교회가 "하늘이 무너져도" 오직 하나님을 경배하겠다고 결심했다는 것은, 그 하늘이 무너져 버릴 때에라도 교회는 그런 극한적인 상황에 좌우되지 않는 하나님을 믿는 믿음을 의지하여 산다는 것을 뜻한다. 교회가 교회됨의 원리를 다른 원리들보다 우위에 놓는다고 해서 결과를 중요하게 여기지 않는 것은 아니다. 신실하신 하나님은 우리에게 규칙을 부여하셨으며, 이 규칙은 바로 하나님께서 당신의 마음에 드는 결과를 이루기 위해 세상 속에서 친히 행하시는 일에서 나오는 규칙이다.

고백 교회도 회심주의 교회와 마찬가지로 사람들에게 회심하라고 요청한다. 그러나 고백 교회가 말하는 회심이란, 세례를 받아 새로운 백성, 즉 대안적인 폴리스이자 교회라 불리는 대항문화적 사회 조직체에 접붙여지는 긴 과정을 의미한다. 고백 교회는 교회를 이룸으로써 이 세상에 영향을 끼치고자 노력한다. 교회란, 믿음과 비전이라는 선물을 갖지 못한 세상으로서는 알 수도 될 수도 없는 것이요, 오직 그리스도 안에서 우리에게 허락되는 것이다. 고백 교회는 **가시적인** 교회가 되기를 소망한다. 가시적인 교회란 그 안에 속한 사람들이 서로 약속에 충실하며, 원수를 사랑하고 진리를 말하며, 가난한 사람들을 존중하고 의로운 일을 위해 고난당하는 삶을 사는 것, 이러한 일들을 통해 놀라운 공동체를 창조하시는 하나님의 능력을 증언하면서, 세상을 향해 분명하게 드러나는 장소다. 고백 교회는 세상에서 도피하는 일에 관심이 없으며, 나아가 자기의 증언이 세상의 증오를 일으킨다 해도 놀라지 않는다. 고백 교회가 선 자리는, 몇 가지 조건을 달아 문화를 수용하는 행동주의 교회로부터 역시 몇 가지 예외를 두고 문화를 거부하는 흐름 쪽으로 기울어 있다. 고백 교회는 전쟁과 굶주림, 기타 인간성에 반하는 모든 일에 맞서 싸우는 세속의 운동들에 동참할 수 있으나, 그러한 모든 일을 교회의 필수적인 선포 행위의 한 부분으로 볼 뿐이다. 고백 교회는 교회의 증언 중에서 가장 신뢰할 만한 것(그러므로 교회가 세상을 위해 할 수 있는 가장 "효과적인" 일)은, 살아 있고 생기 넘치며 가시적인 신앙 공동체를 실제로 이루어 내는 일임을 알고 있다.

또한 요더는 고백 교회는 십자가의 교회가 된다고 말한다. 예수가 증명해 보였듯이, 이 세상은 진리 앞에서, 그 아름다움에도 불구하고 적대감을 드러낸다. 타협하지 않는 증언은 결국 세상의 증오심과 부딪히게 된다. 십자가는 교회가 당대의 권력자에게 고통당하고 묵묵히 굴종한 것을 나타내는 상징이 아니라, 그리스도께서 그런 세력들을 물리치시고 거둔 승리에 교회가 온몸으로 참여하는 것을 나타낸다. 십자가는 인간이 당하는 총체적인 고난과 억압을 나타내는 상징이 아니다. 반대로, 십자가는 우리가 카이사르의 현실 인식보다 하나님의 현실 인식을 더 중요하게 받아들일 때 어떤 일이 일어나게 되는지를 보여주는 상징이다. 십자가는 인간에 대한 하나님의 영원한 긍정이자 죽음의 세력에 대한 하나님의 (그리고 우리의) 영원한 부정을 의미하며, 하나님께서 우리를 우리 자신의 수단에만 맡겨 두시지 않겠다는 놀라운 결정을 뜻한다.

고백 교회의 가장 중요한 정치적 과제는, 십자가의 공동체를 이루는 것이다.

얼마 전 미국이 리비아에 있는 군사 목표물과 민간 목표물을 폭격했을 때, 그 행동의 도덕성과 관련해 커다란 논란이 벌어졌었다. 리비아를 폭격한 일의 도덕성 문제를 놓고 학생들 사이에 벌어진 비공식적인 토론에 우리 저자 중 한 사람이 참관했다. 학생들은 그 일이 비도덕적이라고 보는 쪽과 도덕적이라고 보는 쪽으로 나뉘었다. 논쟁이 진행되던 중에 학생 한 명이 나를 향해 물었다. "저, 목사님, **목사님**은 어떻게 생각하십니까?"

그때 내가 한 대답은 그리스도인으로서 나는 결코 그런 폭격을, 특히 민간인을 폭격하는 일을 윤리적인 행동이라고 인정할 수 없다는 것이었다.

그러자 다른 학생이 말했다. "목사님의 말씀은 우리가 예상한 그대로군요. 그것이 바로 당신네 그리스도인들의 상투적인 말이지요. 언제나 고고한 도덕 위에 서 있는 듯이 말입니다. 안 그런가요? 테러리스트가 공항에서 어린 소녀를 사살하면 당신들은 매우 당황하지요. 그러나 레이건 Ronald Reagan 대통령이 상황을 해결하려고 시도하다가 리비아 사람 몇 명이 다치게 되면 당신네들은 분노하지요."

오직 두 가지 정치적인 대안이 있을 뿐이라는 전제가 깔려 있는 듯하다. 즉 보수주의 처지에서 정부를 지지하든가 아니면 자유주의 관점에서 정부를 비난하면서 국제연합이 그 문제를 다루게 하는 것뿐이다.

내가 대답했다. "그래요, 학생의 말에도 일리가 있습니다. 이 일에 대한 **기독교적** 대응은 어떤 것일까요?" 그러고는 틈을 주지 않고 내가 답을 했다. "기독교의 응답은 아마도 다음과 같은 식이 되지 않을까 합니다. 내일 아침 미국 연합감리교회가 리비아로 천 명의 선교사를 파송하겠다고 선포하는 겁니다. 우리는 그 나라가 복음을 전하기에 기름진 땅이라는 사실은 알게 되었습니다. 우리는 선교사들을 보낼 방법을 알고 있습니다. 적어도 이것은 기독교의 전통적인 응답이지요."

"그렇게는 못할 겁니다." 나의 상대가 말했다.

"왜요? 그 이유가 뭔지 말해 보세요." 내가 말을 받았다.

"리비아를 여행하는 것은 불법이기 때문입니다. 레이건 대통령은 그곳에 여행할 비자를 내주지 않을 겁니다."

"아니지요. 그것은 옳지 않습니다. 우리가 리비아에 갈 수 없다는 데는 저도 동의합니다만, 그 이유는 레이건 대통령이 막아서가 아닙니다. 우리가 그곳에 갈 수 없는 이유는, 우리에게 이처럼 담대한 일을 감당할 사람을 세우는 교회가 없기 때문입니다. 그러나 전에는 있었지요."

국가가 아니라 하나님이 세상을 다스리며, 하나님 나라의 울타리는 카이사르 나라의 경계선을 초월하고, 교회의 주된 정치적 과제는 제자도에 따르는 희생을 분명히 알고 기꺼이 그 값을 치를 수 있는 사람들을 세우는 것임을 다시 선언하는 교회, 이것이 우리가 원하는 교회다.

3장

구원은 모험이다

복음서들이 분명하게 밝히고 있듯이, 제자들은 자기들이 예수를 따랐을 때 어떤 일에 휘말려들게 될 것인지 전혀 알지 못했다. 예수는 "나를 따르라"는 간단한 말로 평범한 사람들을 불러 모험에 참여하라고, 가는 길 고비마다 놀라운 일과 마주치게 되는 여행길에 나서라고 초청한다. "그리고 예수께서 …로 가셔서"라든가 "거기서 예수께서는 제자들을 이끌어 가셨다", "이때로부터 예수 그리스도께서 가르치시니"라는 구절에서처럼 복음서 저자들이 여행이라는 관점에서 복음서의 틀을 짠 것은 결코 우연이 아니다.

오늘날 교회는 불신앙의 사회 속에서 나그네 된 거류민으로 살고, 모험을 감행하는 식민지로 존재한다. 불신앙의 사회인 서구 문화 속에서는 여행의식이나 모험의식을 찾아보기 힘들다. 서구 문화는 계속 가라앉는 자기 보존과 자기 주장의 지평을 지켜 내는 일에나 몰두할 뿐 그 이상의 일에는 믿음이 없기 때문이다.

계몽주의의 자유사상이 일으켜 세운 사회들을 그 사회들이 태어나던 때 울려 퍼졌던 장엄한 웅변과 견주어 보면, 우리가 처한 현 상황이 비극적이라는 사실이 더 분명하게 드러난다. "우리는 다음의 사실을 자명한 진리로 여긴다. 모든 사람은 평등하게 태어났고, 창조주는 양도할 수 없는 몇 가지 권리를 우리에게 부여했으며, 그 권리 중에는 생명과 자유와 행복의 추구가 있다." 미국 독립선언문에서 인용한 이 구절은 우리 사회의 탄생에 수반되었던 놀라운 모험심이 어떠했는지를 보여준다. 자유에의 모험이 자유 세계를 창조했다. 계몽주의는 본래부터 "자명한" 원리가 무엇인지 밝히고 평등과 권리를 제공함으로써 자유로운 사람들을 일으켜 세우기를 원했다. 사람들은 전통과 공동체의 억압적인 굴레에서 풀려나고, 자신의 삶이 중요한 것은 타고난 개인의 권리라고 생각하고, 나아가 스스로 자신의 미래를 개척할 독립성을 인정받음으로써 자유롭게 되었다.

계몽주의는 자체 내에 자신의 붕괴를 불러올 씨앗을 품고 있는 모험이었다. 인간 본성에 대한 정의가 빈약하고 인간의 운명에 대한 비전이 부적합한 것이 바로 그것이다. 그리하여 우리가 손에 넣은 것은 자유가 아니라 자기중심주의와 고독, 피상성, 왜곡된 소비자중심주의였다. 자유롭다는 것은 가득 채워진 약장이라든가 도난경보기, 거대한 빈민가들, 마약 문화에 대해 다수의 국민이 어떤 식으로 느끼는가로 결정되는 문제가 아니다. 웬만한 국가의 상비군보다 더 큰 규모의 경찰을 거느리는 뉴욕에서 매년 1,800명의 사람들이 동료 시민들에게 살해당한다. 모험은 몹쓸 일이 되어 버렸다.

믿음을 거부하는 일이 하나의 모험으로 여겨졌던 시절이 있었다. 그때에는 하나님을 부정하는 것이 새롭고 신나는 그럴듯한 일로 생각되고 억압적인 사회 관습을 거부하는 영웅적인 행위로 받아들여졌다. 오늘날에 이르러서는 불신앙이 서구 사회에서 사회적으로 용인되는 삶의 방식으로 자리잡게 되었다. 신앙을 거부하는 일이 더 이상 용기가 필요한 일은 아니게 되었다. 앨러스데어 매킨타이어가 말했듯이,[1] 우리 그리스도인들은 갈수록 무신론자들에게 기독교 신앙에 맞서 싸울거리를 줄여 주고 있다! 나약해진 교회는 무신론에게서 그것이 초기에 품었던 모험에 대한 자부심을 빼앗아 버렸다.

이 글에서 우리가 밝히고자 하는 기쁜 소식이란, 무신론이 승리를 거두고 정치적 자유주의가 실패함으로써 기독교를 다시 **모험에 찬 여행**으로 발견할 수 있게 되었다는 사실이다. 식민지의 삶은 안정된 삶이 아니다. 오늘날 자유와 평등이라는 명분으로 모든 사람을 사로잡아 버린 무신론적인 문화는 기독교 식민지를 적으로 간주하고, 그 소중한 미덕들에 끈질기게 공격과 비난을 가하고 있으며, 항상 젊은 이들을 빼앗아 가려고 노리고 있는데, 이러한 처지로 밀려난 기독교 식민지는 자기 구성원들에게까지 하나의 도전으로 여겨지게 되었다.

여기서 우리는, 교회를 식민지로 보는 이미지에 곤란함을 느끼게 된다. 식민지가 된다는 것은, 하나님의 백성이 한곳에 정착하고 자기 소유권을 주장하고 울타리를 치고 자기의 영역을 지키는 것을 의미한다. 물론 적대적인 세상에서, 순전하게 믿음을 받아들이기는커녕 약아 빠져서 온갖 교활한 방식으로 믿음에 공격을 가해 오는 이 세상 속에서 식민지가 전투태세^{en guarde}를 갖추어야 하는 것은 당연하다. 그러나 교회가 자기의 소유권을 주장하고 나설 때, 그것은 곧 우리가 이 세상 속에서 작고 구석진 땅을 차지해 밭으로 개간하고는 그곳에다 영성이나 자아성찰을 재배하거나, 넓은 사회가 사용하고 남은 이성과 과학과 정치의 찌꺼기들을 가꾸거나, 아니면 교회를 타당한 것으로 보여줄 만한 도구들을 경작하는 것으로 만족해 버린다는 것을 뜻한다.

우리의 성경 이야기는 교회에게 방어적 태도가 아니라 공격적 태도를 취할 것을 요구한다. 이 세상과 그 안에 있는 모든 자원과 고뇌, 은사, 탄식은 하나님께 속한 것이며, 하나님은 당신이 창조하신 것에 관심을 갖고 계신다. 하나님께서 이 세상의 고착된 질서 속으로 개입하시는 행위 중 최고의 것이 예수 그리스도다. 그리스도 안에서 하나님은 "자기 자리 안에 머물기를" 거부하신다. 식민지의 핵심적 메시지는 자기 자신을 위한 것이 아니라 온 세상을 위한 것이다. 다시 말해, 식민지는 전체 세상을 구원하기 위한 하나님의 도구가 될 때에만 의미가 있게 된다. 식민지는 하나님께서 이 세상을 다스리고 심판하시는 데 사용하는 핵심 수단이 된다.

군대는 참호전이 아니라 이동과 침투와 전술을 통해서 승리를 거둔다. 따라서 교회를 식민지라고 말할 때 그 식민지는 신학적인 의미든 지리학적인 의미든 한 장소, 곧 요새화된 진지를 뜻하지 않는다. 식민지란 예수의 첫 제자들에게서 볼 수 있듯이, 예수를 따라가고자 애쓰면서 이동하는 백성이다. 식민지는 모험이다. 그 길 위에서 우리는 미지의 많은 일들을 만나고, 내부적으로도 깊은 논쟁에 빠지며, 낯선 장소를 방문하고, 수없이 소개와 작별인사를 나누고, 또 뒤를 돌아보고 현 상태를 점검하면서 나간다.

세례를 받을 때 우리는 (처음 제자들처럼) 달리고 있는 기차에 올라타는 셈이다. 제자들과 마찬가지로 우리도 세례를 통해 교의를 배우거나, 우리로 하여금 세상사를 확실하게 파악할 수 있게 해주는 명료한 자기 이해를 얻게 되는 것이 아니다. 우리가 동참한 이 여행은 우리가 참여하기 오래전에 시작되었고, 또한 우리가 사라진 뒤에도 오랫동안 지속될 일이다. 지금까지 우리는 구원, 곧 하나님께서 예수 안에서 우리에게 행하신 그 일을 주로 순전히 개인적인 결단의 문제로 여기거나 기본적인 신조들을 지적으로 용납하는 것으로, 또는 우리 자신이나 하나님에 대해 내적으로 의로운 느낌을 갖는 것, 아니면 우리의 사회적인 태도를 바꾸는 것으로 생각해 왔다. 이번 장에서 우리는, 구원이란 새로운 시작이 아니라 일종의 중간 지점에서 출발하는 시작이라고 주장한다. 신앙은 발견이 아니라 기억 속에서 시작된다. 이 이야기는 우리 없이 시작했으며, 하나님께서 세상을 구속하시는 독특한 방법에 관해 말해 주는 이야기이며, 우리에게 일어서라고, 그래서 하나님께서 이스라엘과 예수 안에서 창조하신 새 백성의 사역에 동참하여 구원을 받으라고 초청하는 이야기다. 이러한 초청을 받은 우리는 첫째, 온 세상을 위해 하나님께서 정하신 목적인 그 모험에 참여하고, 둘째, 공동체를 통해 거짓이 아니라 참된 것에 우리의 삶을 일치시키는 훈련을 받아서 구원에 이른다.

어떤 목사가 한 아기에게 세례를 베풀었다. 세례식이 끝나고 목사가 부모와 회중들이 다 들을 수 있게 큰소리로 아기에게 말했다. "사랑하는 아가야, 이 세례를 행함으로써 우리는 너를 앞으로 평생 동안 걸어갈 여행으로 맞아들인다. 이것은 끝이 아니다. 이것은 하나님께서 너의 삶을 통해 이루실 일의 시작이란다. 하나님께서 너를 어떻게 만들어 가실지 우리는 알지 못한다. 하나님께서 너를 어디로 이끄실지, 그래서 어떻게 우리를 놀라게 하실지 우리는 모른다. 우리가 아는 것, 다만 말해 줄 수 있는 것은 하나님께서 너와 함께하신다는 것뿐이란다."

바울은 세례에서 시작되는 이 여행을 죽음에서 삶으로 나가는 길로 묘사했으며, 이것이 훨씬 더 나은 설명으로 보인다.

> 우리가 그의 죽으심과 같은 죽음을 죽어서 그와 연합하는 사람이 되었으면, 우리는 부활에 있어서도 또한 그와 연합하는 사람이 될 것입니다. 우리의 옛사람이 그리스도와 함께 십자가에 달려 죽은 것은, 죄의 몸을 멸하여서, 우리가 다시는 죄의 노예가 되지 않게 하려는 것임을 우리는 압니다. 죽은 사람은 이미 죄의 세력에서 해방되었습니다. 우리가 그리스도와 함께 죽었으면, 그와 함께 우리도 또한 살아날 것임을 믿습니다. 우리가 알기로, 그리스도께서는 죽은 사람들 가운데서 살아나셔서, 다시는 죽지 않으시며, 다시는 죽음이 그를 지배하지 못합니다. 그리스도께서 죽으신 죽음은 죄에 대해서 단번에 죽으신 것이요, 그분이 사시는 삶은 하나님을 위하여 사시는 것입니다. 이와 같이 여러분도, 죄에 대해서는 죽은 사람이요, 하나님을 위해서는 그리스도 예수 안에서 살고 있는 사람이라는 것을 알아야 합니다. 롬 6:5-11

다시 길을 떠나며

성경은 일차적으로 한 백성이 하나님과 함께하는 여행에 관한 이야기다. 성서는 하나님께서 들려주신 인간 실존에 관한 기록이다.

성경 속에서 우리는 하나님께서 우리 삶의 조각난 부분들을 모으시고 그것들을 하나로 묶어서 무엇인가 의미를 지니는 일관된 이야기로 만드시는 것을 본다. 우리가 이처럼 일관되고 참된 이야기를 갖지 못할 때, 삶은 분명 산산조각난 것으로밖에 보이지 않을 것이다. 삶을 의미 있는 것으로 만들려고 노력할 때, 우리에게 일관된 이야기가 없다면 삶은 좌충우돌하는 식이 되어 버릴 것이다. 이것은 마치 'CBS 저녁뉴스'의 눈으로 바라보는 세상과 같다. 즉 여기에 재난이 발생했고 저곳에 해결할 수 없는 문제가 터졌다고 떠들어대고 나서는, "이제 이것"이 꼭 필요하다고 말하면서 우리 세상은 잘 돌아가고 있다는 느낌을 우리에게 회복시켜 주는 광고를 내보낸다.[2] 현대인이 제아무리 자유와 선택의 능력이 있다고 큰소리친다 해도, 사실은 이리저리 내몰리고 서로 분열되어 있어서 아무런 힘도 쓸 수 없는 무기력한 떼거리에 불과하다. 그저 저주 위에 저주를 덧쌓고 있을 뿐이다.

하나님께서는 인간의 불안과 혼란, 무기력을 어떻게 다루시는가? 하나님은 이야기를 들려주신다. 즉 나는 다름 아니라 "너희를 이집트 땅, 종살이하던 집에서 이끌어 낸" 주 너희의 하나님이다라고 이야기하신다.[신 5:6] 이 이야기를 이해할 때에야 비로소 그다음에 나오는, 이스라엘은 "내 앞에서 다른 신들을 섬기지 못한다"는 명령이 의미를 지니게 된다.[신 5:7] 성서는 우상숭배가 인간의 자존심을 손상한다거나 우상숭배 없는 삶이 더 낫다고는 주장하지 않는다. 사실 우상숭배란 창조주에 대해 들어본 적도 없는 유한한 피조물 편에서 이루어진 창조적인 반응일 뿐이다. 우상숭배를 정죄하는 것은 우리가 하나님에 대해 알고 있는 이야기를 근거로 해서만 가능한 일이다.

이스라엘은 다음과 같은 이야기를 간직하고 또 그것을 나누기 위해 정기적으로 모이는 백성이다.

옛적에 우리는 이집트에서 바로의 노예로 있었으나, 주님께서 강한 손으로 우리를 이집트에서 이끌어 내셨다. 그때에 주님께서는 우리가 보는 데서, 놀라운 기적과 기이한 일로 이집트의 바로와 그의 온 집안을 치셨다. 주님께서는 우리를 거기에서 이끌어 내시고, 우리의 조상에게 맹세하신 대로, 이 땅으로 우리를 데려오시고, 이 땅을 우리에게 주셨다. 신 6:21-23

이 이야기를 나눔으로써 이스라엘은 자기 자신이 여행, 곧 모험의 길을 가는 백성이라는 사실을 확인한다. 여기서 윤리는, 길을 가는 이스라엘을 떠받치는 데 필요한 미덕이 된다. 우리가 보기에, 하나님의 백성이 이야기를 나누는 것은 우연한 일이 아니다. 이야기는 우리가 하나님의 음성을 듣고 또 그분에 대해 말할 수 있는 기본적 도구이며, 나아가 하나님과 함께한다는 것이 어떤 의미인지를 파악하는 데 유일하게 사용할 수 있는 복합적이고도 효과적인 수단이다.

흥미롭게도 초대 그리스도인들은 성육신의 형이상학에 관한 교리적 사변으로, 즉 복음서 기사에서 추론된 기독론으로 시작하지 않았다. 그들은 예수에 관한 이야기와 그의 삶에 매혹되어 살았던 사람들의 이야기로 시작했다. 그리하여 복음서 저자들은 그들이 몸소 실천한 삶의 모습을 기준으로 삼고 훨씬 더 복잡하고 매력적인 방식을 사용해 우리가 예수를 본받는 삶을 살아가도록 훈련할 수 있었다. 우리는 예수를 따르지 않고서는 그를 알 수 없다. 예수의 첫 제자들이 저지른 오해에서 알 수 있듯이, 예수와 함께하는 것이 그를 이해하는 데 필수 조건이 된다. 어떤 의미에서 보면, 우리는 예수를 따른 뒤에야 그에 대해 알게 된다. 게다가 예수를 알고 나서야 우리 자신에 대해서도 알 수 있다. 그 까닭은 예수의 처음 제자들이 그랬던 것처럼, 우리도 가르침을 통해 먼저 우리가 죄인이요 무지한 인간이지만 구속되고 능력을 받았다는 사실을 깨닫지 못한다면, 그 외에 우리가 그 사실을 알 수 있는 길이 없기 때문이다.

이러한 이야기들을 나눌 때, 우리는 하나님의 선물인 우리 삶의 의미와 통일성을 깨닫게 된다. 우리의 삶은 우리 스스로 용감하게 성취한 업적이 아니라 우리가 들어서 알게 되는 것이요, 신앙 공동체 없이는 우리가 결코 알 수 없는 것이다. 나의 인생이라고 부르는 이 작은 이야기는, 역사에 대한 하나님의 큰 이야기 속에 포함될 때 우주적이고 영원한 의미를 얻게 된다. "**우리는** 바로의 노예로 있었으나……, 주님께서 우리를 이끌어 내시고……이끌어 오셨다." 우리 삶의 의미는 놀라울 정도로 다른 사람의 이야기에 의존해 있다. 그리스도인은 이 이야기를 듣는 사람이요, 그것을 우리의 구원 이야기로 다른 사람에게 들려줄 수 있는 사람이다.

이것을 구체적으로 실명하기 위해 이야기 하나를 살펴보자. 우리가 알고 있는 어떤 목사가 얼마 전에 목회직에서 은퇴했다. 최근에 그는, 1960년대에 그가 5년 동안 참으로 어렵고 격정적으로 섬겼던 쉐이디 그로브Shady Grove 교회로부터 교회를 방문해 달라는 초청을 받았다. 그 교회는 예전에 그가 부임한 지 1년 만에 그를 다른 곳으로 옮겨 달라고 감독에게 요청했던 교회였기에 이 따뜻한 초청 앞에서 그는 묘한 기분이 들었다. 그때 그는 인종 문제라든가 당시 진행중이던 월남전 문제로 계속해서 회중들을 들쑤셨고, 그로 인해 교회가 발칵 뒤집히고 분열된 것이 원인이었다.

물론, 어떤 의미에서 그들은 "같은" 교인이 아니며 그 자신도 역시 같은 목사가 아니었다. 20년이라는 세월이 흘렀으며, 그 세월이면 그들도 그때 거기서 있었던 일에 대해 냉정하게 판단할 수 있을 것이다. 그는 초대에 응하기로 했다.

그가 교회를 방문한 주일이었다. 예배가 진행되는 동안 이 목회자는 교인들에게 나타난 변화를 보게 되었다. 20년 전, 그 지역은 인종적인 구조에서 변동이 시작되고 있었다. 지금은 주변 지역 인구의 80퍼센트가 흑인이고 20퍼센트가 백인이다. 그 옛날, 그는 그들이 만일 인종차별을 철폐하고 흑인 교인들을 받아들이지 않는다면 교회가 죽음을 맞게 될 것이라고 말했었다. 그들의 삶 전체를 돌아보면 그가 옳았다는 것을 알 수 있다. 현재 교인들의 20퍼센트 정도가 흑인이다. 평균 연령은 그가 기억하는 것보다 훨씬 높지만, 교회는 젊은 흑인 교인들로 구성된 새로운 집단으로 인해 여전히 활력이 넘친다.

설교할 순서가 되자 그는 다양한 사람들의 이야기로 신앙을 설명하는 히브리서 11-12장을 읽었다. "믿음으로 아브라함은……, 믿음으로 노아는" 등등. 그는 이 방문을 통해서 신앙에 대한 히브리서의 정의가 사실임을 확인하게 되었다고 교인들에게 말했다. 신앙은 아브라함과 사라처럼 우리 각자가 발을 내딛고, 순례 여행에 참여하는 것이다.

그는 쉐이디 그로브 교회가 1960년대의 어려웠던 시절에 경험했던 일과 교회를 모든 사람에게 개방할 것인지를 놓고 벌였던 논쟁을 회상했다. 그는 제직회의 자리에서 인종차별의 시대에 교회가 증인이 되어야 한다고 자신의 믿음을 당당하게 주장했던 여자 교인을 회상했다. 그는 교인들 중에서 몇 사람을 지적하고는 쉐이디 그로브 교회는 찾아오는 모든 사람을 받아들여야 할 뿐만 아니라 적극적으로 나가서 그들과 함께할 사람들을 찾아야 한다고 주장하면서 놀라울 정도로 용감하고 창의적인 방법으로 결단을 내렸던 일을 언급했다. 그는 이제는 80줄에 들어선 샘 존스가 그때 변화하는 세상의 도전에 맞설 용기를 달라고 기도했던 것을 회상했다. 그러자 교회당 뒷부분에서 몇 사람이 "아멘!"을 외쳤다.

그가 입을 열었다. "아시다시피, 여러분은 진실로 하나 되어 교회를 이루었습니다. 여러분은 여러분이 상상했던 것보다 더 훌륭한 백성이 되었습니다. 저는 여러분이 제가 생각했던 것보다 더 훌륭한 교회라고 인정합니다. 그 일은 용기가 필요한 일이었습니다. 그러나 여러분은 여러분에게 그런 용기가 있었음을 증명해 보였습니다. 제가 바라는 바는, 우리에게 매우 소중했던 사람들, 지금은 천국에 있는 그분들이 지금의 여러분을 볼 수 있었으면 좋겠습니다. 저는 그들이 현재의 여러분을 보리라고 생각합니다."

평범한 회중과 나눈 이 이야기가 별로 대단치 않아 보일 수도 있다. 사실 이 일화에서 우리에게 감명을 주는 것은 그 교회에게 그 일은 그저 평범한 일이라는 점이다. 회중은 이와 같은 이야기를 함께 나눔으로써 성서에 등장하는 모범을 본받게 된다. 한마디로 말해, 이것은 히브리서 저자가 그 당시에 회중을 이끌기 위해 사용했던 방법, 즉 신앙의 이야기를 들려주고, 미지의 곳을 향해 나아간 아브라함과 사라와 같은 사람들의 이야기를 들려주었던 것과 아주 동일하다. 놀랍게도, 보이지 않는 것에 삶의 기초를 두고, 나아갈 목표도 확실하지 않은 여행에 뛰어들어 발을 내디뎠던 이 믿음의 개척자들이 우리의 믿음의 아버지이며 어머니다. 아브라함과 사라, 가인과 아벨, 노아와 쉐이디 그로브의 이야기에서 우리가 만나게 되는 것은 영웅적인 사람들이 아니라 영웅적인 하나님이시다. 바로 당신의 피조물을 포기하지 않으시는 하나님, 계속해서 다가오셔서 깨어진 조각들을 집어 드시고, "그리고 또⋯⋯", "이어서⋯⋯"라고 그 이야기를 계속 이어 가시는 하나님이다.

그 목사는 설교를 통해 쉐이디 그로브 교회의 회중이 감당해 온 싸움을 분명하게 보여주었으며, 그들은 자기들이 성도saint로서 아브라함과 사라와 함께 여행하고 있다는 사실을 다시 확인하고 놀라게 되었다.

설교자의 가장 큰 사명 중 하나는, 쉐이디 그로브와 같은 회중들로 하여금 우리가 살아가는 작은 시공간 속에서 그 이야기의 일부가 되는 것이 얼마나 놀라운 모험인지를 깨닫게 해주는 것이다.

불신앙과 그 결과들로 가득한 세상 속에서는 쉐이디 그로브처럼 평범한 교회의 이야기조차도 놀라운 모험으로 인정받고 심지어는 영웅적인 것으로 받아들여진다. 이 세상의 냉소주의와 불신앙에 비추어볼 때 그들이 지니고 있는 그저 그런 평범한 용기와 일관성과 신념조차도 모험심이 넘치고 영웅적인 것으로 보이기 때문이다. 믿음 없는 세상이 볼 때 믿음으로 살려는 사람은 대개 성인saint이 된다.

이 은퇴한 목사(사람들은 한때 은퇴한 감리교 목사를 "탈진한 목사"라고 불렀다)는 영웅이 아니다. 그는 단지 능숙한 이야기꾼일 뿐이다. 다행히도 그 교회는 영웅을 요구한 것이 아니라 교회를 그 뿌리가 되는 이야기들, 즉 교회의 형태와 의미를 규정하는 이야기들과 지속적으로 연결해 줄 수 있는 지도자를 필요로 했다. 이런 식으로 우리는 교회 안에서 평범한 사람들을 신뢰하기를 배운다. 마치 쉐이디 그로브의 사람들이 자기네 설교자를 신뢰하되 그에게 다시 와서 이야기를 들려 달라고 초청할 정도로 신뢰하기를 배웠던 것처럼 말이다. 그가 신뢰를 얻고 초청받은 이유는, 그들이 어떻게 여기에 이르렀는지를 이야기를 통해 그들에게 보여줄 수 있는 사람이었기 때문이다.

물론, 이 신실한 설교자가 들려주고자 했던 이야기는 또한 그 자신의 이야기이기도 하다. 이 은퇴한 목회자—아마도 많은 은퇴한 이들처럼 자기가 지금까지 해온 목회에 대해 약간은 회의적이고 냉소적이었을 것이다—는 쉐이디 그로브의 이야기를 말하는 중에 자기의 삶을 이 여행의 의미 있는 한 부분으로 보게 되었다. 우리는 성직자들이 그저 "도움을 베푸는 전문직의 한 사람"으로 사는 것보다 모험에 참여한 사람이 되는 것이 훨씬 더 멋진 삶임을 깨닫게 되기를 바란다. 이에 대해 나중에 좀 더 살펴보자.

구원받는다는 것은 다시 길을 떠나는 것이다. 우리는 구원이라는 것을 흔히 사람들에게 의미 있는 실존을 제공해 줌으로써 그들이 새로운 자기 이해에 이르게 만드는 것으로 생각한다. 이 글에서 우리는 그리스도인의 삶이 지니는 이야기로서의 특성을 강조하면서, 구원이란 한 공동체 속으로 들어가는 세례라고 말한다. 이 공동체는 진리로 충만한 이야기를 알고 있기 때문에 그 안에서 우리는 우리 자신과 우리의 불안을 완전히 잊어버리고 그 이야기, 즉 성서 속에서 하나님이 우리에게 들려주셨고 또 이스라엘과 교회 속에서 계속 이어지는 그 이야기의 일부가 된다. 예수의 제자들뿐만 아니라 쉐이디 그로브 교회의 사람들도 그들이 예수의 초청에 응답할 때 어떤 일에 휘말리게 될지 알지 못했다. 그런데 바로 이 점이 구원을 그토록 신나게 만드는 부분이다. 즉 교회는 우리에게 하나님의 사랑의 깊이를 체험하게 해주는 온갖 종류의 새로운 기회를 제공해 주며, 이러한 체험을 통해 우리는 전에는 알지 못했던 삶의 방향감각을 얻게 된다.

예를 들어, 오늘날의 성공 지향적인 "여피족들"은 흔히 지나치게 탐욕적이고 물질주의적이어서 아이들을 갖지 않는다고 비판을 받는다. 대개 여피 부부들은 "딩크족"(DINK, 수입은 두 배, 자녀는 사절)으로 사는 것으로 만족하기 때문이란다. 우리가 보기에 그들이 물질주의에 빠지고 자녀를 두지 않는 것은 모두 깊은 불안감에서 생겨난 증상이다. 이 애처로운 젊은 어른들은 자신들의 삶이 공허하고 무의미하며, 목적이나 방향감각이 없다는 생각에 사로잡혀 있다. 적어도 그들은 이러한 공허함 속에 자기 자녀들을 빠뜨리지 않을 만큼은 도덕적이다.

정말이지, 오늘날 우리에게 가장 시급한 대화 중 하나는, 도대체 우리가 왜 아이를 낳아야 하는지에 대해 토론하는 것이라는 생각이 든다. 우리 사회의 공허함은 아이를 갖는 데 대한 충분하고 필연적인 이유를 제시하지 못하는 데서도 드러난다. 우리가 끌어다 대는 이유라는 것이 기껏해야 "아이들은 우리를 덜 외롭게 해줄 수 있다"는 것이다. (개를 한 마리 키워라. 자녀들은 부모의 외로움을 줄여 주기는커녕 더 크게 만든다.) 또는 "자녀들은 삶의 의미를 찾게 도와준다"는 말일 것이다. (이때 자녀들은 BMW와 같은 소유물처럼 보인다.)

그리스도인이 자녀를 낳는 주된 목적은, 우리 아이들에게 그 이야기를 들려주기 위해서다. 다행히도, 아이들은 이야기를 좋아한다. 자녀에게 세례를 베풀 때 우리는 아이들에게 그 이야기를 들려주고, 그들 앞에서 그 이야기대로 살며, 하나님께서 창조하신 세상(그 이야기를 통해서만 알 수 있는 사실) 속에서 부모가 되기 위해 시간을 낼 책임(비록 그 때문에 자신의 생활이 산산조각 난다고 해도)을 지게 된다. 자녀를 낳음으로써 우리는 미래가 우리 손에 달려 있는 것이 아니라는 사실을 증언하며, 또 위협적인 세상 속에나마 인생은 살 만한 가치가 있는 것임을 증언한다. "아이들이 미래의 희망"이기 때문이 아니라 **하나님께서** 미래의 희망이시기 때문에 자녀를 낳는다.

만일 우리가 자녀를 낳는 타당한 근거를 제시하지 못한다면, 또한 자녀를 두지 않기로 결정하는 일에도 정당한 이유를 갖지 못하게 된다. 그리스도인들이 자녀를 두지 않는 자유를 누릴 수 있는 이유는 현대의 합리적 근거들("나는 구속받기 싫어", "이 불안한 세상 속에서 아이를 키우지 않을 거야") 때문이 아니라, 자연 출산이 아니라 증언과 회심을 통해 한 백성을 창조하시는 하나님의 능력을 믿기 때문이다. 매 세대마다 교회는 출산에 의해서가 아니라 세례를 통해 새롭게 창조되어야 한다.

우리의 자녀와 다른 이들의 자녀를 초청해 교회라 불리는 이 거대한 모험에 참여하도록 하는 것이 우리의 특권이다. 유대인들이 그리스도인과 이교도들의 끈질기고도 치명적인 박해를 받으면서도 계속해서 자녀를 낳은 일이 얼마나 놀라운 신앙 행위인지를 그리스도인들은 깊이 생각해 보아야 한다. 하나님의 백성은 우리의 자녀들이 미래를 향해 어떻게 나갈지를 세상이 결정하게 해서는 안 된다.

모험의 미덕들

예수께서는 제자들에게 사명을 주어 내보냈을 때[눅 10:1-24] 그들에게 전대나 배낭, 신발—여행에 일반적으로 필요한 물품들—을 소유하지 말라고 말씀하셨다. 그 길은 오직 그분께서 주시는 능력만을 의지하며 나간 여행이었다. 이 본문은, 제자들이 예수께로부터 보았던 것과 동일한 선한 능력이 자기들을 통해서도 나타난 것에 매우 놀라워하며 돌아오는 것으로 끝난다.[눅 10:17-24] 예수께서 약속한 이적 중의 이적을 실제로 그분이 베풀었을 때, 제자들은 그것이 복음의 진리에 대한 확증임을 알았기에 다른 누구보다 더 크게 놀라게 된다.

어떻게 보면, 예수는 세상이 필수적으로 여기는 많은 여행 도구들을 제자들에게서 벗겨 내기는 했어도 그들에게서 모든 짐을 벗겨 주신 것은 아니었다. 그는 제자들에게서 잘못된 짐을 벗겨 냈으며, 그렇게 해서 훨씬 더 긴급한 짐들을 그들에게 지울 수 있었다. 예수께서 지운 짐을 통해 제자들은 자기들이 의지할 것은 자기네 소유가 아니라 예수님뿐이라는 사실을 알게 되었고, 나아가 그 여행길을 가기 위해서는 어떤 미덕을 갖출 필요가 있다는 점을 깨닫게 되었다. 여행에 나서는 사람들은 자기가 부딪히게 될지도 모를 위험에 대해 채비를 갖추지 않고 떠나서는 안 된다. 그래서 멋진 모험 이야기들을 살펴보면, 계속해서 그 여행자의 인물됨을 시험하고 또 그러한 시험의 과정을 거쳐 그 모험가의 인물됨이 변화되는 것을 발견하게 된다. 이 시험을 통해 모험가는 전혀 새로운 방식으로 자기의 미덕을 계발하고 그것에 의지할 필요를 깨닫게 된다.

여행에 발을 내딛는 것은 어떤 **목표**를 향해 나아가는 것이다. 물론 신앙의 여행에서는 우리의 목적지가 어디인지 분명하게 드러나 있지 않으며, 아는 것이라곤 단지 그것이 어떤 형태로든 하나님과의 참되고 완전한 교제일 것이라는 사실뿐이다. 당분간은 날마다 시험을 견뎌 내면서 그러한 하나님과의 교제에 대한 약속을 의지해 길을 가게 된다. 이 사실을 통해 우리는 예수의 윤리가 왜 그렇게도 철저하게 종말론적인지, 다시 말해 왜 역사의 종말에 대한 그의 선포와 철저하게 묶여 있는지 그 이유를 알 수 있다. 윤리란 텔로스*telos*(그리스어로 종결, 끝, 목적을 뜻한다—옮긴이) 곧 끝과 상관관계를 지닌다. 사람이 세상의 끝을 어떻게 보느냐에 따라, "끝"을 세상의 마지막 숨이라는 의미가 아니라 목적, 목표, 결과라는 의미로 보는 것에 따라 세상은 전적으로 달라진다.

우리 사회가 나아가는 방향이 어디인지 확실하게 알 수 없게 되면서 이러한 종말론적 사고가 자명하고 부정할 수 없는 공리로 등장하고 있다. 우리 사회의 젊은이들이 보기에 옛 세대들이 제2차 세계대전 당시를 회상하는 모습이 지나칠 정도로 호의적이라고 느껴지는 이유가 바로 이 때문일 것이다. 그 당시 우리는 한동안 국가의 목적을 가지고 있었고, 따라서 국가가 나아갈 방향을 알고 있었다. "선한" 전쟁은 희생과 미덕을 필요로 한다. 미국의 자존심에는 안된 일이지만, 우리가 최근에 치른 전쟁은 결코 선하지 못했다. 다시 말해, 베트남 전쟁은 우리를 다음 세대가 본받을 만한 공동체로 만들어 주는 이야기, 곧 젊은 세대가 자기 부모들의 희생에 자부심을 느끼게 만드는 이야기를 남겨 주지 못했다. 이 전쟁으로 말미암아 우리나라를 고결한 국가라고 자랑해 온 오래된 국가적인 이야기들이 무효가 되어 버렸다.

교회는 자신의 목적과 미덕을 확보하기 위해 전쟁을 이용하지 않는 공동체라는 속성으로 인해 국가와 불편한 관계에 놓인다. 그런데 다른 원인이 아니라 바로 이러한 본성 때문에 교회는 깊은 싸움에 휘말린다. 폭력과 강압이 아니라 증언과 사랑이라는 복음의 무기를 사용하는 싸움이기는 하지만 말이다. 불행하게도 폭력과 무력은 우리가 가장 손쉽게 집어 들 수 있는 무기이며, 따라서 이제 우리는 제자도라 불리는 이 모험을 계속하는 데 필요한 특성들을 어떻게 지켜 갈 것인지에 대해 고민해야만 한다.

우리가 이 여행을 지속해 가는 데 필요한 미덕을 계발하는 것이 기독교 윤리요, 이 기독교 윤리는 **혁명의 윤리**다. 혁명을 통해 사회를 개혁하는 것을 목표로 삼는 혁명가들은 자기들 가운데 있는 제멋대로 행하는 사람들을 거의 참아 내지 못하며 또 그런 사람들을 징계하는 데도 거침이 없다. 그들이 자신들에게 내리는 징계는 다른 사람들을 참되고 선한 일을 향해 나가도록 이끄는 수단이 된다. 혁명가들은 관용이라든가 열린 마음, 포용 같은 부르주아적 미덕들은 인정하지 않으며(혁명가들의 생각에 따르면, 이러한 미덕들은 권력자들이 사회를 현 상태대로 유지하기 위해 사용하는 위선적 수단일 뿐 결코 문제를 바로 보고 고치는 데 사용할 수 있는 방편은 못된다), 비록 고통스러운 일이라 할지라도 정직과 대결을 소중하게 여긴다. 위험 부담은 크고, 반혁명적인 태도로 돌아서라는 유혹은 참으로 달콤하고, 또 혁명적인 공동체에서 얻을 수 있는 것도 거의 없기에 가야 할 길은 한없이 고될 뿐이다. 외부인, 특히 당대의 권력자 편에 서 있는 사람들이 볼 때 이 혁명가들의 윤리는 무자비하고 비타협적이며 심지어 불합리하기까지 할 것이다. 그러나 혁명가의 세계관, 즉 혁명이 지향하고 있는 궁극적 비전에서 보면 혁명의 윤리는 이치에 맞는다. 이 윤리는 기독교의 윤리와 다르지 않은 모험의 윤리이며 기독교의 윤리가 세속적인 형태로 나타난 것이다.

2장에서 언급했듯이, 기독교의 윤리는 기독교의 이야기에 뿌리를 두고 있다. 우리도 역시 일련의 독특한 미덕이 요구되는 이 모험적인 여행에 참여한 사람들임을 인정하지 않는다면 기독교 윤리는 아무런 의미가 없게 된다. 예를 들어, 그리스도인들이 성^性에 대해 토론하는 것을 보면 마치 "성을 부정하는" 사람들처럼 보일 때가 많다. 사람들의 근원적 공허감을 일시적으로 해소하거나 잊게 해주는 도구로 성이 이용되는 세상 속에서, 혁명적 공동체를 세우는 긴급한 과제를 수행하는 데 성적 열정(창조주 하나님의 선한 선물)이 유익한 방도가 된다는 사실을 우리는 쉽게 잊어버린다. 오늘날 성적 쾌감 외에는 자기초월을 경험하는 수단이 남아 있지 않은 상황에서, 우리 그리스도인들은 사람들에게 난잡한 성관계에만 빠지지 않으면 좋겠다고 설득하려 애쓰고 있다. 우리 사회에서 에이즈로 야기된 위협에 대해 이야기하는 일이 얼마나 제한적인지 생각해 보라. 우리가 할 수 있는 일은 기껏해야 자기보호와 이기심이라는 기본적 본능에 호소하는 것뿐이다. 즉 문제가 있는 사람과 사랑을 나누면 죽게 될지도 모르니 관계를 갖는 대상을 조심해야 한다고 말하는 것이다. 얄궂게도 바로 이런 이기심이 우리가 처해 있는 성적 곤경을 뒤에서 조종하고 있는 힘이다. 에이즈의 위협으로 말미암아 우리 사회는 사람들이 서로 적개심을 해결할 수 있는 최후의 수단 중 하나―성―를 잃어버리고 말았다. 에이즈의 공포로 인해 성이 사람들을 서로 낯설게 만들어 버리는 도구가 되어 버렸다.

성 문제처럼 강력하고도 마음을 어지럽히는 일, 창조적이면서도 치명적인 일을 우리가 제대로 제어할 수 있는 방법은, 우리의 관심을 하나로 모아 신나고 소중한 삶의 이야기에 집중할 때에야 손에 넣을 수 있다는 것이 우리의 생각이다.

여행에는 끝과 목표가 있어야 하며, 그에 더하여 그 길을 끝까지 갈 수 있는 능력, 즉 **항상성**constancy도 필요하다. 여행자들은 정신없이 변하는 여행길을 가면서 힘겨운 상황을 만날 때 서로 신뢰하는 법을 배운다.

현대 세상은 인격의 온전함에 특이한 형태의 위협을 가해 온다. 즉 방향을 바꾸거나 약속을 깨뜨리는 인간의 기질을 미덕으로 바꾸어 버린다. 우리의 병적인 현상인 변덕을 "이행"Passages이나 "성인 발달"Adult Development이라고 부른다.

항상성에는 특별한 유형의 변화가 요구된다. 만일 우리가 진실한 자세로 탐구에 임하고 우리 앞에 놓인 힘에 벅찬 목표를 끝까지 따르고자 한다면, 우리는 기꺼이 놀라게 되는 일을 받아들이고 또 기꺼이 용서하고 용서받을 수 있는 사람으로 바뀌어야 한다. 예를 들어, 쉐이디 그로브 교인들에게 기꺼이 변하고 회심하려는 마음이 없었다면 그들은 예수를 따르는 자신들의 목표에 한결같은 모습으로 헌신하지는 못했을 것이다. 따라서 항상성에 대해 정의를 내리는 것은 불가능하다. 단지 그것이 삶을 통해 드러나는 모습을 보고 확인할 수 있을 뿐이다. 그 예로서 쉐이디 그로브 교인들의 삶을 들 수 있는데, 그들 속에서 우리는 자신들의 근원이 되는 텔로스에 충실하고, 요동치는 길에서도 변함없이 목표를 바라보고, 눈은 한결같이 목적지—그리스도 안에서 하나님과 나누는 교제—에 고정했던 백성을 만나게 된다.

대체로 현대인들은 속박과 의무를 벗어 버림으로써 개체성 individuality을 확보하려고 한다. 나는 나 자신이 되어야 한다. 나는 자신에게 충실해야 한다. 우리가 부모와 자녀, 배우자, 의무에서 자유로우면 그만큼 더 자유롭게 "나 자신을 성취하는 일"에 힘쓰고, 시대의 흐름을 따라가고, 새롭고 신나는 가능성들을 성취할 수 있게 된다. 이런 식으로 관습적 논증 conventional argument이 우리 가운데서 힘을 발휘하고 있다.

그러나 만일 우리가 공동체 안에서 누리는 삶의 여러 부분들이 모여서 우리의 참된 자아가 형성되는 것이라면 어떨까? 공동체와 무관하게 "자아"가 형성되는 경우를 도대체 어디서 볼 수 있을까? 우리가 소속과 의무를 부정할 때 자아는 성숙하기보다는 위축되어 버린다. 그러므로 교회가 우리에게 주는 중요한 선물은, 우리가 우리 자신의 수단만 의지할 때 얻을 수 있는 것보다 훨씬 더 풍부한 가능성과 헌신, 의무, 문제들로 이루어지는 지평을 제공해 주는 것이다. 예수 없이도 베드로는 능숙한 어부, 아니 더 훌륭한 어부가 될 수 있었을 것이다. 그러나 그는 결코 그 어느 곳에도 나아갈 수 없었을 것이고, 자신이 사실은 얼마나 겁쟁이인지도 알 수 없었을 것이며, 또 자기가 얼마나 혼란스러운 사람이며 용기 있게 고백할 수 있는 사람인지, 나아가 얼마나 탁월한 설교자인지도 알 수 없었을 것이다.[행 2장] 우리는 베드로에게서 참된 개인, 아니 더 바르게 말해 진정한 인물의 모습을 보게 되는데, 그 이유는 그가 "자유롭게" 되거나 "개성이 강한 인물"이 되어서가 아니라 철저하게 메시아와 그리고 메시아의 공동체와 하나가 되었기 때문이다. 베드로로 하여금 자신의 삶을 주도하게 만들고, 자신의 능력만 의지해 이루어 냈을 때보다 훨씬 놀라운 삶을 살게 해준 것은 바로 메시아와 메시아의 공동체였다.

우리가 회중 안에서 항상성을 지녀 믿음직하고 일관된 인격체로나 자신을 경험하는 일은 삶의 나머지 영역에 대해서도 중요한 의미를 지닌다. 그래서 우리는 결혼을 모험이라고 말할 수 있는데, 제자들의 경우 그리스도 안에서 이루어지는 모험이라는 범주에 결혼이 포함되기 때문에 그렇다. 평범한 사람들이 어떻게 평생 동안 다른 사람에게 헌신하는 삶을 살 수 있는지, 더욱이 그러한 헌신에 어떤 일이 따를지 모르면서도 그런 삶을 결단할 수 있는지 무엇으로 설명할 수 있을까? 결혼을 하거나 자녀를 두는 일처럼 항상성을 요구하는 평범한 일에 헌신함으로써, 우리는 우리를 낯선 자로 만들어 버리는 이 세상 속에서 다른 사람을 신뢰하는 평범하지 않은 경험을 하게 된다. 여행이 언제 어디서 끝날지 모를 때에라도, 우리는 인내의 미덕과 기꺼이 여행에 참여하고자 하는 미덕을 배우게 된다. 결과를 중요하게 여기는 세상 속에서, 한 목회자가 쉐이디 그로브와 같은 장소에서 하나님 나라를 희미하게나마 맛보기 위해 20년의 세월을 기다려야 했다는 것은 참으로 놀라운 인내심이 없이는 불가능한 일이다. 히브리인들이 이집트에서 약속의 땅에 이르는 데는 얼마나 큰 인내심이 필요했을까?

만일 우리 사회가 결혼을 하거나 자녀를 낳는 일에 대한 합당한 이유를 잃어버렸다면, 한 걸음 더 나아가 홀로 사는 데 대한 정당한 근거도 알 수 없게 된다. 독신 생활에 대해 우리가 끌어다 대는 최고의 이유라는 것이 "구속되기"를 원치 않는다거나 "우리의 가능성을 열어 놓고" 싶다는 것이다. 그러나 제자도라 불리는 모험의 길을 가는 사람들에게 독신 생활은 교회가 생물학적인 자손이 아니라 희망에 의해 유지되며, 형제자매가 되는 것은 자연적인 출생이 아니라 세례를 통해 이루어지며, 세상의 미래와 우리 미래의 중요성은 우리가 아니라 전적으로 하나님께 달려 있다는 것을 나타내 보이는 표지가 된다. 텔로스, 곧 끝이 우리가 선택한 일에 의미를 부여한다. 우리에게는 결혼을 하거나 독신으로 살거나 그에 대한 합당한 이유는 오직 하나뿐이다. 다름 아니라 그 일은 우리의 제자도와 관계가 있다는 것이다.

명분을 지닌 백성

전쟁이 끊이지 않는 분열된 세상 속에서 그리스도인들은 평화의 백성으로 사는 일이 얼마나 신나고 흥분되는 일인지를 다시 보여줄 수 있다. "평화"라는 것은 그 자체만 놓고 볼 때 그렇게 신나는 것으로 보이지 않는다. 그러나 쉐이디 그로브와 같은 곳에서일지라도, 우리가 평화의 백성이라는 사실을 깨닫고 우리의 평화가 세상이 주는 전쟁이나 평화와 다르다는 것을 알게 된다면, 우리는 제자로 사는 삶을 모험으로 받아들이게 된다. 신명기 6장이나 히브리서 11장 같은 성서 본문들, 또 쉐이디 그로브에 돌아온 목사의 설교와 같은 것 속에서, 우리는 우리 자신과 우리의 삶을 **하나님의 이야기의 일부**로 보도록 초청받는다. 이렇게 해서 명분^{cause}을 지닌 백성이 탄생한다.

　신명기나 히브리서에 따르면, 우리는 이 세상을 돌이켜 창조주와 바른 관계에 놓기로 정하신 하나님의 결의를 선명하게 나타내 보이는 사례가 된다.

　그러한 이야기 안에서, 삶은 우리가 지금까지 알아 왔던 실존의 모습, 곧 저주에서 저주로 이어지는 냉혹한 굴레를 벗어 버리게 된다. 결혼이라든가 자녀 양육, 요양원에 있는 여든 살 노인을 방문하는 일, 설교를 듣는 일처럼 인생의 하찮은 일들의 본질이 회복되고 종말론적인 의미를 되찾게 된다. 우리의 숙명은 하나님의 섭리로 바뀐다. 말하자면 우리의 과거와 죄로 물든 역사를 이웃에 대한 사랑과 봉사로 채워지는 미래로 변혁할 수단을 손에 넣게 된다. 우리는 불확정적인 존재로, 그 의미와 중요성은 나 자신이 아니라 다른 사람들, 다른 것들에 의해 결정된다. 참된 자유는 우리의 개인적인 독립을 큰소리로 외친다고 얻을 수 있는 것이 아니라, 우리로 하여금 "예"와 "아니요"라고 말할 수 있게 해주는 참된 이야기에 우리가 연결될 때 허락된다. 우리의 가장 심각한 죄는, 우리는 아무것도 아니라고 느끼는 인간 내면의 깊은 두려움에 굴복할 때 생겨난다.

하나님의 목적과 능력을 말해 주는 이야기를 통해 우리가 누구인지를 아는 일은, 쉐이디 그로브 교회 사람들처럼 평범한 사람들의 삶에 굉장한 차이를 만들어 낸다. 그러한 깨달음을 통해서 그들은, 그 이야기를 모르는 수많은 사람들의 삶을 지배해 온 강력한 사회적 힘과 편견, 인습에서 자유로울 수 있는 능력을 얻는다. 우리의 적들이나 우리가 속한 넓은 사회, 우리의 과거가 우리를 규정할 수 없으며 우리 존재의 의미도 결정지을 수 없다. 하나님께서 우리를 위해 이미 그리스도 안에서 그 일을 행하셨기 때문이다. 현대 세계에서 사람들은 경제적 조건과 사회계급, 교육, 인종, 지식, 심리적 문제를 기준으로 판단을 받으며 그에 따라 당신은 운 나쁜 희생자요 그러니 불평하기보다는 자신의 운명을 받아들이면 좀 더 행복해 질 수 있을 것이라는 생각을 품도록 길들여진다.

쉐이디 그로브 사람들은 그분의 이야기를 나눔으로써 자기 자신의 이야기를 말할 수 있게 되었으며, 그렇게 자신의 이야기를 나누는 중에 자신의 과거를 진지하게 되돌아보고(회개), 나아가 자신의 미래를 선물(용서)로, 곧 우리와 함께하시는 하나님에 관한 이야기로, 신명기 6장이나 히브리서 11장 못지않게 중요한 이야기로 보게 되었다.

쉐이디 그로브 교회가 인종차별 문제와 싸우는 중에 복음의 능력에 대한 그들의 체험을 하나로 모으게 되었던 것은 우연이 아닐 것이다. 오늘날 미국에서 인종차별만큼 우리 죄의 고백과 용서를 필요로 하는 문제도 없다. 우리는 어떻게 주님께서 우리에게 오셨고 낯선 자들인 우리를 받아 주셨으며 우리를 용서해 친구로 삼아 주셨는지를 말해 주는 이야기를 체험으로 알고 있기에, 우리도 나름대로 낯선 사람들을 용납하려고 애쓰며 또 우리에게도 용서가 베풀어지기를 기대하게 된다. 우리에게 있는 그 이야기로 말미암아 우리는 밋밋한 "용광로"가 아니라 훨씬 더 본질적인 것 위에 세워진 공동체를 이룰 수 있으며, 또 서로 다르다는 이유로 하위집단 사이에 끊임없이 나타나는 적개심을 넘어서는 공동체를 세울 수 있게 된다. 쉐이디 그로브 교회는 특별한 공동체에 속할 자격을 선물로 받았다. 우리의 특별한 공동체는 부활하신 그리스도께서 어떻게 당신을 배반하기까지 한 친구들을 다시 찾아오셨는지 보여주는 이야기를 알고 있으며, 그 이야기를 알기에 우리도 그분이 우리를 찾아오시고 우리 가운데 계시며 우리를 용서하시고 나아가 우리를 복 주실 것을 기대하게 된다.

제자들은 뒤를 돌아봄으로써 앞으로 나아갔고, 하나님께서 우리를 홀로 버려두지 않으며 있는 그대로 방치하지 않으신다는 사실을 아는 데서 오는 희망으로 기뻐하면서 앞으로 나아갔다. 그분을 통해서 우리는 실제로 그 어딘가에 발을 내딛게 된다.

4장

식민지의 삶
:기독교 윤리의 기초가 되는 교회

이 장에서 우리는 제리 포웰을 인용하는 것으로 기독교 윤리에 대한 논의를 시작하려고 한다. 그런데 그가 많은 사람들, 특히 온건한 교회로부터 자유주의 교회에 이르는 주류 그리스도인들의 기피인물이라는 점에서 많은 반발이 있을 것 같다. 우리가 이 책에서 주장하는 내용이 신보수주의나 경건주의, 나아가 교묘한 말로 치장한 근본주의가 아닌지 의혹을 품고 있는 사람들에게는 그 의혹이 맞다는 확신을 심어 줄지도 모를 위험을 무릅쓰면서까지 우리는 포웰을 인용해 사례로 삼는다.

우리가 포웰을 인용하는 이유는 그의 주장을(우리가 이해하는 한에서) 옹호하기 위해서가 아니다. 기독교 윤리학에서 핵심적인 문제는 우리가 보수주의자냐 자유주의자냐, 좌파냐 우파냐를 따지는 데 있는 것이 아니라 제자로 살고 행동하는 것이 무엇을 뜻하는지 보여 주는 교회의 독특한 비전에 우리가 충성할 수 있는지를 다루는 것임을 보이기 위해서다. 우리가 보기에, 포웰의 윤리적인 의제와 미국의 주류 개신교회가 내세우는 윤리적 의제 사이에는 별 차이가 없다. 자유주의자냐 보수주의자냐, 윤리와 정치면에서 좌파냐 우파냐와는 상관없이, 미국의 그리스도인들은 그리스도인답게 살려고 애쓰는 것과 교회는 전혀 무관하다는 생각을 지니고 행동하는 나쁜 습관에 젖어 있다. 이것은 참으로 잘못된 생각이며, 이번 장에서 우리는 이러한 오해를 바로잡고자 한다.

얼마 전에 제리 포웰은 그가 늘 해오던 주일 TV 방송에서 그 사람다운 일을 했다. 돈을 요구했던 것이다. 그는 자기가 설립한 보호시설인 '세이브 어 베이비'Save A Baby Homes를 재정적으로 지원해 달라고 요청했다. 포웰에 의하면, 이 기관은 원치 않는 임신을 한 젊은 여성들이 아이를 낳기로 결심한 경우 그들을 받아들여 무료로 보살피고 지원해 주는 시설을 미국 전역에 걸쳐 세우고 있다. 그 여성들은 낙태를 택하는 대신 임신 기간 동안에 '세이브 어 베이비' 요양소에서 지낼 수 있다. 로마 가톨릭 교회도 오랜 기간 이와 유사한 프로그램을 운영해 오고 있다.

포웰은 다음과 같은 취지의 말을 했다. "우리가 이 모험적인 사업에 돈과 자원을 제공하지 않는다면, 또 성경을 믿는 우리 그리스도인들이 이 젊은 여성들을 위해 기쁜 마음으로 희생하고 지원하고 베푼다는 것을 우리의 선물을 통해 보여주지 않는다면, 우리는 의롭다는 생각으로 멀리 서서 그들을 향해 '안됐군요, 운이 나쁘네요, 낙태는 죄입니다, 그것은 당신의 문제입니다'라고 말할 자격이 없습니다."

포웰은 미처 생각지 못했겠으나 그가 한 말은 한층 더 기독교적 관점에 가까워지기 시작했는데, 물론 낙태를 나쁜 것(비록 사실이기는 해도)이라고 본 관점이 아니라 그리스도인의 모든 윤리적 견해는 교회를 통해서 신뢰할 만한 것이 된다고 주장한 점에서 그렇다. 우리 대부분이 지금까지 낙태와 같은 문제를 다루어 온 방식을 보면, 그에 관해 "기독교적" 방침을 정하고는 그것을 지원해 줄 법과 정부 차원의 권력과 자원을 찾는 식이었다. 이런 관점에서 보면 첫 번째 윤리적인 작업은 그리스도인들이 낙태에 대한 견해를 정리하는 것이요, 다음으로 정부에게 그 견해를 지원해 줄 것을 요청하는 것이다. 우리는 운 좋게도 민주주의 사회에 살고 있기 때문에, 우리 그리스도인들도 이 사회의 모든 압력단체들과 마찬가지로 우리의 견해를 법으로 제정해 줄 것을 요구할 수가 있다.

자유주의 그리스도인들 편에서 볼 때, 포웰과 그의 '도덕적 다수파'Moral Majority가 연방대법원을 "임신중절 반대파"Right to Life들로 채우려고 애쓰고 낙태를 금지하는 법을 제정하도록 압력을 행사하는 것도 다 이러한 이유 때문이다. 만일 그들이 공정하게 노력해서 모든 미국 사람들이 자신의 생각을 이해하고 받아들이도록 만들지 못한다면, 그들은 법제정을 통해서라도 우리가 그들의 생각을 받아들이도록 강요할 것이다.

그러나 자유주의 그리스도인들도 자신들이 생각하는 것 이상으로 포웰과 동일한 견해를 지니고 있다. 그들도 역시 사회가 자기들의 윤리를 지지해 주기를 바란다. 그런데 만일 여론조사 결과가 옳다면, 자유주의자들이 낙태 문제를 보는 시각은 다수의 견해, 곧 우리 사회에서 권력을 쥐고 있는 사람들의 생각과 일치하는 유리한 위치에 있다. 우리 사회는 "선택의 자유"를 일반화된 신념으로 따르고 있다. 이미 사람들 대부분이 낙태와 같은 예민한 사안은 전적으로 개인의 문제요 다른 사람이 관여할 일이 아니라고 믿고 있다. 우리의 사회와 법 전반에 걸쳐 이러한 관습적인 윤리적 견해가 인정받고 있다.

포웰의 말에서 우리의 눈길을 끈 것은, 그가 기독교 윤리는 **교회 의존적**church-dependent이라는 사실을 인정하기 시작했다는 점이다. 물론 여기서 말하는 교회란 설득과 회개라는 자체의 수단을 가지고 자기네 교인들 안에서조차 이루지 못하는 것을 국가에게 법적으로 해결하라고 요구하는 위선적인 교회를 가리키는 것이 아니다(하기는 포웰도 그럴듯하게, 온갖 윤리적 주장들을 쏟아 놓지만 그런 주장들을 실행하기 위해 자신을 희생하지 않는 교회는 세상의 조롱을 당할 것이라고 말하기는 한다). 교회의 윤리가 사려 깊고 감성적이며 신중한 모든 미국인들에게 그들의 신앙 여부와는 상관없이 타당한 것으로 인정받을 수 있다고 보는 것은 기독교 윤리의 **독특성**을 부인하는 것이다.

다른 모든 윤리와 마찬가지로 기독교 윤리도 "전통 의존적"tradition-dependent이다. 다시 말해, 기독교 윤리가 타당한 이유는 그것이 내세우는 원리들이 완전히 합리적인 행위처럼 이론적으로 타당하며 따라서 지성을 지닌 사람이면 누구에게나 논리적인 것으로 인정받을 수 있기 때문이 아니다. 기독교 윤리는 우리가 믿는 것, 곧 나사렛 예수의 삶과 죽음과 부활에서 이루어진 것을 기준으로 볼 때만 타당하다. 구체적으로 말해, 교회가 사람들에게 요구하는 일은 혼자 힘으로는 **실행하기가** 어렵다. 우리처럼 평범한 사람들이 예수가 명령한 놀라운 행위들을 실천한다는 것은 힘겨운 일이다. 아마도 이러한 현실적인 인식이 포웰이 이끄는 '세이브 어 베이비' 요양소의 배후에 놓여 있는 듯하다. 이러한 실제적인 사항에 덧붙여, 교회가 사람들에게 요구하는 일은 혼자 힘으로는 **파악하기도** 어렵다. 기독교 윤리는 주로, 세상은 알지 못하나 그리스도인은 안다고 주장하는 것에서 나온다. 예수 그리스도가 주님이심을 생생하게 증언하도록 지음받은 백성, 가족, 식민지가 바로 그것이다. 여기서 우리가 사용하는 전통이라는 용어는, 예수 안에서 발생하고 교회라고 불리는 구체적인 사람들의 조직체를 통해 여러 세대에 걸쳐서 전달되어 온 일에 대한 복잡하고도 활기 넘치는 논의를 뜻한다. 이 전통, 이 이야기에 충성하는 일이 우리가 세례 받을 때 시작된 모험 중에서도 가장 신나는 도전이자 또한 기독교 윤리에서 가장 벅찬 업무가 된다.

콘스탄티누스주의에 물든 사고방식은 깨뜨리기가 쉽지 않다. 그런 사고에 젖어 있는 그리스도인들은 우리의 독특한 전통에 일치하는지를 기준으로 자신의 윤리적 관점을 판단하지 않고, 기독교 윤리를 카이사르가 얼마나 거리낌 없이 받아들일 수 있도록 제시할 수 있는지를 잣대로 자신의 윤리적 견해를 판단한다. 그래서 나타난 현상이 기독교 윤리에 물을 타고, "생명의 권리"나 "선택의 자유" 같은 철저히 세속적인 기준에 맞춰 기독교 윤리를 걸러 내고, 전 세계를 향해 그것을 보편적으로 통하는 상식이라고 자랑하며, 나아가 그것을 기독교라고 말하는 것이다.

이러한 윤리도 다음에 인용한 이야기의 실제적인 요구 앞에 세워 보면 얼마나 무미건조하고 불신앙적인지 확연하게 드러나게 된다.

너희는…한 것을 들었다. 그러나 나는 말한다

예수께서 무리를 보시고 산에 올라가 앉으시니, 제자들이 그에게 나아왔다. 예수께서 입을 열어서 그들을 가르치셨다. "마음이 가난한 사람은 복이 있다. 하늘나라가 그들의 것이다. 슬퍼하는 사람은 복이 있다. 하나님이 그들을 위로하실 것이다. 온유한 사람은 복이 있다. 그들이 땅을 차지할 것이다. 의에 주리고 목마른 사람은 복이 있다. 그들이 배부를 것이다.……너희가 나 때문에 모욕을 당하고, 박해를 받고, 터무니없는 말로 온갖 비난을 받으면, 복이 있다. 너희는 기뻐하고 즐거워하여라. 하늘에서 받을 너희의 상이 크기 때문이다. 너희보다 먼저 온 예언자들도 이와 같이 박해를 받았다. 너희는 세상의 소금이다.……너희는 세상의 빛이다.……내가 율법이나 예언자들의 말을 폐하러 온 줄로 생각하지 말아라. 폐하러 온 것이 아니라, 완성하러 왔다.……옛 사람들에게 말하기를 "살인하지 말아라"……한 것을 너희는 들었다. 그러나 나는 너희에게 말한다. 자기 형제나 자매에게 성내는 사람은, 누구나 심판을 받는다.……"간음하지 말아라" 하고 말한 것을, 너희는 들었다. 그러나 나는 너희에게 말한다. 여자를 보고 음욕을 품는 사람은 이미 마음으로 그 여자를 범하였다.……"누구든지 아내를 버리려는 사람은 그에게 이혼 증서를 써 주어라" 하고 말하였다. 그러나 나는 너희에게 말한다. 음행을 한 경우를 제외하고 아내를 버리는 사람은 그 여자를 간음하게 하는 것이요, 또 버림받은 여자와 결혼하는 사람은 누구든지 간음하는 것이다.……너희 원수를 사랑하고, 너희를 박해하는 사람을 위하여 기도하여라. 그래야만 너희가 하늘에 계신 너희 아버지의 자녀가 될 것이다. 아버지께서는, 악한 사람에게나 선한 사람에게나 똑같이 해를 떠오르게 하시고, 의로운 사람에게나 불의한 사람에게나 똑같이 비를 내려 주신다. 너희를 사랑하는 사람만 너희가 사랑하면, 무슨 상을 받겠느냐? 세리도 그만큼은 하지 않느냐?……이방 사람들도 그만큼은 하지 않느냐? 그러므로 하늘에 계신 너희 아버지께서 완전하신 것같이, 너희도 완전하여라."^{마 5장}

기독교 윤리는 보편적으로 적용될 수 있고 또한 "예수 그리스도는 주시다"는 고백을 믿지 않는 사람이라도 예수의 길을 옳게 여겨 인정한다고 주장하는 그리스도인들이 있다. 그래서 선한 마음으로 평화와 정의를 위해 일하며 생명을 존중하고 선을 위해 애쓰는 사람들과 그리스도인들이 손을 맞잡을 수도 있다. 이미 누구나 받아들이고 있는 윤리를 옹호하기 위해 교회라는 강력한 공동체가 필요하지는 않을 것이다. 그러나 그리스도인들이 이러한 윤리적 견해(실제로 많은 현대 그리스도인들이 따르고 있는)를 주장하는 일도 예수의 산상설교 같은 본문과 맞닥뜨리기 이전이나 가능하다. 산상설교 앞에 서게 되면 가장 평범한 사람들조차도 그 설교가 도대체 말이 안 된다는 사실을 깨닫게 된다. 산상설교에서 교회와 세상을 가르는 경계선은 분명하게 드러난다. "……한 것을 너희는 들었다. 그러나 나는 너희에게 말한다"는 구절을 보라. "……한 것을 너희는 들었다"는 구절은 토라, 곧 신앙 공동체의 말씀을 가리킨다. 마태복음에서 예수는 이 토라를 높이 평가하고 그것에 복종하도록 권고하고 있는데, 산상수훈에 들어와서는 토라를 더욱 강조하면서 이스라엘이 어떻게 복종해야 할지를 분명히 밝히고 있으며, 그렇게 해서 이스라엘이 하나님께서 불러 세우신 백성이 된다는 것이 얼마나 놀라운 일인지를 묘사하고 있다.

산상설교는 우리에게 이 세상이 이미 알고 있는 것, 세상이 선한 행동이라고 여기는 것, 모든 사람이 다 합당하다고 여기는 것에 맞서 힘 있게 싸울 것을 요구한다. 산상설교가 선포하고 가르치는 내용을 보면 식민지를 세우는 것을 필수적인 일로 말하고 있다. 그 까닭은 제자들이 변화될 필요가 있는 사람들이기 때문이 아니라, 만일 우리가 산상설교를 믿고 그대로 따라 살기만 하면 그 설교가 우리를 바꾸고 또 이 세상은 우리에게 낯선 곳이며 참으로 기이한 장소임을 깨닫게 해주기 때문이다. 이 세상은 참으로 기이한 곳이어서, 거기서는 하나님께서 우리에게 행하시는 일도 우리 이외의 모든 사람이 옳다고 여기는 것을 기준으로 철저히 배척당한다. 예수께서 십자가에 달리신 이유는, 모든 사람에게 타당한 것을 말하거나 행했기 때문이 아니다.

사람들이 십자가에 달리는 까닭은 문화의 대세를 이루는 방향과 정반대 쪽 길로 가기 때문이다. 예수가 산상설교에서 가르친 것이 다음과 같은 의미였다고 가정해 보자. 너희에게 해를 끼친 사람과 화해하는 것은 아주 합당한데, 그렇게 함으로써 그 사람 속에 있는 최선의 것을 끄집어 낼 수 있기 때문이며, 또 로마 군인의 등짐을 들어 주는 것은 온당한 일인데, 그 일을 통해 로마 점령군일지라도 그의 내면에 있는 기본적인 인간성을 드러내도록 도와줄 수 있기 때문이다. 만일 이것이 사실이라면, 예수께는 즉시 인간의 실제 행동이 어떤지 눈곱만큼도 알지 못하는 순진한 몽상가라고 비난이 퍼부어졌을 것이다. 그러나 예수는 그런 의미로 말하지 않았다. 산상설교의 결론 부분에서 분명하게 드러나듯이, 제자들이 다른 뺨을 돌려대고, 곱절로 길을 함께 가 주고, 난잡한 성관계를 피하고, 결혼서약에 충실해야 하는 이유는 다음에 인용하는 구절이 보여주는 하나님을 믿기 때문이다. "너희 원수를 사랑하고, 너희를 박해하는 사람을 위하여 기도하여라. 그래야만 너희가 하늘에 계신 너희 아버지의 자녀가 될 것이다. 아버지께서는, 악한 사람에게나 선한 사람에게나 똑같이 해를 떠오르게 하시고, 의로운 사람에게나 불의한 사람에게나 똑같이 비를 내려 주신다."마 5:44-45

우리 하나님은 은혜를 모르는 이기적인 사람들에게도 친절하시며, 악한 사람에게나 선한 사람에게나 해를 비추어 주신다. 이분이 바로 예수 안에서 특별하고 구체적으로 우리에게 계시되신 하나님이며, 우리가 만일 우리의 수단만 의지했더라면 알 수 없었을 하나님이다. 우리의 윤리적 견해는 우리의 신학적인 원리에서 나오며, 또 우리가 예수의 삶과 죽음과 부활 안에서 발견하는 실재의 놀라운 비전을 따라 살려고 노력하는 데서 비롯된다. 그리스도의 제자들은 관습을 벗어 버리고 하나님의 본성 위에 자신의 삶을 세우며, "하늘에 계신 아버지께서 완전하신 것같이 완전"하기 위해 여행길을 떠나는 사람들이다.마 5:48

물론 이 말이 지나치게 주제넘은 것처럼 들리기도 한다. 예수께서 다른 데서 한 말씀에 의하면 "선한 분은 한분이다."마 19:17 산상설교가, 죽을 수밖에 없는 인간인 우리가 하나님처럼 행동해야 한다고 주장하면서 그런 삶을 살라고 요구하는 것은 터무니없는 일이 된다. 깨어지기 쉽고 유한하며 죽을 수밖에 없는 인간이 비폭력적으로 바뀌고 철저하게 충성하고, 심지어 하나님께서 완전하신 것처럼 완전해지는 일이 얼마나 불가능한 일이겠는가? 그러한 윤리를 따르기 위해서는 얼마나 거창한 윤리적 영웅심이 필요할까?

바로 이런 이유 때문에 사람들은 흔히 다음과 같이 말한다. "예수는 자기 자신에 대해 말한 것이야. 그는 지금까지 살았던 최고의 인물이지. 그는 결코 우리에게 문자 그대로 살라고 말한 것이 아니야." 그러나 산상설교에서 우리가 받는 인상은, 그것이 일상생활의 세세한 문제에 관심을 가지고 있다는 점이다. 예수는, 어떤 사람이 당신에게 불의한 일을 저지르거나 당신을 공격했을 때, 당신이 결혼했을 때 어떻게 처신할 것인지를 알려 주는 매우 분명하고도 실제적인 방향을 제시하고 있다. 분명한 사실은, 예수 자신도 우리에게 제자처럼 사는 데 필요한 구체적이고 일상적인 지침을 가르친다고 **생각하셨다**는 점이다.

사람들은 또 이렇게 말하기도 한다. "산상설교는 개인들, 곧 영웅적이고 윤리적인 초인들을 대상으로 한 설교다. 성인들*saints* 말이다. 그것은 결코 사회적인 조직 속에서 실천하라고 준 말씀이 아니다." 라인홀드 니부어가 자신의 책 『도덕적 인간과 비도덕적 사회』*Moral Men and Immoral Society*에서 제시한 이러한 관점을 우리 대부분이 따르고 있다. 니부어의 주장을 간단히 살펴보면, 예수의 윤리는 기껏해야 개인의 문제나 두 사람 사이의 관계를 집중으로 다룬다는 것이다. 우리가 하나로 어울려 집단을 이루게 될 때는 훨씬 더 현실적이고도 실제적인 방식, 사회 속에서 인간이 지니는 본성을 제대로 다룰 수 있는 방식이 필요하다. 물론 예수는 우리에게 원수를 사랑하라고 말했을 수도 있다. 그러나 훨씬 복잡한 현대인인 우리는 그런 식의 사랑을 오늘날처럼 복잡한 사회 문제들에 적용하는 것이 얼마나 비현실적인지 알고 있다. 그러므로 니부어에 의하면, 우리는 정의를 위해 일해야 하며, 그럼으로써 예수가 말한 단순하고 개인적인 사랑을 사회적 차원에서 현실적이고도 구체적으로 적용할 수 있게 된다. 다행히도 정의는 그것을 위해 수고해도 좋을 만큼 가치 있는 것이다. 그 이유는, 하나님께서 "악한 사람에게나 선한 사람에게나 똑같이 해를 떠오르게 하시고, 의로운 사람에게나 불의한 사람에게나 똑같이 비를 내려 주신다"는 말씀을 전혀 모르는 복잡한 현대인들일지라도 정의는 믿기 때문이다.

불행하게도 이러한 논리는 콘스탄티누스주의 이후로 교회의 두드러진 특징이 되어 온 신학적 합리화를 보여주는 한 가지 사례에 불과하다. 산상설교는 니부어와 대부분의 현대 교회가 저버린 것을 강조하고 있다. 바로 가시적이고 실제적인 기독교 공동체를 세우는 일이다. 예수께서는 이 공동체 안에서 제자들을 가르치신다.[마 5:1-2] 선생 the Teacher에게 필요한 자격 중 하나가 모든 사람을 하나님 나라로 초대하는 것이라는 점에서 "무리"[마 5:1]가 이러한 가르침에서 배제되지는 않지만, 이 설교는 세상의 소금과 빛이 되라고 부름받은 사람들을 향한 것이요 또 다른 이들로 "너희의 착한 행실을 보고, 하늘에 계신 너희 아버지께 영광을 돌리게"[마 5:16] 하는 삶을 살기 원하는 사람들에게 행한 것이다. 이 말씀들로 인해 우리는 모두 "하늘에 계신 너희 아버지의"자녀가 될 수 있다.[마 5:45] 이 말씀들은 식민지 백성들을 위한 말씀이다. 이 산상설교는 개개인에게 주신 말씀이 아니다. 그 까닭은 우리가 그리스도인으로 살아가면서 가장 크게 실패할 때가 바로 고립된 개인으로 살 때이기 때문이다. 폭력적인 개인들은 비폭력적인 공동체 안에 속함으로써만 더 나아질 수 있다. 산상설교는 영웅적 개인주의를 장려하지 않으며, 또 우리에게 하나님이 완전한 것같이 완전하고 하나님께서 우리를 대접한 것처럼 우리도 다른 사람들을 대접하라고 요구함으로써 영웅적 개인주의를 내친다.

위에서 살펴본 내용을 통해 우리가 단순히 공동체를 위한 공동체를 주장하는 것이 아니라는 사실이 확실해졌다. 기독교는 사람들이 혼자일 때보다는 다른 사람과 함께할 때 더 나은 삶을 살 수 있기에 그들이 공동체에 속해야 한다고 주장하지 않는다. 우리의 이야기에 의하면, 교회만이 **참된** 곳일 수가 있으며 바로 그 때문에 우리의 삶은 교회 안에서 더 나아진다는 것이 기독교의 주장이다. 교회는 진리 위에 세워진 유일한 공동체이며, 그 진리란 곧 길과 진리와 생명이 되시는 예수 그리스도시다. 우리가 누구인지 그리고 세상에 어떤 일이 일어났는지를 우리에게 알려 주는 그분의 이야기를 의지할 때 비로소 참된 공동체는 가능해진다.

우리가 사는 세상과 같은 곳에서는, 어떤 공동체이든 그 자체로 온전한 공동체를 추구하는 일은 매력적인 일이다. 자유 사회 속에서 우리는 지속적으로 책임지는 일을 회피하고 자신의 권리를 주장하고 혼자 생각하는 일에 몰두함으로써 다른 이에게 낯선 사람이 되어 버리는 풍조에 휘말려 살아간다. 우리의 사회는 욕망으로 이루어진 거대한 시장이며, 그 속에서 우리 각자는 홀로 기거하면서 가끔 일어나나가 세상이 우리에게 빚진 것을 받아오는 식으로 살아간다.

오늘날 서구의 민주주의 국가들은 의미의 문제로 어려움을 겪고 있다. 이 나라들은 자기 국민들에게 개인이 자유롭게 자신의 의미를 창조할 수 있는 사회를 약속하고 있지만, 그 의미라는 것이 대부분의 경우 조금 더 나은 수준에서 소비할 수 있는 자유에 불과하다. 그리스도인을 포함해 서구의 많은 지성인들이 마르크스주의 사회에 큰 매력을 느끼는데, 그 이유 중의 하나가 마르크스주의와 사회주의 사회들은 국가가 우리에게 삶의 의미를 제공해 줄 수 있다는 오래된 관념을 간직하고 있는 마지막 보루처럼 보이기 때문이다. 오늘날 서구 민주주의 국가들 대부분은 미국인이 되거나 독일인이 되는 것만으로도 인간 실존에 필요한 의미와 목적을 제공받을 수 있고 도덕의 근거를 얻을 수 있다고 주장해 온 자신들의 생각에 신중을 기하고 있으며, 이에 반해 마르크스주의와 그 모방자들은 여전히 "노동자와의 연대"라든가 "평화와 정의" 또는 힘 없는 개인들에게 의미를 심어 주는 여타 공동적 이념 위에 건설된 사회를 내세우고 있다. 한 개인의 야망을 국가의 열망 속에 복속시키거나 국기를 앞세우고 보조를 맞춰 행진하는 일은 개인적인 삶의 본질에 관한 의혹을 해결하는 데 오랫동안 사용되어 온 인기 있는 수단이다.

사람들이 일관된 세계관과 목적을 상실하거나 그에 대해 무관심한 현상이 심각하게 나타날 때, 그리스도인들은 혹시 공동체에 관한 이야기에 문제가 있는 것은 아닌지 진지하게 의심해 보아야 한다. 우리가 살아가는 세상에서는 손쉽게 외로움을 극복하는 방법을 약속하고, 공통된 취향이나 인종적이고 민족적인 특성, 또는 집단 이기심을 근거로 하나됨을 약속하는 공동체들이 사람들에게 매력 있게 보인다. 그런데 개인적인 자아⁶⁰ 못지않게 공동체가 독재화되어 가는 데는 전혀 신경을 쓰지 않는다. 공동체가 고독한 개인의 연약함을 해결하기 위해 소속감을 강화하는 것만을 목표로 삼을 때 그 공동체는 전체주의에 빠지게 된다.

기독교 공동체, 곧 식민지의 삶에서 가장 중요한 것은 하나됨이 아니다. 기독교 공동체는 예수 그리스도가 자신의 주위로 불러 모은 사람들을 이끌고 나가는 그 길에 관심을 쏟는다. 또 우리로 하여금 진실한 삶을 살게 해주는 참된 이야기에 비추어서 우리의 욕망과 필요를 가다듬는 일에 관심을 기울인다. 우리가 하나 되어 그 이야기대로 살 때 우리의 하나됨은 이루어진다. 그러나 그것도 어디까지나 예수께 충성하고자 애쓰는 중에 생겨나는 부산물일 뿐이다.

기독교 이외의 윤리까지 포함해서 모든 윤리는, 실재하는 것은 무엇이며 소유하거나 믿을 만한 가치가 있는 것은 무엇이며 세상이 움직이는 방식은 어떤 것인지를, 그 나름대로 제시하는 전통에서 시작된다는 사실을 분명히 알 필요가 있다. 전통은 공동체의 산물이자 그 공동체를 움직이는 힘이다. 따라서 비기독교 윤리를 포함해 모든 윤리는 공동체의 구성 요소인 일련의 사회 관례들로 구체화될 때에만 의미가 있다. 그러한 공동체들은 옳고 그름의 기준을 중요하게 여긴다. 그러나 현대 윤리는 대체로 고립된 영웅적 자아, 곧 이른바 홀로 서서 결단하고 선택하는 합리적 개인이라는 계몽주의의 전제를 출발점으로 삼고 있다. 이러한 윤리가 목표로 삼는 것은 개인을 그가 속한 전통과 부모, 이야기들, 공동체, 역사에게서 독립시키는 것이요 그렇게 해서 그가 홀로 결단하고 선택하고 외톨이로 행동하게 만드는 것이다. 우리가 속한 사회에서는 이런 윤리가 매우 중요하다. 그 까닭은 기업체가 필요로 하는 사람들은 자신의 일자리 외의 다른 공동체에 적당히 거리를 둔 노동자들이요, 그 기업에 기꺼이 순응하는 사람들이기 때문이다. 따라서 성인이 되고 성숙하고 어른 구실을 한다는 것은 공동체와 전통과 가족이라는 짐을 전혀 지지 않는 사람이 되는 것이라는 의미로 통한다. 이렇게 영웅적이고 철저히 개인적이며 주관적인 윤리는 칸트^{Immanuel Kant}에 의해 가장 그럴듯하게 제시되었으며, 오늘날에는 소위 '관계적 윤리'^{Contextual Ethics} 또는 '상황 윤리'^{Situation Ethics} 속에서 왜곡된 모습으로 계속 나타나고 있다. 그뿐만 아니라 우리 사회의 평범한 사람들이 지니고 있는 관습적인 윤리의식 속에서도 다음과 같은 말투로 나타나고 있다. "나는 내 몫의 일을 할 뿐이야. 먼저 네가 옳다는 것을 확인하고 그다음에 행동으로 옮겨라. 내가 보기에 그 일이 옳은 것이라서 그렇게 했다. 무슨 권리로 당신이 나를 판단하는가?"

우리가 제대로 파악하지 못한 것이 있다. 독립적이고 합리적인 개인이라는 신화 위에 세워진 칸트의 윤리조차도 하나의 이야기에서, 즉 이 세상이 움직이는 방식에 관한 그 나름의 이야기에서 시작되었다는 점과, 또 그 나름의 공동체의 지지를 받는다는 사실이다. 개인적이고 상황적인 윤리는 그 배경에 공동체를 깎아내림으로써 살아가는 "공동체"를 거느리고 있으며, 또 개인은 자기가 속한 전통에서 벗어남으로써 자유롭게 된다고 믿는 "전통"에 뿌리를 내리고 있다. 칸트 이후로 등장한 이러한 공동체에서 말하는 함께하는 삶이란, 하나님 나라의 도래를 선포하는 데서 시작되는 것이 아니라, 우리 각자 스스로 자신의 윤리를 찾아내고 성숙하여 성인이 될 자유, 곧 구속받지 않으며 자율적이고 독립적이며 자유로운 개인이 될 자유가 있다고 선포하는 데서 시작된다.

산상설교에 의하면, 우리가 신실한 제자가 되는 데 필요한 윤리적이고 신학적 자원을 갖지 못하는 이유는 고립된 개인으로 살기 때문이다. 기독교의 윤리가 씨름할 과제는 우리와 같은 평범한 사람들이 어떻게 이 세상 속에서 그런 식의 영웅적인 삶을 살 수 있을까라는 관습적이고 계몽주의적인 문제가 아니다. 예수가 산상설교에서 제시한 대로 비폭력과 결혼에의 성실, 용서, 희망으로 이루어지는 윤리를 따르기 위해서는 어떤 형태의 공동체가 필요하겠느냐가 우리의 문제다.

기독교 윤리는 곧 사회 윤리다

이번 장 시작 부분에서 예로 들었던 포웰의 '세이브 어 베이비' 요양소를 다시 생각해 보자. 다시 말해, 그리스도인들이 의회에 압력을 가해 법을 통과시키거나 세금을 책정하게 만드는 일만으로도 우리의 윤리를 뒷받침할 수 있다고 생각할 경우, 우리는 필연적으로 기독교 윤리의 공동체적인 특성을 놓칠 수밖에 없다. 오늘날 사람들이 기독교의 사회적 관심사라고 주장하고 있는 것들은 좌파의 주장이든 우파의 주장이든, 대개 진정한 교회가 되기를 포기한 교회가 내세우는 사회적 관심사일 뿐이다. 설교와 세례와 증언을 통해 가시적인 신앙 공동체를 세우는 것이 불가능하기 때문에 그 대용품인 기독교 윤리적 행동으로 만족하게 되고, 진보적인 전략을 지원하도록 의회에 압력을 가하거나, 문화 전반을 향해 인종차별과 난잡한 성문제와 폭력을 좀 줄이도록 요청하는 일에 매달리게 된다. 포웰이 이끄는 도덕적 다수파의 경우도 그와 반대 위치에 있는 모든 주류 개신교회들과 별 차이가 없다. 이 두 집단은 모두 우리가 기독교 공동체 밖에서도 기독교 윤리를 실천할 수 있다고 생각한다. 두 집단은 똑같이 세상에게 사회적·정치적 제도를 통해 우리의 신념을 지원해 줄 것을 요청하는 것 외에는, 복음을 우리 사회에 제시할 길이 없다고 보는 콘스탄티누스주의의 가정에서 출발한다. 그 결과로 복음이 시민 종교로 변질되어 버린다.

그러나 포웰이 그의 '세이브 어 베이비' 요양소를 통해 주장하고자 한 것이, 그리스도인들이 교회를 전제하지 않고서는 낙태와 같은 문제들을 제대로 판단할 수 없다는 뜻이었다면 그의 생각이 옳다. 기독교는 평범한 사람들을 몰아붙여서 각자가 영웅적이고 개인적인 행동 방침을 따르도록 만드는 일과는 관계가 없다. 산상설교는 개인적인 자아를 가장 중요한 윤리적 단위로 보고 그것과 씨름했던 유럽의 계몽주의에는 전혀 관심이 없다. 그리스도인에게는 교회가 가장 중요한 윤리적 단위다. 어떻게 보면, "사회 윤리"라는 전통적인 용어는 동어반복이다. 모든 기독교 윤리가 사회적이고 공동체적인 특성을 지니며 정치적인 출발점, 곧 교회를 전제로 한다는 점에서 볼 때 우리의 윤리는 곧 사회 윤리다. 우리의 모든 윤리적 응답은 바로 여기, 교회에서 시작된다. 교회의 가르침과 지원, 희생, 예배, 헌신을 통해 극히 평범한 사람들도 비범하고 때로는 영웅적이기까지 한 행동을 할 수 있게 된다. 그들 자신이 재능이나 능력이 있어서가 아니라 기독교적인 미덕을 지지해 주는 공동체가 있기 때문이다. 교회는 우리가 자신의 손안에 있는 수단만을 의지해 이루어 낸 것보다 훨씬 훌륭한 사람이 되게 해준다.

따라서 낙태와 같은 문제에 대한 우리의 대응 방식은 공동체적이고 사회적이며 정치적인 성격을 지니게 되고, 또 세례처럼 철저하게 교회적인 특성을 띠게 된다. 어린이든 어른이든 한 사람이 세례를 받을 때 교회는 그를 가족으로 받아들인다. 새로운 그리스도인은 한 가족으로 입양된다. 그러므로 우리는 임신한 15살짜리 소녀에게 "낙태는 죄다. 그것은 너의 문제야"라고 말해서는 안 된다. 아니, 그것은 우리의 문제다. 우리는, 그 여자아이처럼 평범한 사람들을 예수께서 부르셔서 곁에 두는 제자로 만들기 위해 우리 교회가 어떤 모습으로 바뀌어야 하는지 물어야 한다. 더 중요한 것은, 우리 공동체 안에 그 아이가 있다는 사실로 인해 우리가 참된 교회로 변화될 기회를 얻고 또 우리의 신념을 진지하게 검토하고, 나아가 우리가 그런 신념을 진실하게 실천하고 있는지 돌아볼 수 있는 놀라운 기회를 누리게 된다는 점이다. 우리는 그 소녀에게 우리가 져야 할 책임과 희생을 피할 생각으로 그 소녀를 골치 아픈 사회 문제로 몰아가서는 안 된다. (우리가 따르는 이야기에 의하면, 그러한 책임과 희생은 우리가 감당해야지 정부의 처분에 맡겨 버려서는 안 된다.) 오히려 우리는 하나님의 은혜로 눈이 열려, 그 소녀를 우리처럼 평범한 사람들이 그리스도의 몸인 교회를 볼 수 있도록 하나님께서 베푸신 선물로 받아들이게 된다.

기독교 윤리에서 중요한 문제가 개인이냐 사회냐, 개인의 회심이냐 사회 변혁이냐를 두고 오랫동안 이어져 온 논쟁은 잘못된 것이다. 악에 대한 무저항을 옹호하는 산상설교의 주장을 합리적으로 해명하고자 애썼던 아우구스티누스는 그러한 태도가 의미한 것은 "신체적인 행동이 아니라 내적인 기질"이라고 설명했다.[1] 그는 이렇게 산상설교가 요구하는 것을 외적이고 실제적인 것에서 내적이고 주관적인 것으로 바꿈으로써, 그 설교에 의해 제기된 인간적인 딜레마를 해결해 보려는 긴 노력을 시작했다. 이러한 해석은 산상설교 본문의 지지를 받지 못하는데, 본문이 의도하는 바는 어떤 주관적인 태도를 계발하는 것이 아니라 하나님의 가시적인 백성들을 일으키는 것이기 때문이다. 우리의 윤리도 개인의 변화를 이야기하지만, 여기서 말하는 개인적 변화란 주관적이고 내적이며 개인적인 경험이 아니라, 먼저 변화된 백성들이 우리를 받아들이고 지원해 주고 훈련해서 우리도 바뀔 수 있게 해준 노력의 결실이라는 의미다. 곤경에 처한 우리 사회를 돕기 위해 그리스도인들이 새로운 법을 제정하게 하거나 의회를 지원해 주고 사회 프로그램에 기금을 제공하는 일에 힘쓸 수도 있겠지만, 분명한 사실은 그런 일들이 우리 기독교가 줄 수 있는 가장 신나고 창조적이고 정치적인 해결책은 아니라는 점이다. 우리가 제시해야 할 가장 창조적인 사회 전략은 바로 교회다. 우리는 세상이 사회적 강제력이나 통치 행위를 통해서는 결코 이룰 수 없는 삶의 방식을 교회를 통해 세상에 보여준다. 예를 들어, 이 세상은 하나님께서 낯선 사람들을 불러 모아 가족을 세우는 장소가 못 된다는 사실을 분명하게 밝히는 것이 우리가 세상을 위해 봉사하는 일이 된다.

기독교 신앙은 우리가 폭력적이요 두려움과 염려로 가득한 피조물이자 죽음의 운명에서 벗어나는 길을 찾지도 못하고 원하지도 않는 존재라고 말한다. 그래서 복음은 우리가 폭력적이요 두려움과 염려로 가득한 피조물이라는 주장으로 시작하지 않는다. 반대로 복음은 우리가 만일 진리의 이야기에 우리를 맡기고 또 그 이야기를 듣고 그대로 실천함으로써 교회 안에 이루어지는 공동체에 우리를 맡기기만 한다면, 지금껏 우리 자신의 힘으로 성취한 것보다 훨씬 더 중요한 사람으로 바뀌게 될 것이라는 약속으로 시작한다.

바르트의 말처럼, "[교회가] 존재하는 목적은……[세상의] 방식과는 철저히 다르며, 또 약속으로 충만하기에 그 방식과 모순되기까지 한 새로운 표징을 이 세상 속에 드러내는 데 있다."[2]

눈으로 보는 것 그대로

윤리적인 면에서 볼 때, 산상설교 앞부분에 나오는 팔복에서 예수께서 어떤 일을 행하라는 규율을 가르치지 않는다는 사실이 우리의 흥미를 끈다. 팔복은 명령법이 아니라 직설법으로 이루어져 있다. 우리가 가장 먼저 듣는 말은 우리가 해야 할 일이 무엇이냐가 아니라, 하나님께서 어떤 일을 행하셨느냐는 것이다.

다음과 같이 시작되는 설교를 상상해 보자. "가난한 사람은 복이 있습니다. 굶주린 여러분은 복이 있습니다. 직장을 얻지 못한 여러분은 복이 있습니다. 이혼한 사람은 복이 있습니다. 불치병을 앓고 있는 사람은 복이 있습니다."

회중은 놀라서 눈이 휘둥그레지며, 이게 무슨 말이냐고 묻게 된다. 이 땅에 속한 나라에서는, 당신이 만일 실업자라면 사람들은 당신에게 어떤 사회적 결함이 있는 것은 아닌지 의혹을 품을 것이다. 이 세상 나라에서 불치병을 앓고 있는 사람은 사회의 건강 관리 제도에 골칫거리가 되고, 눈에 띄지 않는 곳으로 멀리 격리시켜야 할 사람이 된다. 이런 사람들이 어떻게 복이 있다는 말인가?

설교자가 말을 잇는다. "죄송합니다. 제가 분명하게 말하지 않았군요. 제가 말하는 것은 이 세상 나라에 속한 방식이 아닙니다. 하나님 나라에 관한 것입니다. 하나님 나라에서는, 가난한 사람은 귀족입니다. 병든 자는 복이 있습니다. 저는 여러분에게 지금까지 익숙해 있던 것과는 다른 어떤 것을 보여드리려고 합니다."

이 설교의 바탕에는, 설교자가 먼저 사람들에게 하나님께서 어떤 사람들에게 복 주시는지 보여주기만 하면 사람들은 자신의 복된 삶을 향해 기꺼이 달려갈 것이라는 신학적 전제가 놓여 있다. 우리는 우리가 눈으로 볼 수 있는 세상 속에서만 행동할 수 있다. 비전은 윤리에서 없어서는 안 될 필수 조건이다. 따라서 팔복은 좀 더 나은 사회를 이루기 위한 전략이 아니라, 하나의 지침이요 그림이다. 새로운 사회가 열리고 있음을 보여주는 비전이다. 팔복은 하나님 나라의 삶에 대한 이정표요, 약속이며, 본보기이자 하나님 나라가 어떤지를 보여주는 상상의 사례들이다. 마태복음 5장에서 예수는 그 자체만으로도 지키는 것이 만만치 않은 옛 계명을 반복해서 인용하고 있으며, 이어서 그것의 깊은 의미를 더욱 분명히 밝히고 있는데, 그 이유는 미래의 윤리적 영웅들에게 거대한 윤리적 짐을 지우기 위해서가 아니라 우리 한가운데서 어떠한 일이 발생하고 있는지를 구체적으로 보여주기 위해서다. 이 가르침에서 예수는 결의론決疑論적인 결론을 끌어낼 수 있는 율법을 다루는 것이 아니다. 예수께서 제시하시는 것은, 우리의 상상력에 자극을 주고 그래서 청취자가 전혀 새로운 방식으로 자신의 삶을 볼 수 있게 해주는 상상적인 은유metaphor다. 산상설교에서 예수는 도덕을 최대한도로 확장하고 있는데, 이것은 도덕의 구체적인 적용 범위를 넓혔다는 것이 아니라, 우리가 지금껏 알고 있는 것과는 전혀 다르고 새로운 것, 따라서 사물에 대해 우리가 가지고 있는 옛 이미지를 의존해서는 알 수 없는 것을 우리가 볼 수 있게 해주기 위해서다.

우리가 팔복을 긍정적인 사고의 원리, 즉 일을 잘 해나가는 데 유용한 새 규칙 정도로 깎아내린다면 위에서 언급한 모든 점을 놓치게 된다. 사람들에게 평화를 위해 일하라, 온유한 마음을 품어라, 가난한 사람을 도와주라고 권하는 도덕적인 설교를 얼마나 많이 들어 왔는지 모른다. 직설법의 문장이 도덕적인 명령문으로 바뀌고 새로운 규칙이 되어 버린다. 그리고 이 새 규칙이라는 것도 이것을 실천하는 사람 속에 자리잡고 있는 자기기만의 구체적인 형태가 어떠한가에 따라 윤리적 행동주의라든가 고뇌, 안심과 같은 관습적인 형태로 나타난다. 따라서 만일 우리가 소련 정부와 협정을 맺지 않으면 파멸에 이르게 될지도 모른다는 사실을 모든 사람이 알기 때문에 평화가 중요하게 된다. 당신의 제물을 제단에 바치기 전에 교회 안의 다른 사람과 화해하는 것이 중요한 이유는, 그렇게 하는 것이 회중을 하나 되게 하는 데 도움이 되기 때문이라는 말이다.

리처드 리셔Richard Lischer의 말을 빌려 다음과 같이 물을 수 있겠다. "그러나 이미 모든 사람이 알고 있는 일을 옹호하기 위해 예수가 십자가에까지 달릴 이유가 무엇이겠는가?"[3]

만일 이 모든 것이 우리가 따라야 할 새롭고 훨씬 엄정한 규칙들이 아니라 하나님이 존재하시는 방식을 보여주는 그림이라면 어떻게 될까? 사실 우리는 지금까지 성경을 하나님이 어떤 분이신지를 보여주는 그림이 아니라, 주로 우리가 무엇을 해야 할 것인지를 규정해 주는 것으로 생각해 왔다. 만일 예수가, 어떤 사람이 당신의 뺨을 때릴 때 다른 뺨까지 내미는 행동이 그 사람 속에 있는 최선의 것을 이끌어 내는 데 유용한 전략이 된다고 주장했다면, 예수는 당연히 윤리적으로 순진하다는 비난을 면치 못했을 것이다. 그러나 산상설교의 윤리에서 기초가 되는 것은 어떤 유익이 있느냐가 아니라 하나님이 존재하시는 방식이다. 뺨을 돌려대는 일이 옹호되는 이유는 그것이 어떤 효과가 있느냐의 기준에 의해서가 아니라(대체로 효과가 없다), 그렇게 하는 것이 하나님의 방식이기 때문이다. 즉 하나님께서는 포악하고 이기적인 사람들에게도 친절하시다. 산상설교는 우리가 원하는 것을 손에 넣는 전략이 아니라, 하나님께서 원하시는 것이 무엇인지를 예수를 통해 알게 된 사람들이 선택할 수 있는 유일한 삶의 방식이다. 우리가 이웃과 화해하려는 이유는 그로 인해 우리가 훨씬 기분이 좋아질 수 있기 때문이 아니라, 화해가 그리스도 안에서 하나님께서 이 세상에서 행하시는 일이기 때문이다.

세상의 끝

산상설교란 오직 고립된 개인들을 대상으로 한 것이라는 니부어의 주장을 마태가 듣는다면 그는 분명 틀렸다고 말할 것이다. 우리가, 하나님 나라 안에서 만물이 존재하는 방식을 보여주는 공동체에서 벗어나 개인으로 살아가려고 한다면 실패할 수밖에 없기 때문이다. 산상설교는 어떻게 하면 우리가 개인적으로 더 나은 그리스도인이 될 수 있느냐에 관심을 갖지 않는다. 산상설교는 교회가 따라야 할 길을 보여주는 그림이다. 산상설교는 **종말론적**이다. 그것은 만물의 끝, 곧 하나님께서 이 세상을 이끌어 가는 최종 목적지와 관계가 있다. 마태복음 4:23-25은 산상설교의 배경이 된다. 마태가 그리스도의 재림, 곧 '파루시아'parousia의 연기를 완전히 인정했지만,마 24:48, 25:5, 19 이러한 연기가 마태가 공동체를 세우는 데 기울였던 관심을 약화시킨 것이 아니라 반대로 더 분명하게 만들었다. 교회는 긴 여행길에 나섰고, 첫째 강림과 다음 강림 사이의 어려운 때를 살아가고 있다. 이러한 시대를 살아가는 그리스도인들에게 진정 필요한 공동체는, 우리가 두 시기 사이에 살고 있으며 또 세상이 어떤 곳인지를 너무도 쉽게 잊어버린다는 점을 깨우쳐 주고 나아가 하나님께서 오셨다는 사실을 알려 주는 공동체다. 우리는 이 세상이 나아가는 방향을 알기에 산상설교가 제시하는 그림을 보고 용기를 얻고, 또한 하나님께서 예수 안에서 구속하신 세상에서 만사가 어떻게 이루어지는지 보여주는 그 그림에 의지해 발을 내딛는다.

　　그러나 니부어와 같은 우리 시대 최고의 신학자들로 인해 우리는 종말론에 대해 깊이 의심을 품게 되었다. 거의 한 세기에 이르는 기간 동안 성서 학계가 예수의 가르침이 얼마나 철저히 종말론적인가를 입증해 왔음에도 불구하고 주류에 속하는 우리 개신교인들은 종말론적 사고를 "저 세상적"이고 "현실도피적"이며 "미래에 관한 허황된 일"을 다루는 것이라고 생각하고, 나아가 오늘날의 기독교 행동주의에는 맞지 않는다고 주장해 왔다. 종말론이 예수의 윤리적 가르침에서 **핵심적인 기초**가 된다는 사실을 성서가 증명하는데도 불구하고, 자유주의자들은 언제나 종말론이 윤리적 행동을 파괴한다고 주장해 온 것은 참으로 기이하다.

기독교 윤리에서 종말론을 제거하기란 불가능하다. 우리는 예수의 가르침에서 가장 핵심적인 부분은, 예수 자신의 신분에 관한 것이 아니라 이 세상에 임해서 다른 모든 나라를 심판하시는 하나님 나라를 선포하는 것이라고 배웠다. 예수의 가르침과 기적과 치유는 하나님 나라의 본성과 임재를 보여준다. 산상설교는 하나님께서 세상의 역사를 바꾸기 위해 행하신 일을 선포하는 데서 시작한다. 산상설교 속에서 우리는 역사의 끝을 보는데, 그 끝은 예수의 십자가 처형과 부활에서 가장 명확하고 또렷하게 드러난다. 따라서 하나님께서 그리스도 안에서 이미 역사를 올바로 세우셨기에, 그리스도인들은 역사를 올바르게 세우기 위해 우리가 개인적으로 해야 할 일이 무엇이냐 하는 자기 본위적이고 두려움에 찬 물음으로 윤리의 출발점을 삼지 않는다. 산상설교란 하나님께서 그리스도 안에서 만물을 다스리시면 이 세상이 어떻게 변화되는지를 보여주는 취임 선언문이다. 하나님께서 만물을 친히 다스리시는 방법 중 가장 핵심적인 것은, 모든 사람들에게 새 나라의 시민이 되라고, 곧 하나님께서 창조하시는 세상이 구체적이고 눈에 보이는 모습으로 나타나는 메시아 공동체의 백성이 되라고 초청하는 것이다.

산상설교는 결코 신자들에게 이 세상을 부인하거나 세상의 삶을 포기하라고 말하지 않는다. 오히려 산상설교를 통해 우리는 세상을 바르게 파악하고 지혜롭게 대처하는 능력을 얻게 된다. 제자들에게 이 세상은 고난과 시험을 당하는 자리지만, 또한 "지극히 보잘것없는 이들"을 위해 봉사함으로써 그리스도께 봉사하는 놀라운 기회의 자리기도 하다. 산상설교가 주는 절박감은 단지 시간의 절박감만은 아니다. 그것은 옛 세상이 지나가고 우리가 하나님의 새 창조의 첫 열매라는 사실을 깨닫게 되는 데서 오는 도덕적인 절박감이기도 하다.

왜 산상설교가 우리에게 무엇을 해야 하는지 가르치는 일이 아니라 우리가 볼 수 있도록 도와주는 일로 시작하고 있는지, 그 이유는 이 종말론의 배경에서 분명해진다. 우리는 우리가 볼 수 있는 세상 안에서만 행동할 수 있다. 따라서 중요한 윤리적 물음은 내가 지금 무엇을 해야 하는가가 아니라, 이 세상이 실제로 어떻게 보이느냐다. 산상설교와 관련해 가장 흥미로운 질문은, '이것이 정말 이 세상에서 사는 실제적인 방법일까?'가 아니라 '이것이 진정 이 세상이 존재하는 방법일까?'이다. "실제적인"practical 것은 참된 것과 관련된다. 만일 이 세상이 힘 있는 사람, 독립적인 사람, 홀로 사는 사람, 자유로운 사람, 성공한 사람만이 복을 누리는 사회라면, 우리는 그에 알맞게 행동한다. 그러나 만일 이 세상이 진정 하나님께서 가난한 사람과 굶주린 사람과 의를 위해 핍박을 당하는 사람을 복 주시는 장소라면, 우리는 마땅히 그 실재에 맞추어 행동해야 하며, 그렇지 못할 경우 우리는 사물의 존재 원리와 모순되는 혼란스런 상태에 빠지게 된다. 우리에게 이 세상은, 끊임없이 죽음에 대한 경계를 늦추지 않으면서 슬프지만 어쩔 수 없는 현실에 맞서 두려움으로 울타리를 쌓아 가야 하는 장소일까? 아니면 그리스도의 십자가라는 실재 안에서 우리의 죽음을 헤아리고 이해하는 장소일까? 이러한 윤리적인 물음들은 우리가 무엇을 바라보느냐에 따라 그 결과가 완전히 달라진다.

예수는 종말론적인 가르침을 통해, 우리에게서 이 세상은 영원히 존재한다거나 우리의 책임은 현실 세상을 보존하는 것이라는 관념들을 벗겨 내고자 했다. 언제나 이스라엘은 이 세상을 하나의 이야기, 곧 다른 이야기들과 마찬가지로 시작과 끝을 가지고 있는 이야기로 묘사해 왔다. 여기서 그 "끝"이 반드시 결말이라는 의미의 "끝"은 아닐지라도, 그것은 우리로 하여금 세상이 움직이고 있는 자리가 어떤 곳인지를 볼 수 있게 해주는 수단이 된다. 이 끝과 관련해서 문제가 되는 것은 '언제'가 아니라 '무엇'이다. 도달하게 되는 끝이 어떤 것이냐의 문제다. 우리는 가는 곳이 어디인지 알기까지는 여행길에 나설 수 없다. 예수는 그 끝을 제시하면서, 하나님께서 어떻게 지금 여기서 당신의 목적을 성취하셨는지 선포하신다. 그러므로 이 종말론을 통해 눈이 열린 제자들은, 지금까지 우리가 이 세상을 보존하고 세상에 의미를 부여하기 위해 강구했던 방식들을 포기하는 훈련에 들어가게 된다. 그런데 그 방식들은 이미 예수 안에서 끝이 난 것이요 세상의 의미와 방향에 대해 하나님께서 내린 정의, 곧 하나님 나라를 따르는 순간 끝이 난 것들이다. 불안한 마음으로 우리 자신을 지키려는 시도는, 그 행위를 두고 정의로운 평화라고 부르든 국가 안보라고 부르든 폭력을 낳게 된다. 그러므로 평화에 이르는 첫 단계는 우리 자신과 소유와 우리 세상을 우리 손에서 내려놓는 것이다. 우리에게 십자가는 새로운 세상을 열기 위해 이 세상을 철저히 포기한 한 인물을 보여주는 징표가 된다.

최근 들어 그리스도인은 평화를 위해 일해야 한다는 말을 많이 듣는다. 그러나 우리가 폭탄을 제조하는 이유와 동일한 어리석은 이유에서, 다시 말해 우리의 현재 세상을 보호하려는 이기적인 불안감에서 평화를 위해 일하는 평화운동이라면 무엇이 선하겠는가? 그리스도인들은 이미 끝에 관한 중요한 사실을 알고 있기 때문에 비폭력적이고 도움이 되는 방식으로 자유롭게 평화를 위해 일한다. 우리는 인류가 자기 자신에게 저지를 수 있는 최악의 짓이 원자폭탄이라고 주장하지 않는다. 우리가 하나님의 아들을 십자가에 매달았을 때, 이미 우리가 할 수 있는 최악의 짓을 저질렀다. 우리는 원자폭탄에 대해 어떤 식으로든 조처를 취해야 하며 그렇지 않으면 우리 문명이 파멸에 이를지도 모른다고 주장하지 않는다. 하나님께서 예수의 삶과 가르침, 죽음과 부활 속에서 이미 우리 문명을 끝내셨기 때문이다. 우리는 오늘날 원자폭탄 제조에 낭비하는 막대한 재원을 가난한 사람들에게 식량을 나누어주는 데 사용할 수 있을 것이라는 이유를 내세워 그 폭탄에 반대하지 않는다. 비핵화된 군대는 부득이 그 규모가 커질 것이고 그런 군대에 의해 지탱되는 평화는 현재 핵으로 유지되는 평화보다 비용이 더 들 것이 분명하다. 잠재적인 폭력까지 포함해 폭력 이외에는 전 세계 국가들 사이에 평화를 유지할 수 있는 방법이 존재하지 않는다. 또한 우리는 평화를 이루지 못할 경우 우리에게 더 이상 희망은 없다는 이유를 내세워 평화를 주장하지도 않는다. 우리의 희망은 카이사르의 미사일이나 카이사르의 협정에 달려 있는 것이 아니라, 하늘과 땅의 창조주이신 주님의 이름에 달려 있다. 사람들이 평화를 위해 노력하는 이유가 실은, 그들이 열심히 폭탄을 제조하는 이유와 마찬가지로 불안감이라든가 불안한 현실감 때문일 때가 많다.

핵폭탄은 자기 한계를 극복하는 수단으로서는 값비싸고 위험스러운 것이지만 어쨌든 우리가 소유한 유일한 수단이며, 어떤 것이든 그런 수단을 소유한 것이 전혀 없는 것보다는 낫다. 우리의 윤리는 우리가 하나님을 아는 데서 나온다.

윤리에서 종말론을 제거해 버림으로써 우리 교회 안에 숨 막히는 도덕주의^{moralism}가 자리잡게 되었다. 도덕주의는 그럴듯한 미덕과 적절한 명분의 목록을 제시하면서 그것을 성취함으로써 우리가 자기완성에 이르게 된다고 주장한다. 소위 "즐겁게 살기 태도"^{the Be Happy Attitudes} 말이다. 그도 아니면 기독교는 주로 포용적이고 개방적인 마음으로 다른 사람에게 관용을 베푸는 태도, 다시 말해 민주당의 좌파 쪽으로 약간 기운 듯한 처지가 된다. 그리스도인이 된다는 것은 다른 사람은 안 그런데 비해 조금이나마 더 개방적인 마음을 지닌 사람이 되는 것이다. 스탠리 존스^{E. Stanley Jones}의 말에 의하면, 우리는 세상에다 온화한 유형의 기독교를 주사^{註射}하고 있으며, 그 결과 세상은 참된 것에 대해 항체를 지니게 된다. 예방주사의 목적은 안전을 확보하기 위한 것인데, 여기서는 그리스도 안에서 안전을 얻기 위해서가 아니라 반대로 그리스도를 막고 또 우리의 삶에 의미와 가치를 제공해 주는 하나님 나라에 의존하지 못하도록 막아서 안전을 확보하려고 한다.

종말론이 없다면, 우리에게 남는 것은 낯선 계명들과 비현실적이고 불길하기 짝이 없는 계명들의 이해하기 힘든 찌꺼기뿐이다. 우리는 이혼에 관한 계명은 무시해 버리게 되고, 평화를 내세워 다른 사람들을 맹렬히 비난하게 된다. 그러므로 예수의 윤리를 그것이 속한 적합한 맥락에서 이해하지 않는다면, 그 윤리는 완전히 비현실적인 것이 되거나 아니면 한없이 무거운 짐이 되어 버릴 것이다. 예수의 윤리가 놓인 맥락은 종말론적인 메시아 공동체, 곧 세상이 알지 못하는 것을 알고 있으며 따라서 세상의 삶에 기초를 제공하는 공동체다.

산상설교는 "마음이 가난한 사람은 복이 있다. 하늘나라가 그들의 것이다"라는 구절로 시작한다.^{마 5:3} 마르틴 루터는, 이것이 첫 번째 복이 되는 이유는, 산상설교가 시작될 때 마음이 부자라고 생각하는 사람일지라도 끝에 가서는 자기가 끔찍이도 가난하고 궁핍하다고 느끼게 될 것이기 때문이라고 말했다. 우리의 의로움이라는 것도 이러한 하나님 나라의 비전 옆에 놓으면 얼마나 초라하겠는가! 이러한 깨달음마저도, 하나님께서 우리를 용서하심을 믿지 않는다면 커다란 절망감으로 끝나고 말 것이다. 우리가 식민지 안에서 배운 사실은, 용서하는 일만 아니라 용서를 받아들이는 것도 어렵다는 것이다. 왜냐하면 이런 태도는 우리가 철저히 하나님께 의존되어 있는 존재라는 것을 인정하는 것이기 때문이다. 우리는 마음이 가난하다. 그리고 우리가 가난할 때 하나님은 우리를 복 주신다. 식민지 안에서, 우리는 주의 만찬 자리에 앉을 때마다 어떻게 용서하고 어떻게 용서받는지에 관한 중요한 훈련을 받게 된다. 이 공동체 안에서 우리는 성만찬에서 함께 먹는 일처럼 매 주일마다 일어나는 작고 평범한 일들을 통해서도, 하나님께서 이 세상 속에서 이루신 일에 눈뜨고 또 하나님께서 행하시는 일에 참여하는 기회를 누리게 된다. 만일 우리가 주의 만찬 자리에 함께한 낯선 이들을 용서할 수 있을 만큼 선하게 된다면, 아침 식탁에서 함께하는 낯선 사람도 충분히 용서할 수 있을 것이라고 기대할 수 있다. 우리는 날마다 회중 가운데서 나누는 삶의 체험을 통해 용서의 기술을 배워 나간다. 그것은 곧 기독교의 비전이 진리임을 날마다 구체적으로 확인하는 것이다.

"마음이 가난한 사람"(바로 우리들!)을 저주하지 않고 오히려 복 주시는 하나님의 자비를 신뢰하고 의지하지 않는다면, 산상설교는 그저 비현실적이고 무거운 짐이 되어 버린다. 우리의 윤리는 전적으로 그 이야기, 곧 하나님께서 그리스도 안에서 자신을 온전히 나타내셨음을 말해 주는 이야기에 달려 있다. 우리 두 저자가 바라는 것은, 하나님의 본성을 보여주는 산상설교를 따라 살고자 하는 마음과 그러한 백성이 되는 것이 우리의 목표라는 생각을 사람들에게 되찾아 주는 것이다. 식민지는 우리를 그 목적지까지 실어다 주는 배다. 우리가 진리를 알게 되고 더 나아가 그 진리와 함께 길을 가게 되는 일은 이 배 밖에서가 아니라 안에서 이루어진다.

우리의 형제자매 유대인들처럼 우리 그리스도인들도 하나님께서 사회 및 공동체, 가족, 식민지 같은 것들이 아니라 다른 수단으로 우리를 다루신다고 생각해서는 안 된다. 하나님께서 아브라함의 후손들로 새롭고 놀라운 백성을 이루시겠다고 약속하셨던 것처럼, 이제는 그리스도 안에서 그리스도의 십자가를 통해 특별한 백성을 세우신다고 약속하신다. 산상설교는 그 외의 성서 본문들과 마찬가지로 고립된 개인이나 더 넓은 세상을 향해 선포된 것이 아니다. 반대로 이 말씀은 식민지에게 주신 것인데, 여기서 식민지란 하나님의 통치가 온전히 빛을 발하고 영광을 드러내는 공동체가 어떤 곳인지를 보여주는 예표가 된다. 그러므로 산상설교의 가르침 속에는 사사로운 것이 존재하지 않는다. 산상설교는 매우 공적이고 정치적이며 사회적인 특성을 지닌다. 식민지는 이런 공적인 형태를 도구로 사용해서 세상을 향해 하나님은 인간을 구원하시는 일과 그리스도 안에서 세상과 화해하시는 일에 분주하시다는 것을 증언하게 된다. 따라서 기독교의 윤리적 문제는 모두 사회적이고 정치적이고 공동체적인 문제가 된다. 세상이 우리를 보고는 하나님께서 분주하시다는 사실을 깨닫게 만들 만큼 우리의 삶을 이 식민지에 맡길 수 있을까?

우리에게 세상은 이미 끝났다. 예수가 온 목적이 훌륭한 사람들을 좀 더 훌륭하게 만들기 위해서였다고, 또 예수가 원한 것은 민주적인 카이사르를 조금은 더 민주적으로 만들고 이 세상을 가난한 사람들이 조금은 더 살기 좋은 장소로 만드는 것이었다고 생각해 온 사람들도 있을 것이다. 그러나 산상설교는 이런 식의 타협적인 사고를 거부한다. 산상설교는 사람들이 서로 어울려 사는 일의 의미를 전혀 다르게 보도록 해주는 새로운 개념을 우리에게 열어 준다. 이 완전히 새로운 개념이 바로 교회다. 우리가 지금까지 들어온 옛 것은 모두 혼란스럽고 다시 생각해 보아야 할 문제로 드러나게 되고, 그리하여 다시 출발점에 놓여진다. 이 출발점이 바로 식민지, 곧 예수의 초청에 "예"라고 응답함으로써 이루어지는 식민지다. 이 식민지는 "나를 따르라"는 예수의 음성을 듣고 새 백성에 참여하기 위해 일어선 사람들이라는 의미에서, 유별나고 다르며 나그네 되고 독특한 사람들로 이루어진다.

5장

평범한 사람들
:기독교 윤리

우리 저자 중 한 사람이 자라난 교회의 교회학교에는 평생 동안 3학년 반에 머문 도로시라는 학생이 있었다. 방컴 교회에 다니는 모든 어린이들이 교회학교 초등부 3학년에 올라가면, 그 반에서 도로시를 만나게 된다는 것을 알고 있었다. 우리의 부모 세대들이 3학년 반에 다닐 때도 그 여성은 거기에 있었다. 도로시는 아이들에게 연필을 나누어 주고 출석을 확인하고 연필을 거두는 일을 맡고 있었다. 우리는 그녀가 보조교사라고 생각했었다. 세상이 우리에게 도로시가 다운증후군 환자라고 말해 준 것은 세월이 한참 흘러 우리가 거의 어른이 다 되었을 때쯤이었다. 교인들은 누구나 도로시를 보조교사로 여겼다. 도로시가 50대 초반에 숙자—다운증후군을 앓고 있는 환자로서는 놀라울 정도로 긴 수명이다—온 교인이 힘을 모아 그녀의 장례식을 치렀다. 도로시가 장애자라거나 불구라고 말하는 사람은 아무도 없었다. 많은 사람들이 그녀를 알았던 것이 얼마나 큰 행운인지 모른다고 말했다.

오묘하신 하나님을 따르는 사람들

우리가 보기에, 교회가 신앙심으로 가장 충실할 때 교회가 하는 사업이 얼마나 오묘한 방식으로 이루어지는지 제대로 아는 사람이 많지 않은 것 같다. 우리는 교회의 "오묘함"이 그 신실함에서 핵심적인 요소라고 말하고 싶다. 4장에서 우리는 한 백성이 산상설교처럼 기이한 내용을 담고 있는 이야기에 한마음으로 충성할 때면 언제나 세상과 불편한 관계에 놓이게 된다는 사실을 보이고자 했다. 이런 사실로 인해 지극히 높으신 하나님을 인정하지 않는 세상 속에서 하나님의 공의가 다스리는 식민지를 세우는 엄청난 사업이 필요하다. 기독교적인 삶을 사는 데 교회가 필수적이라는 우리의 주장은, 삶이란 어려운 것이요 따라서 어느 정도 친구의 도움이 필요하다는 실제적 경험 이상을 말하는 것이다. 그 주장이 의미하는 바는 교회가 우리를 도와줌으로써 비로소 우리가 도덕적인 삶을 살 수 있게 된다는 점이다. 교회는 우리가 도덕적으로 살아가도록 도움을 줄 뿐만 아니라, 또한 도덕적이라는 것이 어떤 것인지를 가르쳐 주기도 한다. 이 주제를 교수들이 흔히 사용하는 말로 표현하면, 교회란 기독교 인식론에서 결정적인 요소가 된다는 말이다. 식민지가 없다면 우리는 도덕적인 삶이 어떤 것인지 제대로 이해할 수 없다.

앞에서 우리는 교회와 세상의 관계라는 차원에서 윤리적 딜레마를 다루었다. 우리가 교회를 식민지로, 그리스도인을 나그네 된 거류민으로 보는 이미지를 사용한 것은 이 문제를 분명하게 대비시키기 위해서였다. 기독교의 관점에서 보아 세상이 교회를 필요로 하는 이유는, 세상을 좀 더 부드럽게 굴러가도록 도와주거나 세상을 그리스도인들이 살기에 더 안전하고 좋은 장소로 만들기 위해서가 아니다. 오히려 교회가 없이는 세상이 자기가 누구인지를 알 수 없기에 세상은 교회를 필요로 한다. 이 세상 속에 구원이 이루어지고 있음을 세상이 알 수 있는 방법은 교회가 구원받은 백성이 되어 구주를 나타내 보이는 길뿐이다. 세상은 파괴되고 타락한 상태에 있으며 또한 구원받을 필요가 있다는 사실을 이 세상이 알 수 있는 방법은, 교회가 세상을 도와서 세상이 제공하는 것과는 전혀 다른 것을 맛보도록 해주는 것이다.

불행하게도, 세상의 종노릇하기에 분주한 타협적인 교회는 이 세상에게 기독교 신앙에 맞서 싸울 거리를 줄여 주고 있다. 우리가 회중을 더 크고 멋지게 세우고(교회 행정), 사람들의 자부심을 높여 주고(예배), 사람들이 자신이 빠진 물질주의에서 비롯된 불안감에 적응하도록 도와주고(목회적 돌봄), 그리스도를 시적 반성을 위한 값진 주제로 만드는 일(설교)에 열심을 내고 있는 바로 그때, 무신론은 하나님이 진정으로 중요하게 대접받지 못하는 이 교회 속으로 파고 들어온다. 교회는 매 순간마다, 하나님께서 예수 그리스도를 통해 세상과 화해하셨다는 사실이 우리가 함께 살아가는 삶 속에서, 그리고 우리가 행하는 일 속에서 진정 어떤 차이를 만들어 내고 있는지를 자문해 보아야 한다.

누구나 느끼듯이, 이러한 물음을 잊지 않고 간직하기란 쉽지 않다. 무신론은 우리가 호흡하는 공기다. 이렇게 말한다고 해서, 근대가 시작된 이래로 하나님이 존재하느냐 않느냐의 난제를 중심과제로 삼아 씨름해 온 신학에 우리가 동의하는 것은 아니다. 여전히 상당수의 현대 신학들은, 신학의 첫 단계가 현대인들에게 하나님이 계시다는 것을 이해시키는 것이라는 자연신학의 가정들을 따르고 있다.[1] 기독교 신학은 '어떤 **종류**의 하나님이 존재하시는가?'라는 좀 더 성서적인 물음에 집중해야 한다. 비록 현대 신학이 하나님이 존재한다는 사실을 증명해 보인다고 해도, 그런 하나님은 우리가 예배해야 할 하나님, 곧 아브라함과 이삭과 사라와 마리아와 예수의 하나님은 아닐 것이다. 성경 속 사람들에게는 우상숭배가 무신론보다 더 관심을 끄는 딜레마다.

위에서 살펴본 사실은, 우리가 앞에서 윤리란 '**행함**'doing의 문제이기 전에 먼저 '봄'seeing의 방식이라고 말했던 것을 설명하는 데 도움이 된다. 윤리적 과제란 옳고 그른 것이 무엇인지를 사람들에게 말해 주는 것이 아니라 사람들을 볼 수 있도록 훈련하는 것이다. 이것이 왜 교회 안에서 시간과 에너지의 상당 부분이 예배 행위에 투입되는지를 설명해 준다. 곧 예배 안에서 우리는 열심히 바른 방향을 바라보는 것이다.

산상설교가 있은 후 얼마 지나서 예수의 제자들이 물었다, "하늘나라에서는 누가 가장 큰 사람입니까?" 예수께서 어린이 하나를 불러 "그들 가운데" 세우셨다. 그리고 말씀하셨다. "너희가 돌이켜서 어린이들과 같이 되지 않으면, 절대로 하늘나라에 들어가지 못할 것이다. 그러므로 누구든지 이 어린이와 같이 자기를 낮추는 사람이 하늘나라에서는 가장 큰 사람이다."마 18:1-4

제자들(교회)은 계속해서 높은 자리를 놓고 다투었다. 우리의 모든 범주를 뒤엎어 버리고 만물의 앞뒤를 뒤바꿔 버린 산상설교를 듣고 나서도 제자들은 여전히 큰 것을 놓고 다투고 있다. 예수가 가난한 자와 굶주린 자와 핍박받는 자를 복 주신 것을 보고도 제자들은 계속해서 큰 것에 집착하고 있다. 세속성은 깨뜨리기가 쉽지 않은 습관이다.

이에 대한 응답으로, 예수는 어린아이 하나를 불러 세웠다. 어린이는 힘이 없고 의존적이고 도움이 필요하고 보잘것없고 가난한 사람의 대표다. 예수는 아이를 "그들 가운데" 세우시고 하나님 나라가 어떤 모습인지를 구체적이고 분명하게 보여주는 상징으로 삼았다. 예수가 아이를 통해 행한 일은 흥미롭다. 현대의 복잡한 교인들은 흔히 어린이를 골칫거리로 여긴다. 우리가 아이들을 용납하는 것도 그들이 우리와 같은 "어른"이 되기로 약속하는 한에서다. 어른 교인들이 교회에서 가만히 있지 못하는 아이와 같이 앉게 되면, 흔히 설교에 집중할 수 없다거나 아름다운 음악을 제대로 들을 수 없다고 불평한다. 많은 어른들이 "아이들을 내보내라"고 말한다. "어린이 교회"를 만들어라, 그래서 이 정신없는 아이들을 내보내고 우리 어른들이 예배에 집중할 수 있게 해달라고 요구한다.

재미있게도 예수께서는 "그들 가운데", 곧 둘러 선 제자들의 중심에 어린아이 하나를 세웠다. 제자들의 주의를 끌기 위해서였다. 예수가 보기에 어린이는 성가신 골칫거리가 아니었다. 이 어린이는 제자들이 하나님 나라의 오묘한 본질을 꿰뚫어볼 수 있도록 하나님께서 사용하신 최후의 시도였다. 예수께서 행한 일 중에서 어린이를 축복한 일만큼 급진적이고 반문화적인 일도 없다.

바로 여기, 마태복음 18:1-4의 일화에서처럼 제자들 한가운데 어린아이를 세우는 데서 기독교 윤리는 시작된다. 교회는 구체적인 사례와 표본들을 모아서, 겉보기에는 하찮고 작지만 오묘한 방식으로 하나님 나라를 보여주는 수단들을 만들어 낸다. 방컴 스트리트 교회는 세상이 극히 보잘것없고 골칫거리로 여겼던 사람인 도로시를 주일학교 3학년 반 한가운데 놓음으로써 마태복음 18:1-4의 사건을 재연했으며, 평범하고 사소하지만 심원하고 혁명적인 방식으로 윤리를 실천했다.

도덕적 성품을 배우는 일은 언어를 배우는 것과 상당히 비슷하다. 우리는 말을 가르칠 때 먼저 문법의 규칙을 가르치지 않는다(적어도 대학의 언어학 과정을 제외한 모든 곳에서는 그렇다). 사람들은 다른 사람이 말하는 것을 듣고 그것을 흉내 냄으로써 말을 배운다. 대체로 우리는 도덕이 마치 학습해야 할 규칙의 문제인 것처럼 생각한다. 사람들은 흔히 우리가 옳은 규칙들(너 스스로 생각하라, 먼저 네가 옳은지를 확인하고 그다음에 행동으로 옮겨라, 네 양심을 따라 행동하라, 낙태는 나쁜 것이다, 네 이웃을 사랑하라)을 다 배우고 나면 도덕적으로 행동할 수 있다고 생각하는 듯하다.

그렇지 않다. 사람이 언어를 배우는 것은 그 언어를 사용하는 공동체에 속하고, 손윗사람들을 살펴보고, 그들을 흉내 내는 일을 통해서 이루어진다. 문법 규칙은 배운다고 해도 나중에나 오는 것이요, 말을 잘하는 기술을 닦고 튼튼하게 만드는 도구로나 사용된다. 학문 분과로서 윤리란 단지, 복음의 언어를 말하고 그대로 살아 내는 법을 우리가 기억하게 도와주는 도구들을 묶어 놓은 것에 불과하다. 문법 규칙이 언어를 말하는 행위를 대신할 수 없듯이 윤리가 결코 공동체를 대신할 수 없다. 윤리는 언제나 부차적인 위치에 있으며, 사람들이 공동체 안에서 하나 되어 사는 방식에 의해 좌우된다.

그러므로 교회가 "윤리" 차원에서 할 수 있는 최고의 일은 사람들을 이끌어 기독교적인 삶을 탁월하게 보여주는 인물과 만나게 해주는 것이다. 우리가 윤리에 관해 성찰하는 것도 사실은 중요한 사례가 되는 인물들을 살펴 배우는 일이라고 볼 수 있다.

탁월한 모범이 되는 성도들

칸트 이후로 윤리학은 대체로 민주적인 방향을 추구해 왔다. 칸트의 '정언 명령'categorical imperative은, 사람들이 합리적이기만 하다면 자기가 필요로 하는 모든 것을 스스로 손에 넣을 수가 있기 때문에 모든 사람이 훈련을 받지 않고서도 도덕적일 수가 있다는 가정을 따른다. 따라서 칸트의 과제는 우리 역사와 공동체들의 잠정적이고 독단적인 굴레에서 도덕적 행위자로서의 인간moral agent을 해방하는 것이었다. 이성을 통해 파악된 '정언 명령'이란 동일한 상황에서 이루어질 때 합리적인 인간이면 누구에게나 보편적으로 맞아떨어질 수 있는 행위를 가리킨다. 칸트의 주장을 따르면, 당신이 도덕적이기 위해 해야 할 일은 명료하게 사고하고 스스로 판단하며 보편적으로 적용 가능한 기본적인 원리들을 바르게 획득하는 것이 전부이며, 그럴 때 당신은 바르게 행동할 수 있게 된다. 윤리적이 된다는 것은 좀 더 철저한 인간이 된다는 것이요 좀 더 합리적이 된다는 것을 뜻한다. 현대인들은 윤리적인 면에서 보면 대부분 칸트 계열에 속한다고 볼 수 있다. 비록 그들 스스로 자기들이 칸트파에 속함을 의식하지 못하지만 말이다. 현대인들은 자신이 독립적이요 이성적이며 능동적인 주체라고 생각하기를 좋아한다. 도덕은 경험이나 전통, 훈련, 공동체의 문제가 아니라 현실에 대한 개인적이고 인격적인 결단의 문제가 된다. 무엇이 옳은지를 보여주는, 보편적으로 적용 가능하고 일반적인 관념을 따라 행동하는 사람이라면 누구나 그가 받은 교육이나 가정이라는 배경과는 상관없이 다른 사람들과 똑같이 도덕적일 수가 있다. 거의 모든 사람이 지니고 있는 일반적인 관점이 옳은 행위를 위한 기초가 된다.

칸트의 윤리는 좀 더 귀족적인 성격을 띠는 아리스토텔레스의 윤리와 대조된다. 아리스토텔레스는 도덕적 삶이란 모범을 본받아 사는 삶이라고 가르쳤다. 사람은 의로운 사람들을 본받음으로써 의롭게 된다. 선한 습성을 가르치는 방법 가운데 하나는 선한 사람들을 살펴보고, 그 처신을 배우고, 그들이 세상과 관계를 맺는 방식을 모방하게 하는 것이다. 아리스토텔레스에게 있어서, 도제 생활 즉 윤리적으로 미숙한 사람이 그 일에 능숙한 사람의 어깨 너머로 배우는 일은 도덕의 과업에서 필수적인 일이다. 따라서 아리스토텔레스의 윤리는 도덕적인 차원에서 다른 이들보다 뛰어난 사람을 전제로 삼는다는 점에서 "엘리트적"이었지 민주적이지는 않았다. 어떻게 보면, 다른 사람들이 관찰하고 흉내 내고 본받을 만한 품성을 지닌 윤리적인 귀족을 인정하고 있는 셈이다.

만일 기독교 윤리가 단지 이성으로서의 이성^{reason qua reason}을 근거로 옳고 그름을 판단한 것을 실행에 옮기는 일에 불과하다면, 위와 같은 식으로 모범을 살피고 그것을 모방하는 일은 그렇게 필요하지 않을 것이다. 그렇다면 또 우리가 이웃을 사랑하면 그들도 돌이켜 우리를 사랑하게 될 가능성이 크기 때문에 이웃을 사랑하는 일이 이치에 맞는다고 보는 견해도 하나의 상식으로 인정할 수 있을 것이다. 다른 사람을 사랑하는 것이 곧 나 자신을 사랑하는 적절한 방법이 될 수도 있다. 앞에서도 언급했듯이, 아쉽게도 성경은 기독교 윤리에 대해 그런 식의 주장을 하지 않는다. 산상설교는 그 어디서도 제자들의 길이 "합리적"이라고 말하지 않는다. 예수는 자신의 길이 우리가 배워 온 것, 우리가 자연적으로나 합리적으로 알게 된 모든 것과 상충한다는 것을 솔직하게 인정한다. "……한 것을 너희가 들었다. 그러나 나는 너희에게 말한다." 이 좁은 길을 걸어가는 사람들은 다른 사람들에게서 극히 비합리적이고 "광신적"이라는 비난을 당하게 된다. 그 까닭은 그들이 하나님처럼 "무례하고 이기적인 사람에게 친절을 베푸는" 주님Master께 순종하고자, 합리성과 독립과 선함과 같은 개인적인 주장들을 포기한 사람들이기 때문이다. 기독교 윤리는 산상설교와 같은 성경말씀에 귀를 기울이고 주님이신 예수께 우리 자신을 일치시킴으로써 이루어지는 독특한 공동체에서 생겨난다.

비록 그 자신은 의식하지 못했지만, 칸트도 역시 새로운 공동체를 기반으로 윤리를 고안했다. 그것은 유럽 계몽주의에 의해 탄생한 공동체요, 이성이라 불리는 근대적 고안물을 중심으로 사람들을 그러모으려고 애쓰는 공동체다. 계몽주의는 과학적 탐구와 개인주의와 권리로 이루어지는 그 나름의 전통을 창안했으며, 이에 더해 자체의 가치들에 근거한 부수적인 제도들을 갖추었다. 우리가 보기에, 이렇게 해서 계몽주의는 근대 세계가 위대한 발견을 이루는 데 이바지

했을 뿐만 아니라 근대 세계의 가장 큰 비극들의 원인이 되기도 했다. 계몽주의는 우리가 원자폭탄을 발명하는 데 도움을 주었을 뿐 아니라, 우리가 그것을 아무런 죄의식 없이 사용하게 만드는 정신적 기초를 제공하기도 했다. 칸트의 윤리는 근대의 입헌민주주의의 기초를 세우는 데 도움이 되었을 뿐만 아니라 근대 전쟁을 촉발하는 힘이 되기도 했다. 저 옛날, 전쟁은 주로 왕과 그에게 고용된 군대의 일이었다. 근대에 이르러는 모든 국민이 병사가 되었다. 프랑스혁명과 미국 남북전쟁 때부터, "보통 사람"common man이 자기도 전쟁에서 왕에 못지 않게 잃거나 얻게 되는 것이 많다는 생각을 지니게 되었으며, 따라서 나라를 위해 싸우다 죽는 일이 부당한 일은 아니라는 확신을 갖게 되었다. 결국 계몽주의와 그로 인해 세워진 국가들 이후로 "보통 사람"은 왕이었다. 우리의 이성을 계발하고 또 우리 각자가 스스로 생각하고 행동하도록 만든다는 목적에서 우리를 전통에서 해방하였던 계몽주의적 사고가 자기 나름의 전통을 세우기에 이르렀고, 이 전통이 근대 세계를 사로잡아 버렸다.

그러므로 문제는, 우리의 사고방식에서 전통주의자가 될 것인지 아니면 합리주의자가 될 것인지 중에서 선택하는 일이 아니다. 우리가 사고할 때 어떤 종류의 합리주의를 채용할 것인지가 문제다. 칸트가 생각했던 것 이상으로 모든 합리성은 전통에 의존하고, 하나의 세계관, 곧 사물을 보는 이야기와 방식에 기초를 두고 있다. 만일 하나님이 죽었거나 최소한 멀리 물러나 있다면, 이 사실은 우리가 윤리를 실행하는 방식에 커다란 차이를 가져온다. 그러나 만일 하나님께서 예수 그리스도 안에서 일하시며 이 땅에 하나님의 나라를 세우셔서 세상을 다스리신다면, 그때 우리는 (합리적인 세상의 눈에는) 비합리적으로 보이는 것 속에서도 참된 답을 찾을 수 있을 것이다.

전통을 뿌리로 해서 우리의 자아가 형성되고 우리의 사고도 생겨난다. 우리의 세상에서는 수많은 사람들이 불안과 고립감과 허무함을 느끼며, "전통"을 손에 넣기 위해 밖으로 나돌고 있다. 그리고 자신의 뿌리를 찾고 과거를 복원하고 전통을 확인하는 이런 유행이 흔히 유익하고 건전한 일로 여겨지기도 한다. 그러나 기독교 신앙이 그 어떤 옛 공동체에 속한 사람들과 상관없듯이, 우리도 옛 전통을 주장하는 사람들과는 아무 상관이 없다. 전통은 그들 나름대로 참된 면을 지닌다. 또한 전통은 거짓될 수도 있고 거짓된 확신을 낳을 수도 있다. 즉 오류투성이의 기억에 관한 편협한 판단을 근거로, 자신들은 다른 사람들과 다르다고 내세우는 사람들의 오만한 주장 말이다. 우리 두 저자는 남부 출신이며, 거짓 위에 세워진 전통의 악마적인 모습을 직접적인 체험을 통해 알고 있다.

앞에서 주장했듯이, 기독교 윤리는 나사렛 예수와 그의 길을 신실하게 따름으로써 형성된 교회라는 매우 특이한 전통에서 나온다. 신자인 우리에게는 바르게 행동할 책임이 주어지는데, 그 까닭은 바르게 행함으로써 어떤 행동이 보편적으로 옳음을 보여줄 수 있기 때문이기도 하지만, 무엇보다도 옳게 행동하는 것이 하나님의 명령이기 때문이다. 우리는 칸트가 보기에는 극히 잠정적인 것을 기초로 삼아 그 위에 우리의 삶과 행동을 세워야 한다. 바로 나사렛 출신의 한 유대인 말이다. 우리는 이 전통이 모든 사람에게 타당할 것이라거나 세상을 좀 더 부드럽게 돌아가도록 도와줄 수 있을 것이라고 주장하지 않는다. 우리는 단지 이 전통이 진리에서 온 것임을 주장한다. 이 전통은 하나님이 존재하시는 방식을 드러내 보이며, 하나님께서 다스리시는 세상이 어떤 모습인지를 보여준다.

어디서나, 생각이 있는 사람 누구에게나 보편적으로 타당하고 "합리적"인 것이라고 주장되는 윤리적 명제는 근본적으로 악마적이다. 그 까닭은 그런 명제가 정해 놓은 행위 규정에 동의하지 않는 사람도 엄연히 존재하는 사실에 대해, 그것이 제시할 수 있는 설명이라는 것이 기껏해야 그런 사람들은 "비합리적"이며 따라서 ("합리성"이 우리 인간의 가장 중요한 특성이라고 보기에) 열등한 인간이라고 말하는 것 외에는 다른 것이 없기 때문이다.

그리스도인으로서 우리는 다른 사람들이 우리와 의견을 달리 할 수도 있음을 진심으로 인정한다. 그들이 다른 의견을 말한다고 해서 비합리적이거나 인간적인 면이 부족하다거나 악하다는 식으로 받아들여서는 안 된다. 우리는 기독교 윤리가 이론에서든 실제에서든 합리성이나 인간성, 선의 문제라고 보지 않기 때문이다. 그들이 우리와 다른 것은, 단지 그들이 이 나사렛 출신의 유대인을 알거나 따를 기회를 갖지 못했다는 점으로 설명될 수 있을 뿐이다.

우리의 윤리는 독특하다. 그러나 우리가 결정을 내리는 방법 때문에 독특한 것이 아니며, 또 우리의 윤리가 전통이나 공동체에서 나오는 것이기에 독특한 것도 아니다. 앞에서 칸트의 윤리조차도 전통과 공동체에서 나온 것이라고 밝혔다. 우리의 윤리는 그 내용 면에서 독특하다. 기독교 윤리는 이 나사렛 출신인 한 유대인을 따르고 그의 백성이 되는 일에 관한 것이다. 그러므로 만일 사람이 그 이야기를 알고 그 비전을 이해하고 그 백성에 속하지 않고서는 이 윤리를 진정으로 타당한 것으로 받아들일 수가 없다.

이러한 관점에서 볼 때, 기독교 윤리는 아리스토텔레스적 의미에서 귀족주의 윤리다. 기독교 윤리는 자연적으로 생겨나는 것이 아니라 배워서 알게 되는 것이다. 따라서 제자가 되기를 배우는 기본적인 방법은 제자로 살고 있는 다른 사람들과 교제하는 것이라고 할 수 있다. 그러므로 윤리적인 면에서 교회의 기본적인 역할은 사람들을 이끌어 모범적으로 기독교적인 삶을 살고 있는 윤리적 귀족들과 연결해 주는 것이다. 모든 식민지는 젊은이들이 연장자들, 즉 본국의 전통을 옳게 살아 내는 사람들과 밀접한 관계를 이어가도록 해줄 책임이 있다. 다른 그리스도인들과 어울려 사는 것을 대신할 만한 것은 없다. 우리는 교육받고 훈련받지 않고서는 도로시와 같은 사람들을 어떻게 대해야 하는지 알 수 없다. 예수가 도로시를 보는 관점은 이 세상의 생각과는 전혀 다르며, 따라서 그런 관점은 구체적으로 표현되고 계속해서 언급되고 강화될 필요가 있다. 우리는 우리의 행동을 바르게 하기에 앞서서 우리의 비전을 바르게 세울 필요가 있다.

윤리를 훈련이라고 말함으로써 우리가 너무 옥죄는 듯한 느낌을 준 것 같다. 지금까지 윤리가 실행되어 온 모습을 보면 흔히 이성적이거나 실제적인 것으로 보이는 하나의 대안을 위해 여러 대안들을 억누르고 또 다수의 결정 중에서 하나의 결정만을 인정하는 식으로 이루어져 왔다. 우리의 힘만으로 얻을 수 있는 것보다 훨씬 더 폭넓은 윤리적 가능성을 우리에게 열어 주는 것이 성도들에게 맡겨진 한 임무다. 예를 들어, 성도들에게서 우리는 만일 우리가 신앙적으로 살고

자 한다면 고난은 피할 수 없는 일이라는 사실을 배운다. 합리성으로서의 합리성을 근거로 하는 윤리에서는 이 고난은 언제나 멀리해야 할 일이다. 또 우리는 하나님께서 우리를 용서하시는 분이심을 알기에 커다란 모험을 감행하고 엄청난 실패를 겪는 일조차도 기꺼이 받아들이기를 배운다. 우리의 삶은 이제 모양과 틀을 갖추기 시작하고, 또 우리가 처한 윤리적 곤경을 "예"나 "아니요" 중에 하나를 선택해야만 하는 고립된 상황으로서가 아니라, 당신의 백성과 함께하시는 하나님에 관한 지속적인 이야기에 포함된 한 부분으로 볼 수 있게 된다. 우리가 내려야 하는 결정들은 제자도라 불리는 폭넓은 여행에 포함된 사건들이 된다. 우리는 평범한 사람들이 하나님의 목적 안에 자신의 삶이 속한다는 것을 알게 될 때 어떤 용기를 발휘하는지 보게 된다. 성도들은 우리의 윤리를 옥죄는 것이 아니라 풍요롭게 해준다. 인식론적인 면에서 "성도들"—기독교 신앙을 가시적이고 인격적으로 보여주는 사례들—을 대신할 만한 것은 아무것도 없다. 예수가 그날 제자들 한가운데 어린아이 하나를 세워서 보여주었던 것을 우리도 눈이 열려 볼 수 없다면, 하나님 나라를 아는 것은 불가능하기 때문이다.

예수께서는 설교와 가르침을 통해서 끊임없이 우리에게 버려진 아이들, 잃어버린 동전, 잃어버린 어린양, 겨자씨와 같은 겉보기에 하찮고 작고 보잘것없는 것들에 관심을 기울도록 요청하고 있다. 하나님 나라는, 이처럼 세상은 별볼일없고 하찮고 평범한 것이라고 여기는 사람들과 경험들 속에서 하나님을 볼 수 있는 능력을 필요로 한다. 성도들의 중요성을 인정할 때 비로소 우리는 교회 안에서 날마다 수없이 발생하는 외견상 평범하고 하찮은 일들이 지니는 가치를 볼 수 있게 된다. 그럴 때 우리는 또 교회의 구조를 뜯어고쳐서 성도들이 마음껏 영향력을 행사할 수 있는 자리로 만들 수 있게 된다.

사례를 통해 다져지는 신앙

우리 저자 중 한 사람이 속한 교회에서, 얼마 전에 청소년을 대상으로 한 연례 입교과정^{Confirmation} 반을 구성하는 문제를 논의했었다. 전통적으로 입교과정은 청소년들을 모아서 일정 기간 동안 오후반에 배치해 교회사와 성경 해석, 신조 등을 배우게 하는 시기였다. 기독교 교육위원회가 그해의 입교과정에 대해 토론하게 되었을 때, 그중 한 사람이 다음과 같은 적절하고도 근본적인 물음을 던졌다. 입교과정의 목적은 무엇이며 목표는 무엇입니까? 한 사람이 대답하기를, 그것은 젊은이들이 "교회에 소속되는" 시기라고 했다. 그런데 그 젊은이들 대부분이 이미 세례를 받았고 또 생애 대부분을 교인으로 살아오고 있다는 것을 알았기에 그 대답은 받아들여지지 않았다. 다른 사람이 대답하기를, 입교과정은 젊은 사람들을 학급으로 편성해서 "교회에 관해 배울 수" 있게 해주는 기간이라고 했다. 이에 대해 사람들은 한결같이 그것은 해답이 아니라 문제라고 입을 모았다. 우리에게는 이미 예수에 **관해**, 교회에 **관해** 잘 알고 있는 사람이 넘친다는 말이었다. 우리에게 필요한 것은 예수를 따르는 사람이요, 교회를 이룰 사람들이다. 과연 우리 중에 일련의 학급을 거쳐 공부를 했기에 교회 안에 남아 있게 된 사람이 얼마나 될까? 우리 중에 책을 읽거나 교회학교를 다녀서 그리스도인이 되고 그리스도인으로 살아가는 사람은 얼마나 될까?

그때 어떤 사람, 평범한 신자 한 사람이 이렇게 말했다. "우리가 정말 입교과정에 바라는 것은 몇 명의 젊은이들이 존 블랙을 본받아서 어른으로 자라가는 것입니다." 그 여성이 이름을 든 존 블랙은 우리 교회의 "성도" 중 한 명인데, 평범하지만 놀라울 정도로 기독교적인 삶을 살았던 사람이다.

"바로 그겁니다!" 우리가 입을 모았다. "우리가 바라는 것은 많은 젊은이들이 삶과 믿음에서 우리 중의 최고 그리스도인들을 닮아가게 되는 것입니다. 우리 교회의 입교과정에 이것을 요구하는 게 무리일까요?"

다른 사람이 말을 꺼냈다. "자, 그러면 어디서부터 그 일을 시작해야 할까요?"

이렇게 해서 우리는 머리를 맞대고 우리의 목표에 어울리는 입교과정의 방법을 고안하기 시작했다. 우리는 다음과 같은 몇 가지 결론에 이르렀다.

1. 입교과정은 **제자도**, 곧 자신의 생활방식, 신념, 가치관에서 예수의 제자들을 좀 더 닮은 사람들을 세우는 것을 목표로 삼는다.

2. 우리의 관심은 젊은이들이 그리스도에 "관해" 좀 더 많이 알게 되는 데 있지 않다. 우리는 그들이 그리스도를 알고 따르기를 원한다. 따라서 입교과정은 예수와 교회사, 성서 등에 관한 기본 지식을 배우는 과정 이상이 되어야 한다. 입교과정이란 다름 아니라 사람들이 제자로 살아가는 데 필요한 도구들을 제공해 주는 일이다.

3. 기독교는 단순한 "정신 수양"을 훨씬 능가한다. 그것은 함께하는 삶의 방식이다. 이 과정에는 전 인격이 철저히 몰입되어야 한다. 그러므로 이 여행을 준비하는 교육은 경험적이고 인격적이며 참여적이어야 하고, 입교과정이 우리가 그리스도인으로 자라 가는 과정의 끝이 아니라는 사실을 분명히 해야 한다. 우리의 젊은이들은 이미 그리스도인이다. 그들은 이미 그들 나름의 방식으로 그리스도인으로 살려고 노력해 왔기 때문에 신앙에 대해 무지하지도 않다. 입교과정은 이미 시작된 신앙이 계속해서 자라고 튼튼해지도록 도와준다.

4. 우리들 대부분이 그리스도인이 된 것은 다른 사람의 어깨 너머로 배우고, 존경할 만한 나이 지긋한 그리스도인들을 흉내 내고, 어떤 한 사람이 분명하고 손에 잡힐 듯하게 보여준 삶의 방식에 감동하고 그것을 받아들임으로써 가능했다. 그러므로 책이라든가 영화, 강의가 입교과정에서 일정 부분 사용되기는 하나 어디까지나 보조적인 수단일 뿐이다. 주된 과제는 젊은 그리스도인들을 나이든 모범적인 그리스도인들, 우리가 "멘토"라고 부르는 사람들과 밀접하게 연결해 주고, 이 사람들이 젊은 그리스도인들을 안내하면서 그들이 함께 그리스도인이 되고자 노력하는 중에 젊은이들이 어깨 너머로 배우도록 해주는 것이다.

그 후 몇 주간에 걸친 모임을 통해 우리는 위와 같은 전제들을 기초로 삼아 입교과정에 대한 새로운 틀을 작성했다. 우리는 젊은이들을 포함해, 교회 안에 있는 다양한 집단을 대상으로 여론조사를 하면서, "우리 교회의 어른들 중에서 젊은이들의 신앙이 자라도록 도와주는 일에 적합하다고 생각되는 사람이 누구인가?"라는 질문을 던졌다. 그 후 우리는 (비공개의) 명단을 손에 넣었고 그중에서 12명의 어른을 뽑았는데, 나이로 보면 23살에서 68세에 이르는 사람들이었다. 우리는 이들 각자와 면담을 하면서 우리가 그들에게 요구하는 일이 무엇인지 알려 주었다. 몇 사람이 난색을 표했으나 결국 두 명 외에는 모두 도와주기로 약속했다. 모든 사람이 자기의 이름이 선택된 것에 깊이 감동을 받았다. 그 후 우리는 젊은이 10명을 한 사람씩 각자의 멘토인 인도자에게 배정했으며, 나중에 우리는 이들을 성인 지도자라고 불렀다.

개회 모임은 사순절 첫째 주에 열렸다. 젊은이들은 자기의 인도자를 만났으며 여행(우리는 이 과정을 이렇게 부른다)은 시작되었다. 각조에게 우리는 위원회에서 고안한 한 장으로 된 학습활동 지침서를 나누어 주었다. 우리는 그들에게 그들 나름대로 관심 있는 것을 선택하고, 진행 속도를 알아서 조정하라고 말했다. 그 활동들을 마치는 데는 몇 주간, 아니면 세 달까지도 이용할 수 있었다.

15개쯤 되는 활동 중에 몇 개를 살펴보면 다음과 같다.

• 함께 누가복음을 읽으시오. 각자 집에서 읽되, 노트를 준비해서 읽다가 흥미 있고 혼동되고 깨달음을 주는 구절들을 기록하시오. 두 주에 한 번씩 여러분이 읽은 것을 놓고 토론하는 시간을 갖도록 하시오.
• 오늘부터 3개월 동안 함께 주일예배에 참석하시오. 매주 예배가 끝난 뒤에는 예배에 대한 여러분의 느낌과 의문점, 반응을 나누며 토론

하시오.

- 우리 교회의 예산안을 구하시오. 재정이 어떻게 쓰이는지 살펴보시오. 각자가 어떻게 교회에 재정적으로 헌신할 것인지 결심하고, 그것에 대해 함께 토의하시오.
- 오늘부터 3개월 동안, 우리 교회의 제직회에 함께 참석하시오. 입교과정이 끝나면, 당신은 제직회나 운영 위원회 중 어떤 곳에 참여할 것인지 결정하시오.
- "내가 연합감리교회 교인이라는 것을 자랑스럽게 여기는 이유는 무엇인가?"에 대해 당신의 말로 설명하시오. 우리 교회에서 당신이 좀 더 깊이 알고 싶은 분야 두 가지에 대해 토론하시오. 교회의 목회자나 도서관 사서에게 도움을 청해 필요한 정보를 찾도록 하시오.
- 우리 교회에서 열리는 결혼식이나 장례식에 함께 참석하시오. 예식이 끝난 뒤에, "이 예식 가운데 하나님은 어디에 계셨는가?", "교회는 왜 이러한 예식들에 관심을 기울이는가?"에 대해 토론하시오.
- 그린빌 지역 봉사활동Greenville Urban Ministries이나 우리 교회가 돕고 있는 다른 봉사단체에서 최소한 15시간을 봉사하시오. 왜 교회가 이런 일에 참여해야 하는지에 대해 토론하시오.

드디어 입교주일이 돌아왔을 때, 성인 멘토인 인도자들은 각각 자기의 입교 후보자들을 데리고 교인들 앞에 섰으며, 이 젊은 제자들이 교회에 바치는 것을―개성이라든가 개인의 재능이라는 면에서―교회에게 보고했다. 이어서 각각의 입교 후보자들은 자신이 제자로 성장하도록 교회가 베풀어 준 은혜를 한 가지씩―교회학교 교사, 유익한 설교, 교회 농구부 등등—말하며 그에 대해 교인들에게 감사를 표했다. 부모들이 앞으로 나와서, 목회자와 인도자와 함께 그들의 머리에 손을 얹었고, 목회자가 선언했다, "제인, 너의 세례를 기억하고 감사하도록 하여라", "존, 너의 세례를……."

다음 해, 새로운 과정을 거치면서 우리는 이 방식이 의도한 결과와 딱 맞아떨어지는 입교과정 방법이라는 것을 확신하게 되었다. 교회는 자신이 지닌 가장 큰 자원 중 하나가 여러 세대의 제자들을 하나로 묶어 줄 수 있는 능력이라는 사실을 알 필요가 있다.

최근의 연구에 의하면, 주류에 속하는 대부분의 개신교회들에서 교회 회중은 젊은이들이 교회를 빠져나가는 길에 머물러 있는 마지막 정거장이 되어 버렸다. 우리는 젊은이들을 붙잡아 놓고자 어설픈 노력을 하고 있다.[2] 물론, 이 문제의 원인은 여러 가지다. 그러나 우리의 생각에는, 교회가 모범적인 인물을 통해 그리스도인을 양육하는 이러한 독특한 방식에 대해 새롭게 눈 뜰 때 우리의 젊은이들에 대해 제대로 응답할 수 있게 된다.

우리는 사람들에게 그리스도인이면서도 동시에 이방인으로 살 수 있다는 잘못된 생각을 심어 주는 식으로 교회를 지키려는 습성을 깨뜨려 버려야 한다. 위에서 언급한 입교과정 중에 일어난 한 사건을 예로 들어, 어떻게 교회가 사람들을 자신의 수단에만 의지할 때보다 더 나은 존재가 되도록 만들어 주는 조직 속에서 살도록 이끌어 줄 수 있는지 살펴보자.

24살 난 조라는 청년이 14살짜리 맥스를 맡게 되었다. 조는 자기가 맡은 입교과정 인도자로서의 책임을 성실하게 이행했으며, 맥스에게 자기를 형으로 생각하라고 권했으며 "농땡이 치고" 싶을 때면 언제라도 자기 아파트로 오라고 했다.

입교과정이 시작되고 3주쯤 지나서 목회자가 조에게서 전화를 받았는데, 조는 상당히 흥분해 있었다. "제가 인도할 사람으로 다른 사람을 맡겨 주십시오. 맥스와 저는 전혀 맞지가 않습니다."

목사가 놀라서 그 이유가 무엇이냐고 물었다. 조는 대답을 회피했다. 마침내 그가 입을 열었다. "저, 어제 맥스가 연락도 없이 불쑥 제 집에 들렀는데, 그때 그만 일이 터져 버렸습니다. 그때 제 여자친구가 와 있었는데 말이죠, 맥스가 여러 가지 정황을 살피더니 저와 여자친구가 침대에 함께 있었다는 것을 알아채고 말았습니다. 그러자 맥스가 불쑥 말을 던지더군요. '두 분은 어떻게 이런 일이 옳다고 생각하셨나요? 제 생각엔 사람들은 결혼하기 전에는 잠자리를 갖지 않는 게 맞는데요' 그러더군요. 이 일이 믿기세요? 저는 그 애에게 네가 상관할 일이 아니라고 말했지요. 그러자 맥스가 건방진 말투로 자기와 자기 여자친구도 역시 함께 잠자는 일에 대해 이야기를 나눈 적이 있다고 하더군요. 그러고는 '이게 형에게 옳은 일이라면 내게도 옳은 일이야'라고 말하더군요."

"그 애에게 뭐라고 말했나요?" 목사가 물었다.

"저는 그 애에게 이 일은 결코 네가 간섭할 일이 아니며, 또 내가 이 나이에 이런 일을 하는 것과 아직 준비가 안 된 열네 살짜리인 아이가 이 일을 하는 것은 커다란 차이가 있다고 말했습니다."

"그러니까 맥스가 뭐라던가요?"

"그러자 맥스가 '저도 이미 형만큼 준비가 되어 있다고요'라고 말하더군요. 정말 이 아이가 이해되세요?" 그가 소리쳤다.

조가 맥스의 건방진 태도에 놀란 것은 이해할 만하다. 그도 그럴 것이, 조는 우리에게 서로 낯선 사람으로 관계를 맺도록 가르쳐 온 사회 속에서 24년의 세월을 살아 왔다. 교회는 이러한 사회적 풍조를 거부해 왔다. 조가 맥스의 "형"이 되는 책임을 받아들였을 때, 그는 아마 자기가 맥스에게 좋은 영향을 줄 수 있을 것이라고 생각했을 것이다. 그러나 맥스가 자기에게 책임을 물어오게 될지는 전혀 예상치 못했다.

조가 격분해서 "저는 아이를 다루기에는 너무 어리고 또 자존심이 강합니다"라고 소리쳤다.

그런데 교회가 이 과정을 통해 의도했던 것은 조와 맥스 두 사람이 서로 형제로서 받아들이도록 하자는 것이었다. 교회는 아마 조에게 맥스를 위해 좋은 일을 할 기회를 제공하는 것이라고 생각하면서 그 일을 실행에 옮겼을 것이다. 그러나 교회가 미처 몰랐던 것이 있는데, 교회가 맥스와 같은 청소년에게 제공한 것이 제자도에 대해 공부하는 데서 끝나는 것이 아니라 제자가 되고 증언하는 기회였으며, 형제에 관해 말하는 데서 끝나는 것이 아니라 진정 형제가 되는 기회를 주었다는 것이다.

결국 목사는 조와 맥스를 다시 맺어 주었다. 그러나 이번에는 조가 맥스라는 이름의 열네 살 난 소년을 통해 복음을 만나고, 그 복음의 가르침으로 자신의 삶을 다시 돌아보고 나서야 그 결합은 이루어졌다.

목회자에게 가장 중요한 은사는 회중 속에서 맥스와 같이 비범한 사람들, 즉 나머지 다른 사람들에게 교회가 된다는 것이 무엇을 의미하는지를 보여줄 수 있는 중요한 모범을 찾아내고 활용할 줄 아는 능력이다. 이렇게 모범이 되는 사람은 나이 지긋한 어른일 수도 있고 또 맥스처럼 어린 사람일 수도 있다. 목회자는 역사 속에서 우리들이 본받을 만한 특별한 사례가 되는 성도들을 찾아내고, 그것을 설교와 가르침과 목회적 돌봄과 행정 같은 활동 속에 적용함으로써 윤리를 훈련한다.

어떤 목사의 교인 가운데 한 여성이 자기 집 뒷마당에서 대낮에 성폭행을 당했다. 그 끔찍한 사건이 있은 후, 목사는 그 여성을 설득해서 그녀가 받은 정신적 충격에 대처하게끔 도와주는 치료를 받게 했다. 몇 주일이 지나, 치료사는 그녀에게 다른 사람, 가까운 가족도 아니고 담임목사도 아닌 다른 사람에게 자기의 경험에 대해 말해 볼 것을 제안했다.

"저, 누구에게 말하실 건가요?" 목사가 물었다.

그녀가 대답했다. "제 생각에는 샘 스미스에게 말하면 좋을 것 같아요." 샘 스미스는 알코올중독에 빠졌다가 이제 더디게나마 회복되고 있는 교인이었다.

목사는 놀랐다. 그는 그 여성이 다른 여자나 아니면 적어도 샘 스미스보다는 더 "적합한" 남성에게 말하기를 원할 것이라고 생각했다.

"왜 샘을 택하셨나요?" 목사가 물었다.

그녀가 말했다. "샘은 지옥에 떨어졌다가 돌아온 사람이기 때문이지요. 그곳에 떨어지는 것이 내게 어떤 느낌이었는지 그는 알고 있을 거라고 생각해요. 어쩌면 그가 어떻게 돌아올 수 있었는지 내게 가르쳐 줄 수 있을지도 모르고요."

우리는 회중 속에서 이러한 신기한 일이 심심치 않게 일어나는 것을 본다. 사람들 대부분에게 샘 스미스는 실패자요 도덕적인 무능력자로 보일 것이다. 그러나 교회 안에서 샘은 바로 우리 주님이 그런 것처럼, 자신이 당한 상처로 다른 이를 치유할 수 있는 사람이 된다. 단테는 베르길리우스의 안내를 받아 지옥에 갔다 돌아온 일을 통해 많은 것을 배웠다. 여기에 바로 그처럼 샘 스미스에게 손을 내민 여성이 있었다. 단테Dante가 지옥에서 돌아왔을 때, 그는 전혀 다른 사람이되었고 성도처럼 더 지혜로운 사람으로 변했다. 교회의 성도들은 샘스미스처럼 놀라운 일을 보여줄 수 있으며, 그래서 목회자들은 모범적인 삶을 보여주는 탁월한 인적 자원을 통해 회중 안에서 기적과 같은 일들이 일어나기를 기대한다.

우리 저자 중 한 사람은 학교의 인종차별 폐지가 이루어지던 격동기에 젊은 목회자로서 남부의 작은 읍에서 사역했었다. 법원의 차별 철폐 명령에 맞서 싸우기 위해 백인들이 시민단체를 조직했다. 긴장이 흐르고 공포 분위기가 무르익었다. 학교 내의 인종 통합에 저항할 방도를 강구하기 위해 고등학교에서 모임이 열렸다.

사람들로 강당이 가득 찬 가운데 연설자들이 줄이어 나서서 법원의 명령을 비난했으며 사람들에게 저항할 것을 역설했다. 무르익은 긴장감으로 밤이 깊어 가던 그때, 그 지역의 침례교회 목사가 들어왔다. 그는 당당한 위엄을 갖추고 침착한 모습으로 강당 앞으로 걸어가 자리를 잡았다. 그는 잠시 동안 귀를 기울여 들었다. 이윽고 그가 말을 하기 위해 일어섰다. 그가 일어서는 것을 본 사회자가 즉시 그에게 마이크를 넘겨 주고 연설을 할 수 있도록 자리를 비켜 주었다.

그 지역의 공동체와 회중 가운데서 수십 년 동안 봉사해 온 그 목사는 의도적이고 위엄 있는 어조로 입을 열었다. "저는 부끄럽습니다. 참 부끄럽습니다. 저는 이곳에서 오랜 시절 땀 흘려 일해 왔습니다. 저는 이 강당에서 많은 사람들에게 세례를 베풀고, 설교하고, 상담을 했습니다. 저는 제가 해온 복음의 설교가 좋은 일을 이루어 냈다고 생각해 왔습니다. 그런데 오늘밤 달리 생각하게 되었습니다. 저는 우리 교회 교인이 아닌 사람들에게는 할 말이 없습니다. 그러나 저의 교인들에게는 말하렵니다. 여러분 때문에 제 마음이 찢어집니다. 여러분이 부끄럽습니다. 제가 여러분에게 기대했던 것은 이런 모습이 아니었습니다."

그리고 그는 연단에서 내려와 강당을 나가 버렸다. 모임은 썰렁한 분위기에서 계속되었다. 그러나 그 침례교회의 교인들은 한두 사람씩 일어나더니 대부분 조용히 강당을 떠나 버렸고, 그 결과 강당의 절반이 비어 버렸으며, 그 모임은 어떤 결의도 채택하지 못하고 연기되었다. 다음 달, 학교의 인종 통합은 아무런 사고 없이 이루어졌다.

그는 평범한 사람들 사이에서 수십 년 동안 세례와 결혼식 같은 평범한 일로 땀 흘려 온 목회자요 그저 평범한 사람이었다. 그러나 그 열매는 8월의 어느 날 저녁, 증인으로 일어서는 특권으로 나타났다. 기독교 윤리가 얻고자 하는 사람은 바로 이런 사람, 다른 평범한 사람들 앞에서 기독교적인 삶을 살아 내는 평범한 사람이다.

6장

모험인 교회 목회

:기쁨으로 진리 말하기

어쩌면 이번 장이 가장 앞에 와야 했을 것이다. 그 까닭은 오늘날 교회의 목회가 처한 상황에 우리가 관심을 가지면서 이 책을 쓰게 되었기 때문이다. 우리 저자 중 한 사람은 목회자이며, 두 사람 다 목회를 위해 사람들을 훈련하는 책임을 지고 있다. 우리는 교구 성직자들과 성직자가 되기 위해 준비하고 있는 신학생들, 그리고 우리 자신 속에서 염려스러운 현상이 나타나는 것을 보았다. 냉소주의와 신념의 상실, 고독감이 목회자의 직무기술서^{job description}의 한 부분으로 자리잡은 듯 보인다. 우리는 목회 사역 속에서 이런 현상을 흔히 보게 된다. 교회 안에 속하는 것이 얼마나 놀라운 모험인지에 대해 우리가 말하는 모든 것도 우리가 아는 많은 목회자들의 삶 곁에 가져다 놓으면 산산이 부서져 버린다. 오랫동안 성직자를 상담해 온 어떤 목회상담가가 최근에 그들에게서 발생하는 의기소침의 문제에 대해 질문을 받았을 때 "무엇이 문제입니까? 의기소침은 성직자에게 있어 정상적인 정신 현상일 뿐입니다"라고 말했다. 참 기이한 일이 아닐 수 없다.

무엇이 잘못된 것일까? 목회자들이 사역을 지속하도록 도와주고, 살아남을 뿐만 아니라 자신의 일 속에서 그 모험을 즐길 수 있도록 돕기 위해서는 어떤 통찰력과 자기이해와 사고방식이 필요할까? 바로 이런 이유로 해서 우리는 이 책을 썼다.

그러나 먼저 교회에 관해 논하지 않고서는 목회자와 그들이 하는 일에 대해 논할 수 없다. 목회자는 교회의 필요에 의해 선택된 사람이기 때문이다. 교회에 관해 논하는 일은 제쳐두고서 먼저 "좋은" 목회자의 특성이라든가 목회직의 의미에 대해 논하는 일은 다 시간 낭비일 뿐이다. 목회자와 같은 지도자들의 경우, 그들의 지도력이 그들이 이끄는 집단의 필요와 목적에 맞을 때에야 그들은 중요한 인물로 인정받게 된다. 이것은 당연히 사리에 맞는 판단처럼 보인다. 그러나 교회 역사를 보면, 신학자들이 교회는 도외시한 채 오직 성직자들에게만 관심을 기울이고 그들을 높이려고 애썼던 사례들로 가득하다. 마치 성직자들이 특별한 영적 은사들, 즉 내적 기질 혹은 **지울 수 없는 성품**character indelibelis이라고도 불리는 '카리스마타'charismata를 교회의 일에 봉사하는 목적에서가 아니라 자신만을 위해 자신의 몫으로 소유하거나 요구해도 되는 것처럼 보인다. 성직자들에게는 전문적인 특성과 능력도 필요하겠으나 그들에게 가장 필요한 것은, 교회의 요구에 부응할 수 있는 능력이다. 우리는 신학적으로 상류 그리스도인이라는 특별한 계급을 세워 성직자들과 그들의 교인을 나누는 식으로 성직자들을 정당화해서는 안 된다. 마치 "하나님의 종들을 섬기는 종"이 되고 회중을 세우는 일만으로는 목회자의 소명이 완전하지 못하다는 듯이, 다른 세례 교인들은 지니지 못한 심리치료라든가 특별한 명상 기술, 고통당하는 이들과 공감하는 특별한 능력, 사회 문제들에 대한 특별한 의식 같은 것들을 성직자들 몫의 고유한 특성이라고 고집하는 성직자들은 우리에게 필요 없다.

세례 받은 그리스도인이라면 누구나 이 세상 속에서 그리스도의 사역을 함께 이루도록 "안수받은" 사람이다. 성직자가 행하는 치유와 상담, 증언, 말, 해석, 삶, 죽음 가운데서 다른 모든 그리스도인들에게 맡기지 못할 일은 없다. 성직자가 자신의 기도와 증언이나 돌봄이 어떤 "전문성"을 지니는 것이라고 주장한다면, 그것은 성직자만이 **참된** 사역자이며 평신도는 이 참된 사역자, 곧 성직자를 도와주고 먹여 살리기 위해 존재할 뿐이라는 치명적이고 잘못된 생각을 다지게 할 뿐이다.

그러나 매우 일찍부터 교회는 세례 받은 이들 중에서 일부를 지도자로 선택해, 회중이 자체적으로 식민지의 삶과 사역에 필요한 미덕들을 키워 나갈 수 있도록 도와주는 일을 맡기는 것이 효과적이라는 사실을 알았다. 이러한 지도자들을 가리켜 설교자나 목사, 목회자, 예언자라고 부르는 것이요, 아니면 그저 아무개라고 불러도 상관없다. 그들이 특별한 이유는 그들의 소명, 곧 회중을 세우는 일 때문이다.

위에서 살펴본 사실을 통해, 우리가 목회 사역의 목적에 관해 논할 때 왜 항상 교회에 관해 논하고 교회의 목적을 보여주는 이야기를 나누는 데서 시작해야 하는지 그 이유가 분명해진다.

최근에, 한 시내버스 회사가 버스 운전사들을 위한 훈련 프로그램을 평가했다. 어떤 사람이 황당할 정도로 기본적인 질문을 던졌다.

"우리가 버스 운전사들을 고용하는 이유가 도대체 무엇인가요?" 우리에게 왜 버스 운전사가 필요한지는 누구나 당연히 알고 있다. 최대한 효율적으로 사람들을 한곳에서 다른 곳으로 옮겨 주기 위해서다. 그러나 대중들이 실제로 버스 운전사에게서 가장 높게 평가하는 특성이 무엇인지 조사한 한 연구결과를 보면, 그 목록의 정상에 오른 것은 효율과 정확한 시간 준수가 아니었다. 최고의 덕목에 오른 것은 무엇인가? 따뜻한 마음과 친절이었다. 분명 버스를 모는 일은 버스 회사가 생각하는 것보다 훨씬 더 인간적이고 매력 있는 직업이다. 효율성을 기준으로 운전사를 뽑고 그들이 훨씬 더 효율적으로 일을 하도록 훈련하지만 사실 버스 회사는 "좋은" 버스 운전사에게 (대중의 편에서 볼 때) 필요한 이러한 특성들을 빼앗고 있었던 것이다. 그 버스 회사는 대중들이 버스 회사에게 바라는 기대치에 맞추어 회사의 운전자 훈련 프로그램을 뜯어고쳐야만 했다.

만일 오늘날의 교회 지도자들에 대해 조사해 본다면, 우리의 성직자들이 친절과 다정다감함과 온화함에서 부족하다는 식의 답은 나오지 않을 것이다. 사실 그들은 지나칠 정도로 친절하다. 문제는 우리의 성직자들이 우리가 **한곳에서 다른 곳으로** 나아갈 수 있도록 도와주지 못한다는 데 있다. 우리의 성직자들은 우리가 현재 어디에 있으며 어디로 가야 하는지 알고나 있는지, 그래서 그들 스스로 할 일이 무엇인지 확실히 알고 있는지, 우리로서는 자신 있게 말할 수 없다.

1장에서 우리는 세상이 변했다는 사실을 말했다. 기독교 세계의 죽음(아직 우리 문화 속에서 숨 쉬고 있으나 질병의 말기에 이르러 회복될 소망이 없다)으로 말미암아, 모든 교회의 회중은 자신을 재점검해야 하게 되었다. 우리가 불신앙의 문화, 여전히 기독교 문명의 잔재 위에서 살고 있기에 자기가 믿지 않는다는 사실조차도 모르는 문화 속에서 살아간다는 것이 의미하는 것은 무엇일까? 목회자들의 직무 내용이, 기독교 일색의 문화 속에 봉사단체를 유지하는 일로부터 이질적인 사회 속에서 식민지의 생존을 책임지는 일로 바뀌었다는 것이 의미하는 것은 무엇일까?

　유감스럽게도, 신학교와 그 교수들이 교회 내부에서 가장 말 많은 비평가들로 등장했다. 자기 나름의 이상적인 생각을 기준으로 교회 현실을 비판하는 소수의 사람들 가운데 신학교 교수들이 들어 있다. 이런 현상은 부적절한데, 그 까닭은 목회 사역의 방향을 정하는 문제에서 신학교들이 자체적으로 답을 찾을 수 있다고 생각하는 일은 현명하지 못하기 때문이다. 성직자들과 마찬가지로 신학교도 방향을 정하는 데 회중을 기준으로 삼는다. 신학교는 거기서 배출되는 성직자와 마찬가지로 **회중**의 일과 관련되는 한에서만 의미를 지닐 수 있다. 신학교가 회중을 통해 방향감각을 찾지 못한다면 제멋대로 자신의 길로 가게 되는데, 그 길이라는 것도 대체로 잘못된 것뿐이다. 지금도 우리의 신학교들은, 세상에 변한 것이 아무것도 없다는 착각에 빠져서 자체 교육과정을 편성하고 있다. 신학교들은 세속 대학교의 인정을 받으려는 속셈으로 그들의 체계를 모방하여, 이것 조금, 저것 조금, 심리학 조금, 조직관리 조금, 성서 조금, 윤리학 조금을 뒤섞어서는 미래의 목회자들에게 제공한다. 한마디로 우리의 목회자들이 편협하거나 무식한 사람이 되기를 원치 않는 것이요, 달리 말하면, 그들이 현대 미국 문화의 모든 부문에 정통한 사람이 되기를 원한다. 우리의 교육과정은 세상이 말하는 구원 방식 위에다 슬쩍 기독교적인 색깔을 덧입혀서, 교회가 지속적으로 "세상에 봉사"할 수 있도록 돕는 사람들을 배출하는 것을 목표로 결정된다.

신학생들이 이러한 교육과정을 마치고 처음으로 교회를 담임하게 될 때, 그들은 흔히 회중들은 비참할 정도로 뒤떨어지고 보수적이고 내향적이라는 불평을 쏟아놓게 된다. 이 말은 곧 회중들이 불신앙의 문화에 봉사하는 일에서 젊은 목회자만큼 세련되지 못하다는 뜻이다. 신임 목회자는 자기가 신학교의 목회상담 과정에서 배운 심리요법을 사용하기 원하지만, 이 뒤떨어진 가련하고 작은 회중은 상담을 받으러 오려고 하지 않는다. 오히려 그들은 목회자의 설교가 질이 떨어진다고 불평한다. 목회자는 교회가 "공동체를 위해 봉사"할 필요가 있으며, 지역사회를 살기에 더 좋은 장소로 만드는 데 힘써서 교회의 다른 모습을 보여줄 필요가 있다고 계속 떠들어 댄다. 회중은 주일예배에는 참여하지만 탁아소 운영을 위한 회의에는 모습을 드러내지 않는다.

회중이 별로 관심을 기울이지 않는데 이 젊은 목회자가 신학교에서 배운 그 좋은 것들을 사용할 방도가 있을까? 신학교에서 배출하는 성직자라는 사람들이 현대 정신의 대리인이요, 회중을 현 체제의 문화에 일치시키는 전문가요, 머리가 깨인 선동가에 불과하며, 그들이 신학교의 교육기간 동안 배우는 내용도 교회를 교회 되게 만드는 통찰력과 관례, 이야기, 구조들에서 신자들을 멀어지게 만드는 데 일조할 뿐이다. 그래서 그런지 갓 안수받은 성직자들 사이에서 그러한 충격과 좌절감이 자주 발견된다. 교인들 사이에서도 그와 유사한 혼란이 일어나는데, 성직자들이 자신의 업무가 무엇인지도 모르는 것 같다는 이유 때문이다. 회중은 목회자가 예배를 준비하고 설교를 훌륭하게 해내며 회중을 가르치고 세우는 일 외의 다른 일에 몰두할 때면 그 일이 무엇이든 의혹에 찬 눈으로 지켜본다. 이처럼 목회자의 일이 과연 무엇인지에 대해 전혀 다른 기대치를 가지고 있기 때문에 목회자와 회중이 서로 적대감을 갖게 된다. 신임 목회자들은 그들이 마치 의사나 법률가라도 되는 것처럼 개인이 사회 현실 속에서 느끼는 고통을 조금이나마 덜어 주는 것을 목표로 훈련을 받았으며, 이에 반해 늙고 가련한 교회는 자신이 교회가 되도록 도와줄 수 있는 목회자에게만 관심을 갖는다.

교회에 필요한 일만 해야 한다고 버티고서 교회의 본질은 고립된 요새요 전초기지라고 보는 이 평범하고 "뒤떨어진" 회중이, 자기네 성직자들이나 그들을 배출하는 신학교보다 더 정확하게 세상을 분석하는 것일까? 아니면 우리가, 10년 전의 신학생들, 곧 사회에 대해 비판적이며 기독교 목회란 교회를 움직여서 이 세상을 좀 더 좋은 곳으로 만드는 방편이라고 생각한 신학생들에 대해 말하고 있는 것일까? 오늘날에는 많은 신학생들이 교회 안에서 그들이 누릴 수 있는 것들로 만족해 버리는 것 같다. 어떻게 하면 제대로 적응하고, 자리를 구하고, 점차 정상을 향해 올라갈 수 있을 것인지가 그들의 문제처럼 보인다. 이들에게 기독교 목회란 제도에 순응하는 것에 불과하며, 따라서 우리는 그들에게 현실에 순응할 것이 아니라 복음이 요구하는 것, 곧 교회가 이루어야 할 일에 대한 책임감을 갖도록 요청한다.

목회 훈련

젊은 목회자가 처음으로 자신의 교구에 부임할 때 받게 되는 질문은 어느 신학교 출신인가 하는 것이다. 그는 자기가 나온 신학교의 이름과 이수한 과정 등을 알려 준다. 나이 지긋한 교인 중의 한 사람이 반응을 보인다. "그것 참 좋고 잘 됐네요. 그런데 우리의 경험으로는 이곳에서 나름대로 신학 훈련 과정 같은 것을 거치는 것이 좋을 듯 싶습니다. 우리가 당신을 도와서 신학교가 당신 안에 심어 놓은 잡동사니들을 털어 버리게 도와드려야 할 것 같군요. 이 지역의 기관에서 활동하시는 최고의 설교자 몇 분도 바로 여기서 우리와 함께 교육을 받으셨지요."

이 젊은 목회자는 그 말의 숨은 뜻을 파악할 수 있었다. 그것은 그가 예상했던 반응이었다. 그의 교회관이나 역사비평적 방법의 결과들, 신학의 최근 경향에 대해 교인들이 거부감을 보일 것이라고 교수들이 경고하지 않았던가. 벌써 교인들은 그에게 "신학교의 잔재"를 털어 버리고 이제는 교회 안에서 계속되어 왔고 현재도 이루어지고 있는 일처리 방식을 따르라고 압력을 가해 온 것이다. 이 목회자는 자존심을 지키고 맞서기로 마음을 먹었다. 그러나 교인들에게 성급하게 굴지는 않기로 했다. 자기는 신학교에 진학하고 생각이 트일 기회를 누렸지만 교인들은 그러지 못하다는 사실을 염두에 두어야 했던 것이다. 신학교에서 가르치기를, "먼저 교인들의 신뢰를 얻어라. 그런 다음에야 그들을 원하는 방향으로 이끌 수 있다"고 했다.

이 목회자는 목회가 신학교와 성직자들의 독점적 재산이 아니라는 사실을 깨달을 필요가 있었다. 목회는 세례에서 시작된다. 목회는 모든 그리스도인의 소명이요, 공동체의 과제다. 목회자들이 목회를 모든 그리스도인들의 소명으로 인식할 수 있을 때에야 비로소 자기들이 맡은 목회의 특별한 소명을 깨닫게 된다. 달리 말해, 목회자들은 그들이 받을 수 있는 최고의 교육을 "바로 여기서 우리와 함께" 받게 된다. 이 신임 목회자가 이런 사실을 깨닫게 된 것은 몇 개월이 지나, 자기가 염두에 두고 있는 프로그램 하나를 실행해도 될 만큼 교인들의 신뢰를 얻었다는 생각에서 교회에 아이들을 위한 탁아소를 설립할 필요성에 대해 교인들에게 말했을 때였다. 이 안건을 토의하기 위해 기독교 교육위원회가 소집되었다. 이제 해야 할 일은 그가 목회자로서 회중들을 진정한 목회로 인도하는 일이었다.

그는 교인들에게 왜 탁아소가 교회를 위해 유익한 일이 되는지, 자신의 생각을 설명했다. 교회는 여러 가지 시설을 갖추고 있다. 건물을 잘 활용하는 것은 선한 청지기의 몫을 다하는 것이다. 교회는 많은 방과 놀이시설을 가지고 있으며 그것들 대부분을 주중에는 놀리고 있다. 탁아소는 새로운 교인을 늘리는 좋은 방법이 될 것이다. 교회는 사회에 대한 책임을 다하는 동시에 전도도 할 수 있을 것이다.

그때 글래디스 부인이 말을 끊었다. "교회가 왜 주중 사업에 관여해야 하시요? 그 일이 어떻게 교회의 목회 사역에 해당한다고 볼 수 있을까요?"

젊은 목회자는 인내하면서 그 이유를 설명해 나갔다. 건물을 활용하고, 젊은 가정들을 인도하고, 재정적인 수입도 있으며 또 거리 건너편 침례교회는 이미 탁아소를 운영하고 있다는 것 등을 이야기했다.

"게다가 말입니다, 글래디스 부인." 헨리 스미스 목사가 말을 이었다. "아시다시피 먹고사는 일이 날이 갈수록 어려워지잖아요. 이제는 부부가 함께 온종일 일하는 것이 필수적인 일이 되었지요."

글래디스 부인이 말을 받았다. "그렇지 않습니다. 헨리 목사님도 실상은 그렇지 않다는 것을 아시잖아요? 교회 안에서나 주변에서나 모든 사람이 다 먹고사는 일에 어려움을 당하는 것은 아니지요. 이 마을에 먹고사는 문제로 힘들게 씨름하는 사람들도 있겠지만, 저는 그런 사람들에 관한 얘기를 들어 본 적이 없어요. 그 사람들은 이 탁아소를 이용하지 않을 겁니다. 그들은 자기 아이들을 이리로 데려오지 않을 것입니다. 이 탁아소는 그들에게 도움이 되지 않을 거예요. 우리가 지금 얘기하는 목회가 사람들의 어려움을 다루는 것이라면 저도 그 생각에는 찬성합니다. 그런데 그렇지가 않잖아요. 우리가 지금 이야기하고 있는 것은 자동차를 두 대나 소유하고 호숫가에 별장을 갖고 있으면서, 캠핑카를 사기 위해 날마다 열심히 씨름해야 하는 사람들에 대한 목회입니다. 바로 이런 이유 때문에 사람들이 그렇게 열심히 일하고 자녀들을 방치하는 것입니다. 저는 정말이지 교회가 그러한 풍조에 휘말리고 그것을 조장하는 것이 보기 싫습니다. 저는 교회가 이 젊은 부부들에게 만일 차를 한 대 더 구입하거나 VCR을 구입하거나 기타 잡다한 것을 구입하기만 하면 그들의 결혼생활은 더 좋아질 것이고 그들의 가정생활도 더 행복해질 거라고 말하는 것을 도저히 참을 수가 없어요. 왜 교회가 그들에게, '그것은 잘못이다, 물질이 결혼이나 가정을 세우는 것이 아니다'라고 담대하게 말하는 최후의 장소가 되지 못하는 것입니까? 이 탁아소는 이미 뒤틀려 버린 우리의 가치관들 중에서도 가장 나쁜 것을 조장하게 될 것입니다."

젊은 목회자는 정말이지 "망할 글래디스 부인, 윤리에 대한 걱정일랑은 내게 맡겨 두시오. 여기서는 내가 윤리 전문가란 말이오!"라고 말하고 싶었다. 그러나 실제로 그의 입에서 나온 말은 이러했다. "글래디스 부인, 부인께서 제기하는 그런 물음들로 인해 우리가 진정 교회가 되어 가는 것이겠지요."

이 젊은 목회자는 참다운 목회란 "사람들을 돕는 것"이라고 생각하도록 교육받았다. 물론 예수도 사람들을 도와주었으며 또 우리에게도 같은 일을 하라고 명령하셨다. 어떻게 하는 것이 "사람들을 돕는 일"인지 우리는 이미 잘 알고 있다고 생각하는 데서, 또 사람들을 돕는다는 것을 그저 단순히 교회로 하여금 밖으로 나가서 이미 누구나 마땅한 일로 여기는 일을 하게 만드는 정도로 생각하는 데서 곤란한 문제가 생겨난다.

그러나 앞에서 우리가 주장했듯이, 그리스도인들은 하나님께서 전에도 하셨고 지금도 행하시는 일을 들려주는 우리의 독특한 이야기를 기초로 해서 "마땅히 해야 할 일"이 무엇인지 결정한다. 이 이야기를 통해 우리가 알게 되는 것은, 나와 있는 모든 해결책이라는 것도 하나님의 이야기에 의해 판단을 받기까지는 의심스러운 것으로 지켜봐야 한다는 점이다.

목회자들이 왜 그렇게까지 "도움을 베푸는 전문직"에 속한 사람이라는 말을 듣기 원하는지 그 이유는 분명하다. 한마디로, 자유주의자로부터 근본주의자에 이르기까지 그리스도인을 자처하는 우리는 모두 실생활 대부분에서 실질적인 무신론자로 살아가고 있는 것이다. 이렇게 된 까닭은 우리들조차도 교인들 간의 "교제"와 "좋은 분위기"의 양에 의해, 또는 교회가 제공하는 "봉사"에 의해 교회가 교회다워질 수 있다고 생각하기 때문이다. 물론, "봉사"와 "좋은 분위기"가 문제될 것은 없다. 문제라면 그것들 자체가 목적이 되어 버렸다는 점이다. 이렇게 될 때 교회와 목회는 불가피하게 감상주의에 빠지게 되는데, 우리가 보기에 감상주의는 오늘날 교회에서 발견되는 가장 심각한 타락상이다.

한마디로, 감상주의는 우리의 불신앙이 삶을 통해 겉으로 드러난 것에 불과하다. 언제나 이해는 잘 하지만 결코 판단을 내리지 않는 태도를 뜻하는 감상주의는 우리 자신과 목회를 타락하게 만든다. 이것은 자유주의 교회뿐만 아니라 보수주의 교회에도 해당되는 사실이다. 감상주의는 교회의 1년이 "어버이날"과 "추수감사절"에 끌려다니는 것이다. 감상주의에 빠진 교회는 콘트라^{Contra}(니카라과 반정부 세력—옮긴이)에 대항해 산디니스타^{Sandinista}(1979년 소모사 정권을 무너뜨린 니카라과의 민족해방전선의 일원—옮긴이)를 편드는 짓을 저지른다. 감상주의는 "함께 기도하는 가정이 하나 될 수 있다"는 식으로 주장된다. 십자가에 죽으셔서 우리의 "좋은 분위기"를 남김없이 깨뜨리시고 우리 인간의 불안을 초월하시며 꿰뚫어보시는 하나님이 없다면, 우리 수중에 남은 것은 모두 감상에 불과한 것이요 유신론이 죽어서 남긴 달콤한 찌꺼기일뿐이다.

게다가 감상주의는 목회를 불가능하게 만든다. 만일 목회가 도움을 베푸는 전문직을 수행하는 일에 불과하다면, 나름대로 정직성을 지닌 사람들이 그 직무를 맡게 될 경우 그들은 불가피하게 실패할 수밖에 없다. 그들이 좌절감을 느끼는 이유는, 하나님의 구원 이야기로 훈련받지 못한 사람들이나 옳은 일을 정당하게 요구하는 훈련을 받지 못한 사람들 때문이 아니라, 진심에서 우러난 욕구는 다 정당하다고 보는 자유주의적 사고에 젖어 사는 사람들 때문이다. 그래서 이런 목회자들이 목회 현장에 들어가면 "당신들은 밥벌이에서 자유로운 사람이니까 목회에서 해야 할 일이 바로 그런 일이 아니냐?"라는 근거를 내세우며 교인들의 욕구를 해결하는 일에나 힘써 줄 것을 바라는 사람들에게 둘러싸여 있음을 깨닫게 된다.

사역자(목회자와 마찬가지로)가 되는 것은 단순히 사람들을 돕는 직업을 갖는 것이 아니다. 우리는 "예수의 이름으로" 사람들을 돕도록 부름받았다. 그런데 여기에 오해가 있다. 사실 우리는 사람들을 도우라고 부름받은 것이 **아니다**. 우리는 예수를 따르도록 부름받은 것이며, 예수가 봉사하는 모습을 보면서 우리가 누구인지, 그리고 우리가 어떻게 도움을 주고 도움을 받아야 하는지를 배운다. 산상설교 같은 본문을 보면, 예수는 세상에 도움이 되는 일을 하려거나 목표와 일치하는 결과를 낳는 "효과적인" 일을 하려는 우리의 시도를 완전히 막아 버린다. 예수의 윤리는 사람들을 돕거나 결과를 이루어 내는 일에서 출발하지 않는다. 또 점령당한 유대 지역의 사람들이 현실에 좀 더 적응하도록 돕는 일에서 시작하지도 않는다. 예수의 행동은 선인과 악인에게 골고루 해를 비춤으로써 "악하고 이기적인 사람들을 친절히 대하시는" 하나님에 대한 그 자신의 이야기에 기초를 두고 있다. 하늘에 계신 우리 아버지처럼 우리도 "완전하도록" 부름받는다.

글래디스는 교회가 **해석**이라는 과제를 다시 생각하도록 만들었다. 우리가 상황을 어떻게 해석하느냐에 따라 엄청난 차이가 발생하기 때문이다. 글래디스의 문제 제기는 목사에게 그가 채용된 본래의 목적을 잊지 말라는 요청으로 다가왔다. 즉 우리가 하나님의 본성에 비추어서 우리 자신을 해석할 수 있는 기회를 누릴 수 있도록 그 이야기를 다시 들려달라고 요구한 것이었다.

글래디스는 세례를 통해 자기에게 맡겨진 사역이 사회의 통념이 아니라 복음의 빛을 따라 사는 일이라는 것을 알았기에, 자기 교회의 목회자에게도 그가 안수를 통해 맡게 된 목회란 곧 교인들이 복음의 빛을 따라 살도록 돕는 일이라는 사실을 깨닫는 기회를 나눠 줄 수 있었다. 바로 이런 의미에서, 앞에서 한 평신도가 신임 목회자에게 했던 말, 곧 '그 교회의 최고 설교자들 몇 명은 바로 여기에서 우리와 함께 훈련을 받았다'는 말은 진리다. 정말이지 평신도들은 자기들의 수준에 맞는 설교자를 갖게 되는 것이 아닌가 싶다. 만일 평신도들이 자신들이 맡은 사역을 신중하게 여기지 않고 이 세상에서 신실한 삶을 살아가는 데 필요한 물음들을 지속적으로 묻지 않는다면, 하나님의 이야기를 완전히 잃어버린 목회자나 얻게 될 것이다. 나아가 교회는 판에 박히고 사회적으로 용인되는 대답이나 쏟아 내고, 교회와 상관없이 누구나 이미 알고 있는 사실을 되뇌이는 장소가 되어 버릴 것이다. 우리는 십자가가 아니라 극심한 권태로 말미암아 죽게 될 것이다.

글래디스와 같은 사람들이야말로 교회를 흥미진진한 곳으로 유지해 준다. 그 까닭은 그들이 심술꾸러기(이것은 사람을 해치지 않는다)이기 때문이 아니라, 우리를 이끌어 세상은 알지 못하는 모험에 찬 삶으로 나가게 하기 때문이다. 그 목회자의 생각은 사람들을 돕기 위해 교회가 할 수 있는 일이 무엇인가라는 관점에서 굳어져 버렸다. 그러나 사실 그의 사고는 하나님을 알지 못하는 사회가 제시하는 틀에 사로잡혀 버린 것이었다. 우리를 괴롭히는 문제에 대해 이러한 근시안적인 세계관이 제시하는 해결책은 보잘것없을 것이다. 글래디스는 우리를 사로잡아 버린 세계관에 문제를 제기함으로써 우리로 하여금 공동체적이며 교회적이고 사회적인 근본 문제로 돌아가게 만들었다. 그 근본 문제란 교회가 교회로 살아남기 위해 필연적으로 물어야 할 물음으로, 한마디로 말해 우리가 신념을 따라 사는 백성이 되기 위해서는 어떤 종류의 공동체가 되어야 하는가라는 물음이다.

불행하게도, 그 목회자는 이러한 정치적이고 사회적이며 교회적인 물음을 회피하도록 훈련받았다. 우리 시대 최고라는 신학교의 교육을 통해 그는 회심 없이도, 우리 중에 임재하시는 하나님에 대한 믿음 없이도 "통할 수 있는" 해결책들을 제시하도록 훈련받았다. 글래디스의 질문으로 인해 회중은 다시 그리스도인의 사회 행동이라는 근본적인 과제로 돌아가게 되었다. 그 근본 과제란 우리와 같은 사람들이 거짓된 것을 의지해 그럭저럭 사는 것이 아니라, 진리를 따라 살 수 있게 해주는 공동체를 세우는 일이다.

이러한 물음을 물을 수 있을 때에야 비로소 우리는 목회 사역의 정당성에 내해서도 논할 수 있다. 어느 시대이든 교회가 이루어야 할 가장 큰 과제는, 살아 있고 숨 쉬며 증언하는 진리의 식민지를 세우는 일이다. 바로 이 때문에 우리에게는 글래디스 같은 사람들과 또 글래디스가 진리를 말한다고 해서 미워하지 않고 그것을 들어 주는 사람들로 이루어진 공동체를 세우도록 도와줄 수 있는, 적절한 훈련과 은

사를 갖춘 목회자와 지도자들이 필요하다.

그러지 못할 때, 목회 사역은 사람들을 극적인 회심으로 인도하는 것이 아니라 그들이 조금 더 기분 좋게 느끼도록 도와주는 하찮은 일이 되어 버린다. 목회자는 기껏해야 법원 소속목사court chaplain 같은 존재가 되어 버리고, 여러 가지 문화 행사들을 주관하면서 결혼식이나 장례식 같은 통과의례들을 치러 내는 부속물로 전락한다. 더구나 그런 예식에서 목회자가 하는 말은 사람들이 뻔히 아는 것이기에 그 예식에 왜 목회자가 필요한지 갈수록 의아스럽게 여겨지는 형편이다. 또 목회자들은 성전 매춘부cult prostitute가 된 듯한 느낌을 갖기도 한다. 성공 지향의 따분한 중류층 사람들, 특히 물질주의에서 비롯된 불안감을 벗어 버리고자 애쓰는 사람들에게 인정받는 대가로 사랑을 파는 사람들 말이다.

목회에서 우리가 나가야 할 곳이 어디인지 온전히 알지 못할 때, 우리 자신을 확실하게 지켜 내는 일도 불가능해진다. 여러분은 오늘날 많은 목회자들이 자기 자신을 목회자로 말할 때 그들이 사용하는 어휘 속에서 학대abuse와 유혹seduction, 타락prostitution 같은 단어들이 불쑥 튀어나오는 것을 본 적이 있는가? "사랑"이라는 이름으로 목회적인 간음죄를 저지르고 있다는 사실을 눈치 채지 못할 만큼 사람들이 복음에 대해 무지하지 않다.

목회자들은 자신의 현재 모습을 경멸하게 되고, 또 그들을 그렇게 만든 공동체를 증오하게 된다. 교회는 하나님을 예배하는 장소가 아니라 억제되지 않고 걸러지지 않은 욕구로 인해 사람들 사이에 빚어지는 갈등을 치유하는 장소로 변질되었으며, 그 까닭에 목회자들이 탈진하게 된다. 신임 목회자는 목사직에 임명된 지 몇 개월도 되지 않아 사람들의 욕구가 끝이 없다는 사실을, 특히 욕망(우리는 이것을 "필요"라고 부른다)의 기준치가 계속 치솟고 있는 풍요로운 사회 속에서는 더욱 그렇다는 사실을 깨닫는다. 직무기술서도 없고 명확한 목적의식도 없는 상태에서 사람들의 요구는 계속 쌓여 가고, 나아가 사람들에게 무엇을 요구해도 되는지 분명하게 선을 그어 줄 방도도 없다. 자기가 해야 할 일이 무엇인지 모르는 목회자들은 모든 일을 다 하려고 덤벼들고 모든 사람들에게 모든 것을 다 베풀어 주고자 애쓴다. 그들 중 그래도 양심적인 목회자들은 애쓰다가 결국 탈진하고는 텅 비어 버리고 만다. 게으른 목회자들은 그저 관심을 끊고 도망쳐 숨어 버린다. 교인들도 목회자가 자기들에게 있어야 하는 이유가 무엇인지 모르기 때문에, 목회자에게 모든 것을 다 해줄 것을 바라고 만능의 재주꾼이 되기를 요구한다. 그들은 성직자의 동역자, 곧 함께 진리를 증언하는 동료가 되기보다는 어처구니없는 비판자가 된다.

부당하게 변절자라는 비판을 받고 학대당한다고 느끼는 사람들에게서 필연적으로 나타나는 현상이 자기혐오다. 한없는 욕구를 지닌 사람들을 친절하게 받아 주고 도움을 베풀어 좋은 사람이라고 인정받아야 한다는 부담감은 그 누구도 감당할 수 없을 정도로 큰 것이다. 마지막에 남는 것은 자기혐오와 외로움뿐이다.

물론 외로움은 인간에게 고유한 조건이기도 하며, 또 외로움을 "개인의 자유"로 보도록 가르쳐 온 우리 사회 속에서 외로움은 더욱 클 수밖에 없다. 그러나 오늘날 목회직에서 나타나는 외로움은 독특한 성격을 지닌다. 목회에서 발생하는 자기혐오와 외로움이 결합되기 때문이다. 외로움은 다른 사람과 나누기가 쉽지 않은데, 그 까닭은 외로움을 느끼는 당사자가 그 고통과 원인을 분명히 인식할 수 없기 때문이요, 이렇게 되는 까닭은, 외로움의 원인이라는 것이 자신이 섬겨야 할 사람들에게서 정작 목회자가 소외되는 데서 비롯되기 때문이다. 자신이 겪는 고통의 원인을 바르게 인식하지 못하는 목회자들은 자신의 처지에 굴복해 자신의 목회를 파괴해 버리고 싶은 유혹을 받게 되며, 그 결과 불가피하게 자신의 삶으로부터 소외된다.

　　바로 이러한 이유에서 성직자들은 대체로 다른 성직자들, 그것도 주로 다른 교파에 속한 성직자들을 가장 친한 친구로 사귀게 되는 것 같다. 그들은 서로 상대방이 자기와 동일한 증오심과 경험을 가지고 있는 것을 보고 친구가 된다. 그들은 서로 터놓고 자신의 "투쟁담"을 나눌 수 있으며 자기 교인들이 이해할 수 없는 방식으로 불온한 일을 저지르기도 한다. 성직자들은 자기 교인들 중에서는 각별한 친구를 사귈 수 없기 때문에—성직자는 막힌 담이 없어야 하며 모든 사람의 친구, 곧 모든 사람의 공동 소유물이 되어야 한다는 것이 그 이유다—자기들과 동일한 성향을 지닌 사람들을 무분별하게 닮아 가게 된다. 성직자들은 위로를 얻고자 서로 상대방에게 집착하게 되는데, 그 상대 외에는 아무도 없기 때문이다. 그러나 안타깝게도 공통된 불행에서 출발한 우정은 오래가지 못한다. 그들은 자기들 중 한편이 어느 날 행복해질지도 모른다는 생각으로 계속 두려움을 느낀다. 끔찍하게도, 우리가 다른 누군가와 결속을 다질 수 있는 실마리가 우리가 겪는 불행밖에 없고, 그렇기에 그가 우리의 불행을 받아들이게 되는 것이 엄연한 현실이다.

지도자의 일에는 언제나 어느 정도의 외로움이 따르게 마련이다. 특히 지도자가 여론의 결과를 따라 인도하는 것이 아니라 하나님에 대한 충성심이나 비전을 따라 이끌 때 그러하다. 거짓된 사람들 가운데서 용기 있게 진실을 말하는 목회자나 글래디스 같은 평신도들은 고독할 수밖에 없다. 그러나 이것은 옳은 동기에서 오는 외로움이자 고독이다. 예수는 종종 홀로였고 외로웠다. 예수의 고독은 그의 예언자적인 거룩성을 이루는 한 요소였다. 그는 하나님의 친구였기에 군중들 속에서 그처럼 외로웠던 것이다.

하나님의 친구가 되려는 사람들, 곧 진리를 말하며 또 하나님의 이야기를 기억하고 나누고 해석하고 증언하며 수정하고 재천명하는 사람들은 자주 외로움에 빠지게 된다. 그러나 이것은 우리를 기쁨으로 충만케 해주는 외로움이다. 그것은 지나치게 가까워지는 데서 생겨나는 외로움이 아니라, 신앙심으로 가득한 모험에서 비롯되는 외로움이기 때문이다.

어떻게 해야 하나? 먼저, '**어떤 사람이 될 것인가?**'라고 물어 보자. 오늘날 성직자를 옹호하는 많은 사람들은 성직자들 자신의 심리적인 기질에서 문제가 발생한다고 주장한다. 간단히 말해, 목회 사역에 매력을 느끼는 사람들은 흔히 "사람들을 도와주려는" 욕구가 강한 사람이다. 그들은 사람들이 자기를 좋아하고 불러 주기를 원한다. 그들 자신의 개인적인 욕구가 그들이 수행하는 목회의 근거가 되는데, 이것이 그들의 가장 큰 문제가 되기도 한다. 그들은 사람들의 욕구가 얼마나 끔찍하게 큰지 과소 평가한 채로 경계가 불분명한 목회 속으로 뛰어들고, 욕구로 가득한 사람들의 게걸스러운 먹성에 희생되어 버린다. 어느 날엔가 그들은 문득 자기를 남김없이 삼켜 버린 그 이기적인 패거리로 인해 자기 가정과 자존감과 건강과 행복을 빼앗겼다는 사실을 깨닫게 된다.

이러한 지적에는 적지 않은 진실이 담겨 있다. 회중의 욕구를 막아 낼 수단을 갖지 못한 목회자들은 자신들이 오리 떼에게 야금야금 물어 뜯겨 죽어가고 있는 것 같다고 느낀다. 여기 조금 저기 조금 물어 뜯겨서는, 미처 그 사실을 알아채기도 전에 그들은 팔과 다리를 잃어버린다. 목회자들은 자신들이 섬겨야 할 바로 그 사람들을 미워하게 되고, 그들에게 자신을 그렇게 만들도록 방치한 일로 인해 자기 자신을 미워하게 된다.

불행하게도, 이러한 애처로운 상황에 대해 사람들은 대개 그 이유를 목회자들의 심리적인 결함이라는 면으로 설명한다. 성직자들은 자신의 욕구에 대해 그릇된 생각을 가지고 "사람들을 돕고자" 일어선다. 성직자들은 사람들을 기쁘게 해주려는 마음에서 그들이 목회자에게 어디까지 요구해도 좋은지 분명한 경계선을 정하지 않으며, 그 결과 자기 회중들의 희생제물이 되어 버린다. 이 문제에 대해 일반적으로 어떤 해결책이 제시되는가? 성직자들이 좀 더 자존심을 지녀야 하고, 좀 더 주관이 분명해야 하며, "아니요"라고 말하는 법을 배우고, 휴일을 요구하고, 자신의 변화를 추구해야 한다는 것이다. 한마디로 말해, 자기 교인들 못지않게 자기본위적인 자세를 지닐 필요가 있다고 말한다.

우리가 보기에 이러한 충고는 문제를 더 복잡하게 만들 뿐이다. 의미와 목적의 상실이라는 문제에 대해 우리 사회가 대응하는 방식은, 사람들에게 만일 그들이 좀 더 철저하게 자아를 계발한다면 기분이 좀 더 나아질 것이라고 말하는 식이다. 도움을 구하려고 자신의 외부를 바라볼 것이 아니라, 자신의 내부 깊은 곳에서 해결책을 찾으라는 말이다. 불신앙의 사회, 즉 우리 외부에 존재하는 것보다는 우리의 자기 투영이 더 현실적인 것으로 대접받는 세상에서는, 이런 식의 충고가 사람들이 얻을 수 있는 최고의 답이 될 것이다.

그러나 위에서 살펴본 것들은 우리가 그리스도인으로서 우리의 의미와 목적을 발견하는 방식은 아니다. 성직자들이 관심을 가지고 씨름할 일은 성직자들 자신과는 전혀 관계가 없다. 그것은 바로 교회와 관계가 있다. 교회가 어떤 곳인지 확실하게 알지 못할 때, 성직자들은 자신이 교회에서 어떤 일을 해야 하는지 결코 알 수 없다. 교회의 주된 목적이 무엇인지 분명해질 때에야 비로소 성직자에 대해서도 적합하고 현실적이고 흥미 있는 기대를 걸 수 있다. 이런 사실을 인정할 때, 성직자들은 자신에게 실린 기대치를, 더구나 하나님도 관심이 없는 그런 기대치를 충족시키지 못했다고 자신을 미워하는 일을 멈출 수 있다.

성공적인 목회

기독교 교육위원회의 모임에서 글래디스는 교회의 지도자였다. 거기서 그녀는 진리를 말했으며, 최소한 회중 안에서 복음의 진리가 다루어지도록 이끄는 물음을 제기했다. 바로 그때, 우리가 진리를 말하고 실천할 수 있는 교회를 가지면 어떤 일이 일어날지에 대해 생각하는 그 순간에, 교회는 시작되고 또 교회 성직자들의 목적이 무엇인지 분명해진다.

글래디스 같은 지도자들이 언제나 교회에서 인정받는 것은 아니다. 진리는 종종 상처를 준다. 만일 목회자가 글래디스 같은 사람들에게 진리를 말하도록 허락한다면, 그녀의 증언은 목회자 편에서 자기 자신을 돌아보게 만드는 자극제가 될 수 있다. 그래서 어느 날엔가는 목회자도 용기를 내 회중들에게 진리를 말하게 될지도 모른다. 그다음에 우리에게 어떤 일이 일어나겠는가?

그때 우리는 교회와 목회를 회복하는 일을 제대로 감당하게 될 것이다. 우리가 신실한 백성이 되지 않으면 복음을 들을 수 없다. 들음은 회심과 연결되어 있다. 성서와 교회는 나뉠 수 없다. 말씀이 올바로 선포되고 성례전이 제대로 베풀어지는 곳에서는 성서의 권위를 인정할 줄 아는 백성, 그것도 가톨릭 교인들이 교회가 성경을 창조한다는 말을 내세워 늘 주장해 온 정도로 성서의 권위를 인정하는 백성이 세워지게 된다. 성경은 교회에서 이루어진 정경화^{canonization} 과정의 산물이지만, 기독교 교육위원회에서 글래디스와 함께했던 사람들처럼 진실한 마음으로 하나님의 말씀을 들으려고 애쓰는 사람들이 없다면 하나님의 말씀은 결코 들리지 않는다. 왜 오늘날 많은 사람들이 성서의 상당 부분을 이해할 수 없고 무의미한 것으로 여기게 되었는지, 그 이유가 이러한 교회의 결핍으로 설명된다. 성서는 고립되고 학문적인 해석자들의 수중에 떨어진다. 그들은 어떤 본문들은 "비현실적"이거나 "전근대적"이라고 보아 빼 버리면서 모든 본문을 지적인 문제로 재해석하지만, 성경 자체에 들어 있는 스스로 선포하는 정치적인 기능, 곧 성경 the Bible 을 성서 scripture 로 인정할 줄 아는 백성을 일으키는 능력은 존중하지 않는다.

성경 해석은 지적인 문제이기에 앞서 정치적이고 교회적인 문제다. 예술의 한 형태인 교향곡이 생겨난 것은 유럽의 청중들이 그런 음악을 들을 능력이 있었고 또 진실로 듣기를 원했기 때문이다. 이와 유사하게 새로운 문학 형태인 복음서가 생겨난 것은 그리스도께서 오셔서, 회개할 마음을 불러일으킬 만큼 진리로 충만한 그 이야기를 기꺼이 들으려 하고 또 진심으로 듣기를 원했던 백성을 일으켰기 때문이다. 그날 밤 글래디스로 인해 이루어진 그런 만남이 활력이 넘치는 설교와 신실한 성경 해석을 위한 터전이 된다. 진리를 따라 살기로 결단한 신실한 교회를 터전으로 삼아 성경이 다시 숨 쉬게 되고 성서가 꽃을 피우게 된다.

글래디스와 같은 사람과 성서, 둘 중에 무엇을 앞자리에 놓아야 할까? 선택할 수 있는 문제가 아니다. 교회는 성서와 사람들의 만남이 이루어지는 다리다.

우리의 이야기에 따르면, 글래디스 부인에 의해 이루어진 그런 내화가 교회에게 새로운 일은 아니다. 예수는 "재물을 가진 사람이 하나님 나라에 들어가기는 참으로 어렵다"고 말했다.눅 18:24 제자들은 우리 전부를 대변해서 "그렇다면, 누가 구원을 얻을 수 있겠습니까?"라고 묻는다.눅 18:26 지금처럼 그때에도 복음과 교회에게 재물보다 더 치명적인 적은 없었다. 예수는 구원에 관한 제자들의 질문에 대해(우리와 같은) 부자가 구원받는 일은 인간적인 방법으로는 불가능하고, 낙타가 바늘귀로 지나가는 것만큼이나 어려운 일이라고 대답했다.

그렇다면 있는 힘을 다해 지나친 죄책감에 빠지지 않도록 노력하는 것이 이 상황에서 할 수 있는 최선의 일이 된다.

그러나 예수는 하나님께서 함께하시면 우리도 구원받을 수 있다고 말한다. 앞서 주장한 바와 같이, 하나님께서 우리를 구원하시는 일은 전적으로 공동체적이고 사회적인 수단을 통해서다. 즉 우리 같은 사람들이 이제껏 자신의 힘으로 이루어 올 수 있었던 것보다 더 나은 방편을 통해서 이루어 주신다. 한마디로, 하나님의 방법은 교회다. 이것이 의미하는 바는, 우리가 만일 이미 구원받은 상태라면 그것은 글래디스와 같은 사람들의 사역 활동을 통해서 이루어진 것이라는 말이다. 이런 사람들 때문에 우리는 진리를 알게 되고, 나아가 우리 같은 사람들이 소명대로 살기 위해서는 어떤 종류의 교회가 필요한지 물을 수 있게 된다. 사람들이 진리를 따르기 위해서는 진리를 아는 지도자가 필요하다. 그러나 우리는 우리 자신이 전부 거짓말쟁이요 스스로 속이는 자라는 사실을 알고 있으며, 그렇기에 우리는 서로를 필요로 한다. 글래디스에게는 용기 있게 그녀에게 진리를 말해 줄 만큼 그녀가 받은 세례를 존중해 주는 설교자가 필요하다. 설교자에게도 글래디스 같은 평신도, 곧 설교자에게 진리를 말해 달라고 요구할 뿐만 아니라 설교자를 향해서도 단호하고 일관되게 진리를 말할 수 있을 만큼 설교자의 안수를 존중해 주는 평신도가 반드시 필요하다. 교회를 진리로 세우는 일에 관한 한 우리는 모두 하나가 된다.

교회와 같은 곳에서 글래디스와 같은 사람들을 통해, 달리 말해 예루살렘 같은 곳에서 베드로 같은 사람들을 통해 구원을 이루는 일은 쉬운 일이 아니다. 여기서 초대 예루살렘 교회에서 이루어진 이야기 하나를 살펴보자.

그런데 아나니아라는 사람이 그의 아내 삽비라와 함께 소유를 팔아서, 그 값의 얼마를 따로 떼어 놓았는데, 그의 아내도 이것을 알고 있었다. 그는 떼어 놓고 난 나머지를 가져다가, 사도들의 발 앞에 놓았다. 그때에 베드로가 이렇게 말하였다. "아나니아는 들으시오. 어찌하여 그대의 마음이 사탄에게 홀려서, 그대가 성령을 속이고 땅값의 얼마를 몰래 떼어 놓았소?……그런데 어찌하여 이런 일을 할 마음을 먹었소? 그대는 사람을 속인 것이 아니라 하나님을 속인 것이오." 아나니아는 이 말을 듣고, 그 자리에서 쓰러져서 숨졌다.……젊은이들이 일어나, 그 시체를 싸서 메고 나가서, 장사를 지냈다.

세 시간쯤 지나서, 아나니아의 아내가 그동안에 일어난 일을 알지 못하고 들어왔다. 베드로가 그 여자에게 물었다. "그대들이 판 땅값이 이것뿐이오? 어디 말해 보시오." 그 여자가 대답하였다. "예, 그것뿐입니다." 베드로가 그 여자에게 말하였다. "왜 그대들 내외는 서로 공모해서 주님의 영을 시험하려고 하였소? 보시오, 그대의 남편을 묻은 사람들의 발이 막 문에 다다랐으니, 그들이 또 그대를 메고 나갈 것이오." 그러자 그 여자는 그 자리에서 베드로의 발 앞에 쓰러져서 숨졌다. 젊은이들이 들어와서, 그 여자가 죽은 것을 보고서, 메어다가 그 남편 곁에 묻었다. 온 교회와 이 사건을 들은 사람들은, 모두 크게 두려워하였다.^{행 5:1-11}

갓 태어난 교회를 뒤흔들었던 최초의 현실적인 위기는 어느 날 밤, 한 모임에서 발생했다. 그것은 재산과 관련한 위기였다. 누가는 만일 당신이 불신앙이나 거짓말을 찾아보고자 한다면, 가장 먼저 볼 곳이 바로 교회라고 말하는 듯하다. 사람은 교회를 속임으로써 하나님을 속이는 것이 된다. 누가는 무자비하고 냉정하고 객관적으로 세세한 일들을 파헤치면서 두 거짓말쟁이의 죽음을 묘사한다. 누가복음 12장에 나오는 어리석은 부자처럼 물질을 통해 생명을 보장받으려고 했던 이 두 사람은 생명이 아니라 죽음에 이르렀다. 돈을 위해 예수를 버린 최초의 사람은 다름 아니라 예수의 제자 중 한 사람이었다.^{눅 22장}

누가가 돈을 자기기만과 연결하는 것이 흥미롭지 않은가? 베드로가 아나니아와 삽비라를 저주하는 이유는 탐욕이 아니라 거짓말 때문이다. 어떻게 보면 아나니아와 삽비라의 거짓말이 매우 자연스러운 일로 보이기도 하는데, 그 까닭은 우리 자신도 지금까지 그런 식으로 탐욕과 욕심을 합리화하고 변명해 왔기 때문이다. 우리는 이렇게 말한다. "나는 정말이지 그렇게 부유하지 않습니다." "간신히 수입과 지출을 맞출 정도입니다." "나는 이 일을 위해 열심히 일했고 그것을 누릴 자격이 있습니다." "먹고사는 일이 점점 더 어려워집니다."

거짓말은 물질주의와 짝을 이룬다고 할 수 있다. 그 까닭은 물질주의와 자기기만은 둘 다 우리 자신의 노력으로 불안감이나 유한성을 해결하고자 하는 몸부림이기 때문이다.

루터는 안전을 최고의 우상이라고 보았다. 또 우리가 언제나 안전을 위해서라면 무엇이든—가족, 건강, 교회, 진리—기꺼이 포기해 왔던 것도 사실이다. 우리는 신앙보다는 우리의 재간을 의지해 살면서 적절치 못한 방법으로 삶을 꾸리고 안전을 확보하려고 애쓰는 나약한 동물이다.

교회 안에서, 베드로의 인격을 통해 아나니아와 삽비라의 거짓말은 겉으로 드러났다. 교회 안에서 형제자매들을 기만하거나 자기 자신을 속이는 일은 죽음으로 이어진다. 누가가 그 이야기를 묘사하는 어조는 우리가 듣기에도 가혹하고 모질고 단호하다. 그러나 거짓말을 한 당사자에게 가혹하게 들이대는 방법이 아니라면 거짓을 인정하게 만들 수 없다. 우리의 거짓에 당당히 맞서지 않는다면 그 대가도 역시 클 수밖에 없다. 바로 우리들이 다 함께 죽음에 이르는 것이다. 고대의 '디다케'Didache는 다음과 같은 말로 시작한다. "두 개의 길이 있다. 한쪽은 생명의 길이며 다른 쪽은 죽음의 길이다. 그리고 그 두 길 사이는 참으로 멀다."

이 초대 그리스도인들이 지녔던 윤리적 태도는 그들의 신학적 신념이 구체적으로 적용되어 나타난 것으로, 돈에 관한 그들의 독특한 태도가 그 한 사례다. 교회는 대안 공동체인 식민지를 세우도록 부름받았으며, 또 세상의 방식과는 전혀 다른 공동체의 삶을 그리스도가 열어 놓았다는 사실을 세상을 향해 보여주는 징표와 신호가 되라고 부름받았다. 아나니아와 삽비라 같은 사람들이 저지르는 거짓과 기만, 탐욕과 자기만족에 단호히 맞서지 **않을** 때 교회는 죽음에 이르게 될 것이다. 야고보서약 1:9-11는 초대 교회에서 그리스도인들이 돈을 올바로 다루지 못해 여러 회중이 파괴되었음을 지적하고 있다. 누가가 아나니아와 삽비라에 대해 준엄하게 말하는 끝부분에서행 5:11 사도행전 최초로 **교회**라는 말을 사용한 이유가 바로 이 때문은 아닐까? 여기서 우리는 소유에 대해 참되고자 씨름하면서 자기 자신을 진리로 훈련된 공동체로 경험했던 교회를 보게 된다.

사도행전 5장에 나오는 교회 지도자로서의 베드로 이미지는 우리가 지금까지 생각해 온 "좋은" 목회자라는 인습적인 모습과 많이 상충한다. 그 교회 안에서 동정심은 어디로 사라져 버렸는가? 은혜는 어디에 있는가? 베드로도 돌봄을 베푸는 "좋은" 목회자가 되기 위해서는 아나니아와 삽비라를 좀 더 부드럽게 대해야만 했을 것이다. 베드로는 목회상담이라는 좋은 방편을 통해, 그 부부가 비록 부자이기는 해도 다른 모든 사람들과 마찬가지로 그들 나름의 문제를 가지고 있는 결혼한 부부라는 사실을 알 수 있었을 것이다. 베드로가 그 두 사람을 충격 때문에 죽게 만들 정도로 호되게 책망하는 대신, 그들이 좀 더 의미 있고 생산적인 삶을 발견할 수 있도록 길을 열어 주지 못한 까닭은 무엇일까?

이러한 질문이 우리 교회와 목회자들 사이에서 나온다는 사실은, 우리의 뿌리가 되는 공동체와 그 메시지가 들려주는 이야기로부터 우리가 얼마나 멀리 벗어나 있는지를 말해 준다. 베드로는, 목회란 아나니아와 삽비라 같은 사람들을 좀 더 진리를 따라 살게 만드는 일이 아니라, 조금이나마 덜 비참하게 살도록 도와주는 것이라고 본 사회적으로 용인된 관습을 따르기를 거부하고 그들과 맞섰다. 그가 그들 앞에 선 것은 그들의 거짓말 때문만이 아니라 하나님께서 그들을 부르셔서 이루시고자 했던 교회의 급진적인 비전 때문이기도 했다. 바로 이런 목적으로, 즉 하나님께서 원하시는 나그네 된 삶의 방식을 우리에게 가르치기 위해 누가는 사도행전에서 이 이야기를 말하고 있는 것이다. 그러므로 우리는 어떻게 그런 일이 있을 수 있느냐는 투로 논제에서 벗어난 질문을 던질 것이 아니라, 오히려 이러한 모습의 교회(진리를 따라 사는 평범한 사람들의 교회)가 가능하기 위해서 우리는 어떤 종류의 공동체가 되어야 할지를 물어야 한다.

사도행전 5장에 나오는 이 사건을 우리 목회 사역 옆에 놓으면 우리의 거짓된 모습이 분명히 드러난다. 우리는 흔히 아나니아와 삽비라에게 관용을 베푸는 게 마땅하다고 여기며 그 까닭은 그들을 사랑하기 때문이라고 말한다. 또 사람들이 부유한 거짓말쟁이일지라도 그들에게 봉사와 동정을 베푸는 것이 우리가 목회자로서 할 일이기 때문이라고 말한다. 달리 말해, 사도행전에 나오는 베드로보다 우리가 그들을 더 사랑한다는 말이다. 사실 우리는 자신을 속이는 것이다. 우리는 베드로가 아나니아와 삽비라를 믿었던 만큼도 그들을 믿지 않는다. 우리는 무의식중에 소유의 노예가 되어 평생 끌려다닌다. 우리에게는 우리를 사로잡아 버린 물질주의를 깨뜨릴 어떠한 수단도 없으며, 따라서 사도행전 5장에서처럼 담대히 진리를 말할 용기도 없다.

베드로가 진리를 말할 수 있었던 것은, 만일 바른 방식으로 호소하기만 하면 아나니아와 삽비라도 좀 더 바르게 회복되고 좀 더 훌륭한 가치를 따라 살게 될 것이라는 믿음 때문이 아니었다. 베드로가 굳게 믿었던 것은, 복음과 그 위에 세워진 공동체는 우리처럼 평범하고 이기적이며 물질주의에 빠진 사람들조차도 변화시켜서 성도들을 닮아 가도록 만들 능력이 있다는 사실이었다.

우리가 목회자로서 안일하게 책임을 벗어 버릴 때(우리가 돌보는 사람들의 연약함과 한계에 동정심을 베푼다는 핑계로), 우리는 사회의 친교모임이 아니라 진정 교회다운 교회 안에서 목회를 수행할 수 있는 가장 귀한 기회를 잃어버리게 된다. 낸시 목사의 일을 예로 들어 보

자. 낸시 목사는 큰 어려움에 처했던 교인 부부인 톰과 수의 문제로 상당한 시간을 씨름했다. 수는 알코올 중독자였으며, 알코올 중독 방지회Alcoholics Anonymous와 여러 치료 프로그램에 참여했으나 다 헛일이었다. 십 년 동안 톰은 인내하면서 아내를 도와주었으나 수의 알코올에 대한 집착은 점점 더 심해졌고, 톰은 그 질환이 자신의 두 아이에게까지 영향을 미치고 있음을 알게 되었다.

어느 날 밤늦게, 톰은 심방 요청을 받고 찾아온 낸시 목사에게 "수가 다시 술을 마시기 시작했고, 이제는 저도 더 이상 참을 수 없습니다"라고 말했다.

주간 내내 톰은 집안일을 처리하고 아이들을 돌보고 또 힘든 직장일도 계속해 나가려고 애써 왔다. 낸시 목사는 톰이 이제 한계에 도달했다는 것을 알았다.

톰이 말했다. "저는 평범한 사람입니다. 이제 더 이상 견딜 수가 없군요. 어쩌지요?"

낸시 목사는 그에게 깊은 연민을 느꼈다. "톰, 당신이 이 어려운 일을 짊어지고 십 리가 아니라 이십 리는 달려 왔다는 것을 압니다. 당신을 비난할 마음은 추호도 없습니다. 지금 당장 당신이 수를 내친다고 해서 그 누가 당신을 비난할 수 있겠어요?"

"그러나 우리는 결혼한 부부예요. 저는 어려울 때나 좋을 때나 그녀를 사랑하기로 서약했습니다." 톰이 말했다.

낸시 목사는 톰에게 사리를 아는 사람이라면 그 누구도 이러한 상황에서 그가 결혼서약을 지켜야 한다고는 생각하지 않을 것이라고 설득했다. 게다가 결혼서약을 깨는 것이 수와 아이들에게 최선책이 될 수도 있다고 말했다.

"목사님 말씀에 제가 십 리는 함께 왔다고 하셨지요?" 톰이 말을 이었다. "예수님께서는 우리가 어디까지 함께 가 주어야 하는지 한계를 정하셨을까요?"

낸시 목사는 톰을 안심시키려고, 일에는 한계가 있는 법이라고 말했다. 예수께서 많은 것을 말씀하셨지만 우리 쪽에서도 실제적인 상황을 고려해야 한다는 점과, 우리의 현실도 무시할 수 없는 것이라고 설득했다. 솔직히 낸시 목사는 보수주의자나 근본주의자는 못되었다. 그녀는 세련된 해석적 이론을 가지고 자기 교인들이 예수를 받아들이도록 만드는 방법을 알고 있었다.

그날 밤, 낸시 목사는 톰을 훨씬 더 심각한 절망감에 빠뜨렸다. 톰은 자기의 처지에서 벗어날 방법을 찾지 못했다. 그는 수를 버릴 마음이 없었으며 그렇다고 자신이 견뎌 낼 자신이 있었던 것도 아니다. 낸시 목사는 자기가 이해심 있고 개방적인 좋은 목회자라고 생각해 왔다. 아마 계속해서 도와준다면, 톰도 결국 "꼭 필요한 일"을 하게 될 것이다.

만일 앨리스 존스가 없었다면 모든 일은 그 상태로 방치되었을 것이다. 다음날, 앨리스가 낸시 목사에게 전화를 걸어, "수가 다시 술을 마신다"는 것을 알게 되었다고 하면서, 만나자고 했다. 앨리스는 톰과 수가 속한 교회학교의 교장이었으며, 그 상황을 잘 알고 있었다. 낸시 목사는 자기가 톰과 나누었던 대화에 대해 앨리스에게 자세하게 설명해 주면서, 앨리스라면 결혼생활을 마무리 짓기를 망설이는 톰이 결단하도록 도와줄 수 있을 것이라고 생각했다.

앨리스가 말했다. "톰이 이 문제를 홀로 감당할 수 없다고 말한 것은 맞는 말입니다. 톰은 한계에 이르렀어요. 그는 원래 특별히 강한 사람이 못돼요. 그런데 이것이 바로 내가 걱정하는 문제입니다."

"당신이 염려하는 게 뭔가요?" 낸시 목사가 물었다.

앨리스가 말했다. "제가 염려하는 것은 이 모든 일이 그 혼자에게만 지워져 있다는 점입니다. 그에게는 자식이 둘 있고, 직업이 있고, 알코올 중독에 빠진 아내가 있습니다. 그는 참 착한 사람이라 자기 아내에 대한 서약을 깨지 못합니다. 그러나 알코올 중독자에 대한 서약을 지킬 만큼 바르지도 못하지요." 앨리스는 결코 말을 완곡하게 하는 사람이 아니었다.

"그러면 우리는 이 일을 어디서부터 풀어 가야 할까요?" 낸시 목사가 물었다.

앨리스가 답했다. "그래요. 우리가 이 문제를 어디서부터 풀어 가야 하느냐고 묻는 게 맞습니다. 우리는 이 일이 마치 톰이 풀어야 할 문제인 양 말해 왔습니다. 그렇다면 말입니다, 지금 당장 제가 할 수 있는 말은, 그는 결코 문제를 해결할 수 없다는 것이지요."

"그래서요?"

"도대체 우리 교회는 무엇 때문에 존재하는 겁니까? 저는 이런 바보 같은 짓에 질려 버렸습니다. 말만 무성할 뿐 행동이 없습니다. 보세요, 저는 교회학교 전체회의를 소집하렵니다. 그래서 그저 손이나 꽉 잡아 주는 일은 그만두고 문제 속으로 뛰어들겠습니다."

"뛰어들겠다고요?"

"그래요. 톰에게 우리가 그저 뒤에만 있는 게 아니라 그와 함께

한다는 것을 알게 해줍시다. 우리가 식사문제를 해결할 수 있어요. 아이들을 돌보는 일도 도와줄 수 있고요. 어려운 일이 아닙니다. 게다가, 병원이 알코올 중독자를 위한 새 프로그램을 막 시작했어요. 한 달 치료비가 8,000달러입니다. 우리가 절반을 부담하겠다고 말하겠습니다. 그리고 수에게는 만일 그녀가 치료를 받지 않는다면 우리는 톰에게 이혼을 하라고 권할 수밖에 없다고 말할 겁니다. 전에 알코올 중독자였던 제 처남의 도움을 받아 압박을 가할 것입니다."

낸시 목사는 목회자인 자신이 지금껏 잘못된 물음을 물어 왔다는 사실을, 마치 자기가 론 레인저$^{Lone\ Ranger}$(미국 TV·영화 등 서부극의 주인공—옮긴이)인 양, 자유계약 선수인 양 목회 사역에 임해 왔다는 사실을 깨달았다. 어려움을 나누고 서약을 준수하고 자녀를 양육하며 환자를 치유하는 일처럼 복음이 우리에게 요구하는 일들은 결코 우리가 홀로 감당할 수 있는 일이 아니다. 우리는 톰과 같이 평범한 사람들이 성도가 되도록 도와주는 가족이자 식민지로 존재한다. 톰은 여전히 잊지 못하고 있는 이야기, 일곱 번을 일흔 번까지라도 용서하고 고난 중에서도 믿음을 지키라고 속삭이는 그 이야기를 낸시 목사는 너무나도 쉽사리 저버렸다. 그 이야기가 요구하는 것에 의도적으로 귀를 막아 버림으로써, 낸시 목사는 교회와 필연적으로 연관된 윤리적인 질문을 묻는 데 실패했다. '착하기는 하나 연약한 남자인 톰을 제자로 살 수 있게 만들기 위해서 그들이 어떤 종류의 백성이 되어야 할까'라는 물음을 던진 사람이 앨리스였다. 목회자라면 마땅히 우리에게 복음의 이야기를 깊이 이해해야 하며, 그래서 교회를 필요로 하는 문제 속에 우리가 뛰어들 수 있어야 한다고 가르쳐야 할 것이다.

그리하여 이 이야기는, 목회자인 우리를 다음과 같은 공동체적이고 사회적이며 윤리적인 기본 물음으로 돌아가게 만든다. 사도행전 5장이 증언하는 진리를 절반만이라도 이루기 위해서는 우리가 어떤 종류의 교회가 되어야 하는가? 이것은 교회의 지도자들이 자신의 소명에 충성하여, 다시 말해 목회자들이 교회를 이끌어 하나님을 바라보게 만들어서 이루어야 할 일이다.

사도행전 5장이 보여주는 바와 같이, 백성을 하나님께 돌아서게 만드는 일은 두려운 과제다. 회중은 열광적인 마음으로 폭발할 수도 있고^{행 2장} 공포로 인해 급사할 수도 있다.^{행 5장} 그러나 이러한 일을 위해 교회는 지도자들이 필요한 것이다. 목회 사역의 관점에서 볼 때 아나니아와 삽비라의 일화는 목회적인 성공일까, 아니면 실패일까? 그것은 전적으로 당신이 그것을 어떻게 보느냐에 달려 있다. 베드로의 목회적 돌봄을 통해 교회는 "중요한" 교인 두 명을 잃어버렸다. 그러나 그와 동시에 교회는 최초로 자신을 교회로 경험하게 되었고, 그때 일어난 일을 묘사하기 위해 처음으로 '에클레시아'^{ecclesia}라는 단어를 사용했다. 누가는 아주 간단하게, 해학적이기까지 한 표현을 사용해 "온 교회는……모두 크게 두려워하였다"고 판결을 내리고 있다.^{행 5:11}

엄청난 두려움이다. 하나님의 손안에 놓인다는 것은 두려운 일이다. 교회는 정다운 마음을 나누는 교제의 차원을 훨씬 뛰어넘는 곳이요, 바로 삶과 죽음의 문제가 걸려 있는 곳이라는 사실을 깨닫는 것은 두려운 일이다. 하나님께서 우리를 사용해 얼마나 큰일을 이루시려는지 아는 것은 굉장한 일이며, 하나님께서는 우리를 있는 그대로 내버려 두시지 않고 "우리를 파괴하거나 일으키시기로" 작정하신 것을 아는 일은 무서운 일이다. "목회적 돌봄"에 대한 우리의 지식도 사도행전 5장 옆에 놓고 보면 얼마나 보잘것없는지 깨닫는 일은 두려운 일이다.

얼마 전, 누가복음과 사도행전을 공부하는 목회자 성경연구 모임에서 우리 저자 중 한 사람이 아나니아와 삽비라 이야기를 말했다. 몇몇 목회자들은 사람들이 급사하고 들려나가는 그 이야기가 불합리하다고 비웃었다. 좀 더 민감한 다른 목회자들은 "사람을 죽이는 일을 하나님이 승인하셨다는 것을 모든 사람이 믿었다"는 사실에 놀라워했다. 이 이야기의 의미가 그런 것이 아니라고 말해도 소용이 없었다. 격앙된 분위기의 그 모임을 향해 "여기에 계신 분 중에 혹시 교회를 살리기 위해 다른 사람을 죽일 수밖에 없었던 경험이 있는 분은 없습니까?"라고 질문을 던졌다.

놀랍게도 "여기 있습니다. 어찌 보면 그와 비슷한 일이네요"라는 대답이 뒤쪽에서 들려왔다.

그에게 무슨 일이냐고 물었다.

"저는 남부의 작은 마을에서 인종문제에 대해 설교했었습니다. 그때는 학교에서 인종 통합이 이루어지고 있었지요. 긴장된 분위기였습니다. 기획위원회는 제게 그 주제에 대해 좀 강도를 낮춰서 설교하라고 경고했습니다. 제가 그러지 않자 다섯 가정이 교회를 떠났습니다. 그중 네 가정은 지금까지 어느 교회에도 출석하지 않습니다. 제 아내가 저에게 묻더군요. '논쟁거리 하나 때문에 사람들을 교회에서 영원히 떠나게 만드는 것이 온당한 일인가요?'라고 말입니다. 아내의 질문은 옳았습니다. 지금까지 그 일을 잊고 있었는데 오늘 밤에 생각이 났습니다. 제 생각으로는 당신이 베드로에게 물어볼 수 있을 것 같은데요. 대단치도 않은 부동산 때문에 한 쌍의 부부를 심장마비로 죽게 만드는 것이 온당한 일인지 말입니다."

사도행전 5장에 대해 이런 식으로 따지는 반론은 시대에 뒤떨어진 것이요 또 올바른 질문을 던질 줄 아는 창조적이고 용감한 지도자를 갖지 못한 교회에서나 중요한 문제다.

우리가 "교회"라는 이름으로 부르는 곳이 실상은 교회를 자기들의 개인적인 욕구나 충족시켜 주는 "협력기관" 중의 하나로 여기는 국외자들의 모임인 경우가 비일비재하다. 교인들 중에는 심히 옹졸한 마음으로 목회자를 대하고, 목회자가 그들에게 하나님을 바라보라고 강조할 때면 더 심하게 거부감을 보이는 사람들이 있는데, 그렇게 된 이유 가운데 하나가 자신을 초월하라는 목회자의 초청을 듣고서는 자기가 속았다는 생각을 갖게 되었기 때문이다. 그들은 "요행수"를 바라고 자신의 개인적인 욕구나 채우려고 교회에 온 사람이다. 어쩌다가 설교단이 온통 "남들은 제쳐두고 나의 삶을 찾는 일"에 관한 말로만 가득 차게 되었을까?

우리가 교회라 부르는 곳이 실제로는 우정으로 얽힌 패거리일 때가 많다. 목회자들은 자기 몫의 아나니아와 삽비라에게 설교하기보다는 그들을 만족시켜 주는 일에 몰두한다. 그렇게 하는 이유가 "사랑"하기 때문이란다. 그렇게 함으로써 우리는, 모든 사람을 할 수 있는 한 다른 사람들에게서 고립시켜 버리는 결과를 만들어 낸다. 너는 나의 삶에 개입하지 말라, 그러면 나도 너의 삶에 간섭하지 않겠다는 말이다. 바로 이런 이유 때문에 교회는 많은 사람들에게 숨 막힐 정도로 피상적인 것이 되어 버린다. 모든 사람이 우리 모든 것을 터놓고 이야기하자고 의견을 모으지만, 중요한 것은 다 빼놓은 채다. 아나니아와 삽비라의 경우, 문제가 발각되면 동료 그리스도인들에게 "이것은 당신이 신경 쓸 일이 아니오. 나 개인적인 일일 뿐이오"라고 말하면 된다. 외로움과 고립으로 이루어지는 현대인의 삶, 우리 전부를 낯선 사람으로 만들어 버리는 그 삶의 방식이 교회까지 침투해 들어왔다.

위에서 살펴본 사실을 통해, 교회의 운명이 왜 글래디스나 베드로 같은 지도자들에게 달려 있는지 분명하게 밝혀진다. 따뜻한 우정과 품위 있는 태도라는 기준으로 보면, 베드로(또는 글래디스)의 행동은 목회적인 실패작이다. 교회의 목적과 역할이라는 관점에서 판단하면, 그들의 사역은 성공을 거두었다. 다시 말해, 그들은 교회가 하나님을 바라볼 수 있는 기회를 성공적으로 열어 주었다.

교회의 예배는 모든 교구 목회 활동을 판정하는 시금석이다. 예배 속에서 우리는 하나님의 이야기, 곧 그리스도 안에서 우리와 함께하시는 하나님에 관한 모험 이야기를 되풀이하고 그 이야기에 책임 있게 응답한다. 모든 목회 활동은 기본적으로 예배의식의 척도에 따라 평가될 수 있다. 즉 '그 목회 행위가 얼마나 효과적으로 사람들을 하나님과 함께하도록 이끌어 주는가?'라는 물음이 척도가 된다. 글래디스 덕분에 교회는 예배를 놀랍고 위협적이며 불편한 순간으로, 또 죽음을 느끼며 생명을 허락받는 순간으로 경험할 수 있었다. 바로 이 때문에 그녀가 그날 밤 회의에서 쏟아 놓았던 비판적인 말들이 당당하게 "성공적인 목회"라고 인정받을 수 있는 것이다.

목회자가 행하는 거의 모든 일은, 비록 겉으로는 하찮고 작아 보일지라도 우리를 하나님께로 이끌어 주는 기회가 될 수 있다. 환자를 심방하는 일도 만일 그를 하나님께로 향하게 하는 기회라고 보면 단순히 마음을 어루만져 주는 일(사실 이것은 누구나, 하나님을 믿지 않는 사람이라도 할 수 있다)을 훨씬 능가하는 것이 된다. 그에 따라 목회자들은 자신의 일정을 효과적으로 점검할 수 있을 것이고, 만일 어떤 목회 행위가 우리가 예배 속에서 체험하는 것과 같은 결과를 낳지 못한다면 가차 없이 삭제해 버릴 수 있을 것이다. 교회에게 진정 중요한 일은 교인들이 교회의 고유한 소명에만 집중하도록 도와주는 지도자를 갖는 일이며, 따라서 교회가 세속의 번잡한 일로 가득 차게 만들어서는 안 된다. 물론, 글래디스 부인과 사도행전 5장의 이야기에서 보았듯이, 우리에게 진리로 충만한 지도자만 있다면 기독교 교육위원회의 모임이라든가 가난한 사람들을 위한 모금활동을 포함해 교회의 거의 모든 활동(빙고게임과 바자회와 농구는 빼고)은 우리를 하나님께로 향하게 만들어 주는 기회가 될 수 있다.

만일 이 세상과 복음에 대한 우리의 판단(이 책의 앞부분 몇 장에서 언급한)이 옳다면, 그에 따라 "성공적인 목회"에 대한 우리의 관점도 바꾸어야 한다. 만일 기독교 세계가 여전히 살아 있으며 생기 넘치게 움직이고 있다면, 목회자의 일차적인 과제는 고통과 어려움에 빠져 있는 사람들을 도와주고(당연히 최신의 자기수양 요법 같은 것을 사용해서), 그들을 격려해 내적인 재능과 능력을 발휘하도록 만드는 일이 될 것이다. 그러나 만일 우리가 적대적인 환경 속에서 나그네 된 거류민의 식민지로 살고 있다면, 더욱이 그 안에서 매우 교묘하고 치명적인 방법으로 그리스도인들을 주무르고 넘어뜨리려는 음모가 이루어지고 있다면, 목회자의 사명은 하나님의 공의가 다스리는 식민지를 세우는 데 필요한 자원들을 우리에게 공급해 주는 일이 된다.

목회자들이 적합한 기준을 따라 자신의 업무를 올바로 판단할 때 이 세상에서는 커다란 차이가 나타난다. 적합한 기준이 없을 때, 목회자들은 중요한 일들을 놓칠지도 모른다는 두려움에서 모든 일을 다 하려 들 것이고, 모든 사람의 마음에 들고자 애쓰며, 마침내 그처럼 터무니없이 계속되는 과제를 감당하기에는 자신이 적합지 않다는 사실을 깨닫고는 절망감에 빠져 들 것이다. 예배와 설교, 성만찬과 세례식 거행 속에서 목회자는 나머지 모든 목회 활동을 판단하는 기준이 되는 기본 원리를 찾아내고, 목회자로서 수행하는 다른 모든 업무들이 적합한지를 결정지어 주는 틀을 얻는다. 곧 하나님의 백성을 하나님께로 인도하는 일이 그것이다. 이 일을 이룰 때 목회자는 "착하고 신실한 종아, 잘했다!"는 말을 듣게 될 것이다.

하나님을 섬김

최근에 나온 한 경영학 서적에 따르면, 직업 만족도가 낮고 생산성이 떨어지는 주된 원인 중의 하나가 노동자들에게 해야 할 일이 무엇인지에 대한 명확한 개념을 심어 주지 못하는 작업 환경에 있다고 한다. 자기 직업이 어떤 일인지 분명히 알지 못할 때, 사람들은 자기 자신이나 상사에게 만족을 느끼지 못하고 또 그들의 업무도 전혀 성취되지 않는다. 본질상 목회 사역은 다른 모든 직업에 비해 목적이 확정되어 있지 않은 특성을 지닌다. 이러한 목회의 특성은 목회자가 매우 다양하고 많은 과제를 수행해야 하며 또 다양한 유형의 사람들과 함께 일하는 사람이라는 점에서 온 것이기도 하지만, 무엇보다도 교회의 본성 자체로부터 생겨난 것이다.

사도행전 5장에서 보았듯이, 최초의 교회는 애초부터 '교회란 무엇이며 어떤 일을 해야 하는가'라는 문제를 놓고 자신과 격렬하게 씨름해야만 했다. 이런 점에서 누가는 우리에게 "우쭐대는 마음으로, 당신네 교회가 세상의 혹독한 도전 앞에서 충성심이 위협받고 있다고 떠들어 대지 마시오. 세상은 어느 때나 거친 법입니다"라고 말할지도 모른다. 이에 대해 우리는 이렇게 대답할 수 있을 것이다. "바로 그것이 우리의 생각입니다. 당신은 불신앙의 세상 속에다 계속해서 신앙의 식민지를 세우고 견고하게 만들기 위해 애썼습니다. 역시 우리도 그렇게 하고 있습니다. 우리도 당신이 살았던 때와 마찬가지로 모든 점에서 이교적인 세상 속에서 길을 뚫고 나가려고 애쓰고 있습니다."

위의 사실을 통해 우리는, 누가가 초대 교회 이야기를 기록할 때 왜 베드로와 빌립, 바울, 도르가, 루디아 같은 초기 지도자들을 매개로 삼아 이야기했는지 그 이유를 알게 된다. 분명, 교회는 성도라 불리는 평범한 사람들로 이루어진다. 그러나 처음부터 이 평범한 사람들에게는 옳은 질문을 묻고 이야기를 들려주고 사랑으로 진리를 증언해 주는 또 다른 평범한 사람들이 필요했다. 그리하여 교회는 어디서나 이 지도자들을, 교회를 세우고 지켜나기기 위해 **하나님께서 주신 참된 선물**이라고 말할 수 있었다.^{엡 4장}

싸움터에서 낙심하고 절망한 모든 목회자들에게(그런데 이들의 이름은 군대다. 수가 많기 때문이다) "실패"보다 더 나쁜 일이 있다고, 그 것은 바로 "성공"이라고 말해 주고 싶다. 오늘날 성공한 목회자가 되는 것은 "행복한" 결혼생활을 하는 것만큼이나 저주받은 일이라고 할 수 있을 것이다. 만일 행복한 결혼이 갈등 없는 상태를 의미하는 것이라면, 우리는 어떤 결혼이 행복하게 된 것은 그 일에서 한 사람이 일찌감치 패배했기 때문이라는 사실을 안다. 역설적이게도, 패배한 그 사람이 이 "행복한" 결혼에서 실질적인 힘을 소유한 사람일 때가 많다. 때로는 주도권을 차지하기 위한 심각한 다툼이 약자임을 자처하는 사람들에 의해 빚어지기도 한다. 결혼생활에 낙담한 사람이 막강한 힘을 휘두르게 되는데, 그 까닭은 상대편 배우자가 모든 일을 바로잡아서 낙심한 배우자의 상처받은 마음을 달래 주려는 생각으로 스스로 굴복하기 때문이다.

"성공한" 많은 목회자들이 행복한 이유는, 그들이 그렇게 일찌감치 굴복해 버렸기 때문이다. 목회자들은 교인들에게, 자기네 목회자는 사람들에게 얼마나 인기 있느냐를 기준으로 목회의 성공 여부를 판단하는 사람이라는 생각을 심어 준다. 교인들 편에서도 자신들의 목회자가 낙심하는 것을 원치 않는 사람이라면 그에 호응해 자기들도 진리를 외치는 설교자보다는 붙임성 있는 목회자를 더 좋아한다고 말한다.

분별력 있는 목회자들의 귀에도 이러한 말이 들어간다. 그래서 분별력 있는 목회자들은 자신의 목회 중 상당 부분이 잘못된 교회관에서 비롯된 것임을 알게 되고, 그 결과 그들은 자기 모멸감에 빠져 그들의 목회가 파탄에 이르게 된다.

우리 교회가 구매자 시장buyer's market에 의해 지배되고 있는 까닭에 이 문제는 더 심각해진다. 소비자는 왕이다. 소비자는 자기가 원하는 것을 손에 넣어야 한다. 복음에 대해 어중간하게 알고 있는 목회자, 그러면서도 자기실현의 경제 속에서 사고파는 이러한 구조에 사로잡혀 버린 목회자는, 어느 날 문득 잠에서 깨어나 그 사실을 깨닫고는 자신을 미워하게 된다. 우리는 우리의 (잠재적인) 최고 목회자들을 일찌감치 냉소주의와 자기증오라는 무덤에 묻어야 할지 모른다. 목회자가 자신의 일에 전념할 수 있도록 힘을 실어 주는 일은 중요하며, 그 힘은 자신의 목회가 다른 일이 아니라 하나님의 이야기에 참여하는 것임을 깨닫는 데서 나온다.

교회와 그 지도자들이 복음의 이야기에 책임을 다하기 위해 애쓸 때, 목회는 그 이야기를 나누고 그대로 살아 내기에 충분한 백성을 일으키도록 도와주는 위대한 모험이 될 수 있다. 신실한 목회자는 계속해서 우리를 하나님께로 돌아가도록 이끈다. 그렇게 함으로써 목회자는 우리 교회의 상상력을 열어 주고, 우리 스스로 할 수 있다고 생각했던 것보다 더 넓은 가능성의 영역으로 우리를 이끈다.

거침없이 우리에게 책임을 요구했던 사람, 글래디스를 통해 회중은 자유를 얻고 힘차게 현실 체제에 대한 대안을 찾게 되었으며, 나아가 새로운 형태의 공동체, 곧 그 구성원으로 하여금 자신의 소유가 아니라 하나님께서 세상에 두신 계획을 따라 사는 백성이 되게 해주는 공동체를 모색하는 것이 가능하게 되었다. 글래디스는 교회가 예배하도록 도왔다.

주일 아침, 목사가 회중을 예배로 초청하고 기도하고 설교하고 성만찬을 거행할 때, 그는 만일 교회가 주일예배를 통해 하나님을 향해 돌아설 수 있을 만큼 성숙해진다면 또한 수요일 저녁에 열리는 기독교 교육위원회의 모임에서도 그럴 수 있을 것이라는 확신을 가지고 그 일을 수행하는 것이다.

이러한 진리를 잊을 때, 우리는 공허한 사람들에게 베풀어 줄 것은 그들의 삶을 조금이나마 덜 비참하게 만들어 주는 일 외에 아무것도 없다고 보는 문화적 감상주의에 빠지게 된다.

좀 더 글래디스를 닮은 사람들을 일으키기 위해서 우리 교회는 어떤 종류의 교회가 되어야 할까? 글래디스와 같은 인물에게 진리를 말할 수 있도록 허락하면서도 그 때문에 그녀를 미워하지 않는 회중은 어떤 종류일까? 사람들에게 구원 이외의 어떤 것도 요구하지 않을 만큼 그들을 사랑하기 위해서는 어떤 종류의 목회자가 필요할까? 목회자로서 나는 어떻게 하면 난잡한 사랑에 빠져서가 아니라 신실한 모습을 지키려 하기 때문에 고독한 사람이 될 수 있을까? 이러한 물음들을 통해 목회자는 목회 인생에서 살아남게 된다. 이러한 물음들을 물음으로써, 우리는 하나님께 예배하는 일을 통해 세상을 섬기는 것이 얼마나 놀랍고 즐거운 모험인지 발견하게 된다.

7장

힘과 진리
:목회를 가능케 해주는 미덕

    지금까지 쓴 글을 되돌아볼 때, 우리가 말한 많은 것이 현대 교회와 목회에 비판적이었다는 사실을 깨닫게 된다. 우리가 긍정적인 마음으로, 또 목회자와 평신도들에게 희망을 주는 방향으로 교회에 관해 글을 쓴다고 생각했는데, 이렇게 되니 기분이 묘하다. 우리의 목표는, 교회 안에 있는 사람들의 상상력을 자극해서 교회의 본래성이 회복되기만 한다면, 기독교 목회의 핵심에 얼마나 놀라운 가능성이 담겨 있는지를 볼 수 있게 해줌으로써 그들에게 힘을 실어 주는 것이었다. 우리가 참여하는 모험이 마을에서 가장 신나는 잔치라는 것을 알 때 힘은 솟아나게 된다.

    우리 저자 중 한 사람이 최근에 교회 안의 "발진한" 목회자와 평신도에 관한 책을 썼다. 사람들은 왜 교회 안에서 손에 쟁기만 잡으면 뒤를 돌아보고, 주춤대고, 탈진하고, 이탈해 버리는가? 목사의 침체 문제와 관련해서 많은 평론가들은 목회자들에게 자신의 자아를 강화하고, 하루를 쉬고, 취미를 가지고, 직원회의에서 모임이 끝날 때임을 분명하게 말하라고 권한다. 얼핏 성직자들 편으로 보이는 이 사람들은 한결같이 목회에서 발생하는 문제는 주로 성직자가 가지고 있는 부적절한 심리적 기질이라든가 교회가 강요하는 비현실적인 요구 등에서 비롯된다고 생각한다. 물론 그들의 판단에도 어느 정도 일리가 있다. 우리가 앞에서 말했듯이, 사람들이 목회에 임하는 태도로 말미암아 목회가 그들에게 위험하기 짝이 없고 파괴적인 결과를 가져오는 외로운 업무가 되어 버릴 때가 많다. 한 주에 하루 쉬는 일은 누구에게나, 특히 목회자들에게도 잘못된 생각이 아니다.

그러나 우리가 보기에, 이러한 해결책은 문제의 핵심을 파고드는 것이 아니라 증상의 변죽을 두드리는 것에 불과하다. 목회 사역은 너무 위험하고 큰 수고가 필요한 일이기에 심리적 자기수양이라는 하찮은 조언으로는 지속할 수 없는 일이다. 목회자와 나아가 그가 돌보는 평신도들에게 필요한 것은 목회를 위한 신학적인 근거rationale로서, 그들이 무신론적인 이 세상 속에서 자신들의 목회에 전념할 수 있게 해줄 만큼 보편적이고 종말론적이며 대항문화적인 특성이 분명한 근거여야 한다. 그 외의 것을 근거로 삼아서는 복음의 일탈과 우리 문화의 타락상 전체를 제대로 간파할 수 없게 된다.

우리가 알고 있는 두 교구의 목회자를 생각해 보자. 한 사람은 필라델피아 도심에 있는 장로교회 목사이고, 다른 사람은 롱아일랜드 교외에 있는 장로교회 목사다.

필라델피아의 목사가 우리에게 말했다. "저는 '평화를 위한 증언'Witness for Peace을 실천하기 위해 니카라과까지 여행하지 않아도 됩니다. 목사관의 문 앞을 내다보는 것만으로도 우리 문화가 폭력적이고 파탄에 이르렀으며 죽어 가고 있다는 사실을 볼 수 있습니다. 아침에 딸아이를 학교에 데려다줄 때마다 저는 우리집 앞 층계에서 뚜쟁이들과 마약 판매상들을 쫓아냅니다. 저녁마다 해가 지면 교회 문을 열어 떠돌이 여성들을 받아들여 우리와 함께 밤을 넘기도록 해줍니다. 이 사람들은 서너 명 되는데, 우리가 재워 주고 음식을 주지 않으면 길가에서 죽을지도 모릅니다. 우리 교회의 작은 회중은 증언하기 위해, 또 이 사회가 해야 할 일이 진정 어떤 것인지 알기 위해서 마나과까지 갈 필요가 없습니다. 주일마다 우리가 예배하기 위해 모이는 만남 그 자체가 '우리가 그들과 싸우는' 일이지요."

바로 여기, 필라델피아의 도심 속에 "하늘나라의 식민지"가 존재한다.

롱아일랜드의 목사는 이렇게 말했다. "우리 교인들과 대화를 나누게 되면, 그들이 마치 큰 공격이나 당한 양 말하는 것을 듣게 됩니다. 그들이 전쟁이나 치르는 것처럼 보일 정도입니다. 이 사람들은 미국 문화 속에서 충분히 경쟁력 있는 실력과 기술, 교육과 지성을 소유한 사람들입니다. 그러나 화제가 그들의 자녀라든가 결혼, 직업으로 옮겨 가면 마치 전투를 치르는 사람들과 이야기를 나누고 있다는 생각이 듭니다. 그들은 정신없이 떠들어 대면서 자기들의 가치관이 흔들리고 있고 그것에 대해 어찌해야 할지 모르겠다고 말합니다. 그들이 교회에 오는 것은 '당연한 의무' 때문도 아니며, 롱아일랜드에 살고 있어서도 아닙니다. 그들은 단지 절망감 때문에 교회에 오는 것입니다."

신실한 사람들인 장로교인들 편에서 이러한 이야기가 나오는 것을 보면서, 우리는 1장에서 말한 대로, 세상은 끝이 났으며 이제 새로운 세상이 시작되고 있다고 단언한 것이 옳다는 생각을 하게 된다. 교회는, 나그네 된 거류민인 우리가 세상에서 발생하는 일을 어떻게 정의하고 어떻게 대응해야 하는지 알게 하고 해석학적 기술을 제공해 주는 식민지다. 그러나 미국의 교회 편에서 교회가 이 세상을 바꾸고 있다는 생각에 빠져 있는 사이, 세상은 교회를 무너뜨리거나 몰아내려는 자신들의 노력이 승리를 거두었노라고 단언했다. 근래에 들어 롱아일랜드와 필라델피아 같은 곳에서 다시 투쟁이 격화되고 있으며, 그 정도가 심각해서 이제 우리 교회와 목회에 대해 다시 생각해 보아야 할 상황에까지 이르렀다.

하나님의 전신갑주를 입으라

마침내 다음 본문에 이르게 되었다.

주님 안에서……굳세게 되십시오. 악마의 간계에 맞설 수 있도록, 하나님이 주시는 온몸을 덮는 갑옷을 입으십시오. 우리의 싸움은 인간을 적대자로 상대하는 것이 아니라, 통치자들과 권세자들과 이 어두운 세계의 지배자들과 하늘에 있는 악한 영들을 상대로 하는 것입니다. 그러므로 하나님이 주시는 무기로 완전히 무장하십시오. 그래야만 여러분이 악한 날에 이 적대자들을 대항할 수 있으며 모든 일을 끝낸 뒤에 설 수 있을 것입니다. 그러므로 여러분은 진리의 허리띠로 허리를 동이고 정의의 가슴막이로 가슴을 가리고 버티어 서십시오. 발에는 평화의 복음을 전할 차비를 하십시오. 이 모든 것에 더하여 믿음의 방패를 손에 드십시오. 그것으로써 여러분은 악한 자가 쏘는 모든 불화살을 막아 꺼 버릴 수 있을 것입니다. 그리고 구원의 투구를 받고 성령의 검 곧 하나 님의 말씀을 받으십시오. 온갖 기도와 간구로 언제나 성령 안에서 기도 하십시오. 이것을 위하여 늘 깨어서 끝까지 참으면서 모든 성도를 위하 여 간구하십시오. 또 나를 위하여 기도하기를, 내가 입을 열 때에, 하나 님께서 말씀을 주셔서 담대하게 복음의 비밀을 알릴 수 있게 해달라고 하십시오. 나는 사슬에 매여 있으나, 이 복음을 전하는 사신입니다. 이 런 형편에서도, 내가 마땅히 해야 할 말을 담대하게 말할 수 있게 기도 하여 주십시오. 엡 6:10-20

에베소 교회에 보낸 편지의 끝부분에 나오는 이 구절은 사람들 이 그다지 좋아하는 본문이 아니다. 그런데도 우리가 이 구절을 여기 에 인용하는 까닭은, 현대 기독교 목회를 모험으로 그려 온 이 책을 마무리하기에 이 구절이 적합하기 때문이다.

많은 그리스도인들이 "평화와 정의 문제"에 대한 깊은 관심으로 인해 기꺼이 에베소서 6:10-20을 포기하려고 한다. 그들은 군사적인 은유를 이용해 그리스도인의 삶을 묘사하는 데서 곤란을 느낀다. "주 님 안에서……군세게 되십시오.……하나님이 주시는 온몸을 덮는 갑 옷을 입으십시오.……믿음의 방패를 손에 드십시오. 구원의 투구를 받고 성령의 검……을 받으십시오." 이런 식으로 군사적인 것과 복음 적인 것을 뒤섞는 것은 위험하다고 그들은 경고한다. 그들은 그리스 도인들이 십자군과 정복과 회복과 성화와 거룩한 전쟁의 기치를 앞 세우고 진군했던 교회 역사의 어두운 시절을 생각해 보라고 말한다.

우리가 속한 교회인 연합감리교회에서는 근래에 새 찬송가에 '믿는 사람들은 군병 같으니'^{Onward, Christian Soldiers}를 포함할 것인지의 문제를 놓고 덕스럽지 못한 다툼이 있었다. 이러한 군사적인 이미지가 평화의 왕^{Prince of Peace}을 따르는 종교와 무슨 관계가 있느냐는 것이었다.

군대나 전투 분위기를 띠는 '믿는 사람들은 군병 같으니'(비슷한 예로, 북부의 그리스도인들이 우리의 증조부모 세대 사람들을 죽이기 위해 남부로 진격하면서 불렀던, 똑같이 호전적인 '공화국 찬가'^{Battle Hymn of the Republic}를 들 수 있다)를 높이 평가할 생각은 추호도 없지만, 우리는 에베소 교회에 편지를 보낸 저자가 그리스도인이 된다는 것이 어떤 의미인지를 설명하기 위해 군사적인 은유를 이용했다는 사실에 흥미를 느낀다. 추측컨대, 앞에서 언급한 롱아일랜드의 장로교인들처럼 그때에도 공격당하는 그리스도인의 무리가 있었을 것이다. 무기력한 교회와 목소리를 내리깐 설교자들, 타협적인 예언자들로 가득한 시대를 사는 우리가 잊어버린 것이 있다. 바로, 예수 안에는 다른 사람을 죽여서까지 지켜야 할 것은 없어도 우리의 목숨을 내놓고 싸워서 지켜야 할 만큼 소중한 것은 있다고, 교회가 생각했던 시대가 있었다는 사실이다.

복음의 요구는 참으로 커서, 우리에게 복음의 진리를 위해 기꺼이 고난당할 것을 기대할 뿐만 아니라 우리가 사랑하는 이들의 희생까지도 감수하도록 요구한다. 예수는 1세기의 근동 지역에 살았던 많은 가정들을 슬픔에 빠지게 만들었다. 정부가 교회를 박해하는 시대에, 그리스도인 부모가 자녀에게 세례를 받게 만드는 일이 얼마나 가슴 찢어지는 결정이었겠는지 생각해 보라. 이 초대 그리스도인들이 자기 자녀들을 뻔한 죽음이 기다리고 있는 길로 이끈 것이 과연 온당한 일일까?

잠재적으로라도 우리가 사랑하는 이들의 고난을 요구하지 않는 윤리는 진정한 윤리가 아니다. 이런 주장만큼 자유주의의 윤리적 감상주의에게 날카로운 공격도 없을 것이다. 우리는 우리의 친구나 가족들을 희생시키지 않으면서도 신념을 지키며 살 수 있는 길이 있기를 바란다. 우리는 "사랑"을 개인적인 감정으로, 곧 상대방에게 그 사랑 때문에 고난당하라고 요청하지 않아도 되는 것으로 만들려고 애쓴다. 이러한 생각 때문에 결혼이라든가 자녀를 낳는 일 같은 행위들이 이해할 수 없는 일이 되어 버린다. 결혼이나 자녀양육 같은 관습들은 우리가 함께 이루어 가는 일로서, 필연적으로 우리가 사랑하는 사람들의 희생을 필요로 하기 때문이다.

목회자들 사이에서는 종종 교회가 목회자의 소명이라는 근거로 목회자의 자녀와 배우자에게까지 희생을 강요하는 것은 온당치 못하다는 불평이 터져 나온다. 물론 목회의 참 본질이 아니라 목회에 대한 오해에서 비롯된 까닭에 하찮고 천박할 수밖에 없는 희생도 있을 것이다. 그러나 교회는, 신실하게 복음을 따르는 일은 복음을 위해 세움받은 목사가 아닌 사람들에게도 희생을 요구한다는 사실을 담대히 인정해야 한다. 루터가 말하기를, 우상숭배란 당신의 자녀를 누구에게 희생제물로 바칠 것인지의 문제와 관련된다고 했다. 교회는 아이들이 거짓 신에게 희생제물로 바쳐질 때 외에는 그 아이들이라는 희생제물을 놓고 다투지 않는다. 우리의 하나님은 현실적인 분이시며, 우리에게 현실적인 요구를 하신다. 에베소서 6:10-20에 따르면, 제자도는 값싸게 얻을 수 있는 것이 아니다. 하나님의 일은 중대하다. 따를 만큼 가치 있는 윤리에는 언제나 비극적인 측면도 있는 법이다.

에베소서 6:10-20에 등장하는 하나님은, 교회의 말을 그 상상력의 한계에까지 밀어붙이시는 격정적인 하나님이다. 우리가 보기에, 교회의 말이 깔끔하고 온화하고 부드러워질 때, 우리와 하나님의 관계가 그저 평범하고 멋들어진 말로 그려지기만 할 때, 교회는 자신의 생명력을 잃어버리게 된다. 현대의 교회는 숨 막힐 정도로 세련된 어휘와 그럴 듯한 은유 때문에 어려움을 겪고 있다. 이러한 현상은, 에베소서 6:10-20을 기록한 저자보다 자기들이 신실한 제자도에 대해 더 잘 알고 있다고 생각하는 현대 신앙 해석자들이 만들어 낸 결과다.

필라델피아의 그 장로교회 안에 세워진 식민지는 "하나님이 주시는 온몸을 덮는 갑옷을 입으십시오. 우리의 싸움은 인간을 적대자로 상대하는 것이 아니라, 통치자들과 권세자들과 이 어두운 세계의 지배자들과 하늘에 있는 악한 영들을 상대로 하는 것입니다.……하나님이 주시는 무기로 완전히 무장하십시오.……정의의 가슴막이로 가슴을 가리고……믿음의 방패를……성령의 검……을 받으십시오" 라는 명령이 무엇을 뜻하는지 알았을 것이다.

소련이 아프가니스탄을 침공했을 때, 어떤 기자가 프린스턴 대학의 한 여학생과 인터뷰하면서 그곳에 파견되는 미국 군대에 대해 어떻게 생각하는지 물었다. 그 학생은 "목숨을 바칠 만큼 가치 있는 일은 없습니다"라고 대답했다. 물론 이 말에 담긴 뜻은 어느 날엔가 자기에게도 아무것도 아닌 것을 위해 죽으라는 기분 나쁜 과제가 주어지게 될 것이라는 말이었다.

국가는 사람을 죽이는 국가의 행위조차도 정당화하는 명분을 우리에게 심어 주려고 애쓰는데 반해, 복음은 우리에게 우리의 목숨과 우리가 사랑하는 이들까지도 희생해도 좋을 만큼 가치 있는 것을 제공해 준다. 국가를 지탱하는 원리에 의하면 폭력을 통해 국가를 보호해야 하는 것이 국민의 의무이며, 따라서 그런 국가 안에서 다른 방식으로 살려는 사람들에게는 갑옷이 필요하다. 만일 이 세상을 향한 그리스도의 싸움이 단지 세상을 좀 더 비폭력이고 좀 더 공의로운 곳으로 만드는 일이었다면, 무장이 아니라 타협이 가장 중요한 일이 된다.

전에 어떤 사람이 "이제 미국 성공회 교인들은 더 이상 적을 만들지 않을 만큼 성숙했다"고 하면서 전통적으로 사용해 온 '적을 위한 기도문'을 새로운 '공동기도서'Book of Common Prayer에서 빼 버리자고 농담 삼아 말하는 것을 들은 적이 있다. 진리는 그 자체만으로도 적을 만들어 낸다는 사실을 잊어서는 안 된다.

에베소서의 저자는 "사슬에 매여" 그 편지를 썼다(그 시절의 그리스도인들은 TV 쇼가 아니라 감옥에 둘러싸여 살았다). 그는 자기 회중에게 만일 여러분이 예수를 따르고자 한다면 **실제로 싸울 준비를 갖추어야** 한다고 말했다.

우리가 보기에, 그리스도인들에게 전투 태세를 갖추라고 말하는 에베소서 6장의 이 본문은, 세대를 기준으로 보면 나이든 그리스도인들보다 젊은층의 그리스도인들에게 더 의미 있게 받아들여지고 있다. 30세 이상의 백인들 대부분은 그리스도인들이 현실 세상에 적응하도록 도와주는 것을 교회의 주요 의제로 삼은 교회 속에서 교육을 받고 자라났다. 그러나 이제는 젊은 그리스도인들 편에서, 사람들이 그리스도인으로 **살아남게** 도와주는 일을 의제로 삼는 교회를 점점 더 많이 찾고 있다.

에베소서 6장에서 언급된 장비들은 대부분 **방어적인** 성격을 지닌 것—투구, 방패, 가슴막이—이며, 공격보다는 살아남는 데 필요한 무장이라는 사실을 지적하고 싶다. 그리스도인들이 다수자의 위치를 차지한 형편에서, 구체적으로 말해 그리스도인의 주된 사회적 의제가 세상을 좀 더 살기 좋은 곳으로 만드는 일이라고 주장하고 그리스도인이 행하는 봉사의 핵심이 "정의로운 평화"를 이루는 일이라고 자부하는 상황에서, 그리스도인들이 군사적 은유와 행진곡을 사용하는 일은 참으로 충격적이다. 예수가 말한 바와 같이, 제자들은 소금과 같은 존재가 되어야 한다. 너무 많은 소금을 섭취하면 구역질이 나고 병에 걸리게 된다. 적은 양의 소금은 음식을 맛있게 하고 기쁨을 준다. 교회 안에는 (크기와 중요성으로 평가하는 세상에서처럼) 특별히 작거나 하찮은 것으로 여길 미덕은 있을 수 없다. 그러나 교회는 정직하게 우리가 힘 있는 다수자가 되거나 백악관에서 대통령과 함께하는 식사에 초대받게 된다고 해서 성공한 것이 아니라는 점을 인정할 수 있어야 한다. 지금까지 우리 그리스도인들은 성공을 제대로 다룬 적이 없다. 우리는 소금으로 살 때, 다시 말해 로마의 베드로 성당이 아니라 필라델피아의 도심에서 투쟁하는 회중으로 살 때 최고의 빛을 발하게 된다. (공평하게 성 베드로 성당의 현 주인의 처지에서 말한다면, 오래된 콘스탄티누스식 종합이 붕괴되고 세상의 "통치자와 권세자들"과 교회의 보조가 점점 어긋나게 되면서 성 베드로 성당에 속한 성직자들조차도 신앙에 충실하려는 사람들을 중심으로 식민지 의식에 눈뜨고 있기는 하다. 교황 스스로 우리에게 말해 보라고 한다면, 그와 가톨릭교회가 보기에 서구 사회의 중산층이 드러내는 무절제한 성적 표현 욕구는 라틴 아메리카의 가난한 사람들 문제보다 중요하지 않다고 할 것이며, 또 이 시대의 일부 똑똑한 윤리학자들은 그를 서구 중산층에서 소외되고 시대에 뒤져 있는 사람들에게나 영향력을 행사하는 인물로 격하하려 한다고 말할 것이다. 이러한 주장들이 교황을 곤란하게 만들지는 않을 것이다. 그는 폴란드에서 하나님을 섬기는 일을 배운 사람이다.)

이교 신앙은 우리가 숨 쉬는 공기요 우리가 마시는 물이다. 그것은 우리를 사로잡으며, 우리의 젊은이들을 빼앗아 가고 교회를 뒤집어 엎는다. 에베소서의 저자는 세상이 제자도에 대해 적대적이고 냉담하다는 사실을 확인하기 위해 따로 애쓸 필요가 없었다. 그 자신이 "사슬에 매여" 있는 상태에서 이 편지를 썼다. 그가 살았던 세상은 기독교 신앙의 파괴적인 본성을 알아채고는 그를 옥에 가두었다. 우리의 세상은 기독교 신앙의 파괴적인 본성을 알아채고는, 우리를 무시하거나 아니면 우리가 종교를 개인적인 선택의 문제로 인정한다는 조건을 달아 우리에게 종교적인 자유를 줌으로써 우리를 무력하게 만들어 버린다.

세상이 복음에 전쟁을 걸어 온 방식은 참으로 교묘하여, 그 전쟁이 끝나기까지는 우리가 패배하고 있다는 사실을 눈치 채지 못할 때가 많다.

여러 해 전, 듀크 대학교 예배당에서 드린 개강 주일예배 때 성서일과에 따라 설교자가 받은 본문은 에베소서 6:10-20이 아니라 에베소서 5:21-22이었다. 설교자는 마음이 무거웠다. "여러분은 그리스도를 두려워하는 마음으로 서로 순종하십시오. 아내 된 이 여러분……남편에게 하기를 주님께 하듯 하십시오."

설교자는 속으로 "이것을 설교할 순 없어. 이런 본문은 제리 포웰이나 설교할 수 있을 거야! 특히 이것은 진보적이고 전향적인 사상을 따르는 대학 교회에서는 적합한 본문이 아니야. 에베소서 5장은 잊어버려. 이 시대를 위한 표어는 '해방'이지 '순종'은 아니야"라고 생각했다.

그러나 설교자가 내린 결론은 성경으로 하여금 하고 싶은 말을 하도록 하자는 것이었다. 그는 다음과 같이 개강설교를 시작했다.

여러분은 이 본문을 경멸합니다. 제리 포웰이나 다른 보수주의자들 외에 이 본문을 좋아할 사람은 없을 것입니다. 얼마나 추한 말인지 모릅니다. 순종하랍니다.

그러나 그 당시의 상황을 돌아보면 이 본문이 얼마나 과격한 말인지 알게 됩니다. 그 시절, 여성들의 지위는 형편없었습니다. 에베소서 5장을 기록한 저자는 아내들이 자기의 남편을 어떻게 대해야 하는지 가르치는 일보다 남편들이 자기 아내에게 어떤 의무를 지는지를 가르치는 데 더 큰 비중을 두고 있습니다. 학자들의 일치된 견해에 의하면, 이 본문은 부부관계에서 여성의 순종을 다루는 것이 아니라, 교회라고 불리는 낯설고도 새로운 사회 조직 속에서 서로 복종할 것을 강조합니다. 전체적인 분위기는 처음에 나오는 "여러분은……서로 순종하십시오"엡 5:21라는 구절에 의해 결정됩니다.

그런데 바로 **이 구절** 때문에 여러분은 이 본문을 경멸합니다. 우리가 외치는 구호는 해방입니다. 오늘날 우리는 모든 사람의 해방을 목격하고 있습니다. 한나 아렌트$^{Hannah Arendt}$의 말을 빌려 말하자면, 우리는 '무엇을 위한 자유'가 아니라 '무엇으로부터의 자유'라는 차원에서 생각해 왔습니다. 우리의 문화는 "해방"이라는 말의 의미를 자아의 욕구를 따르는 데 자유롭기 위해 다른 사람들의 욕구들로부터 자유롭게 되는 것으로 바꾸어 버렸습니다. 그래서 남편이 아내에게서 해방되고, 부모가 자녀에게서 해방되며, 개인이 공동체에게서 해방되고, 나아가 우리 모두 하나님으로부터 해방되는 일이 빠르면 빠를수록 더 좋은 일이 되어 버렸습니다! 왜 여러분은 우리가 여기 이 대학에 있다고 생각하십니까? 해방을 성취하기 위해서입니다! 우리 두 발로 딛고, 해방되어 홀로 자율적으로 살기 위해서! 그리고 여러분이 이 대학교의 모든 과정을 마치고 학위를 취득하게 되면 여러분은 그 누구도, 어머니와 아버지, 남편, 아내, 자식, 하나님, 그 누구도 더 이상 필요로 하지 않을 것입니다. 우리는 이것을 "교육"이라고 부릅니다.

그러나 에베소서의 저자는 이것이 삶이 아니라 죽음에 이르는 길이라고 말합니다.

또 이 본문은 참 기이합니다. 일반적인 통념과 모순됩니다. 참 기이하게도 복음은 우리 문화가 널리 주장하고 깊이 믿어 온 많은 가치들과 정면으로 충돌합니다. 그리스도인이 되는 일은 자연스러운 일도 쉬운 일도 아닙니다.

그리하여 에베소서의 저자는 여러분이 비무장의 상태로 나가지 않는 것이 좋겠다고 말합니다. 바깥 세상은 거칩니다. 세상은 다양한 구호와 다른 비전들에 의해 움직이며, 교회의 언어와는 다른 언어를 사용합니다. 그러므로 우리는 하나로 결합해 "사랑으로 진리를 말하면서"엡 4:15 신앙 안에서 자라 가야 합니다. 약하고 어린아이 같고 미숙한 신앙으로는 세상과 맞설 수 없습니다. 그리스도인이 되는 일은 참으로 어려운 길이어서 홀로 걸을 수는 없습니다.

작년에 저는 이곳 대학 기숙사의 성경연구 모임에 속한 한 학생과 이야기를 나눈 일이 있습니다. (통계 수치에 의하면, 여기 듀크 대학교에는 매 주일 모임을 갖는 그런 성경연구 모임이 50개 정도 된다는 것을 여러분은 아시는지요?) 그 학생은 내게 전에는 성경연구 모임에 참석한 적이 없었노라고, 또 디모인Des Moines에서는 그런 성경공부 모임이 필요하다고 생각해 본 적이 없었다고 말했습니다. 제가 그 학생에게 "왜 여기서는 그런가?"라고 물었습니다. 그가 한 대답은 "목사님, 대학 2학년이 되어서도 그리스도인으로 살아간다는 것이 얼마나 어려운 일인지 생각해 보셨어요?"였습니다.

바깥 세상은 험합니다. 이교 신앙은 우리가 숨 쉬는 공기요 우리가 마시는 물이 되어 버렸습니다. 그런데 이 말은 학생들이 토요일 밤마다 기숙사에서 저지르는 일—그 일은 대개 매우 이교적입니다—에만 해당되는 것이 아니라 월요일 아침 강의실에서 그들이 하는 일에도 해당됩니다. 즉 이교 신앙이란 우리에게 성과를 약속하는 거짓 신들에게 경배하는 것입니다. 여러분은 홀로, 무장을 한 동료도 없이, 여러분의 검과 방패를 갖지 않은 채로 그 세상으로 나가지 않는 것이 좋습니다.

그래서 우리는 정기적으로 예배를 위해 함께 모여야 합니다. 하나님이 없는 것처럼 살아가는 세상 속에서 하나님에 관해 말하기 위해서입니다. 우리로 하여금 서로 낯선 사람으로 살아가라고 부추기는 세상 속에서 우리는 서로 사랑하는 형제와 자매임을 인정해야 합니다. 우리가 원하는 것은 무엇이든 얻을 수 있고 뜻하는 것은 무엇이든 될 수가 있다고 가르치는 세상 속에서 우리는 하나님께 우리의 노력으로 이룰 수 없는 것을 주시기를 기도해야 합니다. 이러한 세상 속에서는 우리가 주일 아침마다 이곳에서 행하는 일이 삶과 죽음을 결정짓는 문제가 됩니다. 내가 마땅히 해야 할 말을 담대하게 말할 수 있게 기도해 주십시오. 엡 6:20

여러 해 전에, 제 친구가 사역하는 교회로부터 설교 초청을 받은 적이 있습니다. 그 교회는 우리나라의 한 대도시 중심가에 있습니다. 교인들은 전부 흑인이었고 그들은 도시 중심가에 있는 공동주택에 살았습니다. 저는 11시에 도착했고 예배시간은 한 시간 정도 걸릴 거라고 생각했습니다. 그런데 12시 30분이 다되도록 제가 설교할 차례가 돌아오지 않더군요. 찬송가와 복음성가가 대여섯 곡, 장황한 말이 이어지고 박수를 치고 노래했습니다. 1시 15분까지도 축도를 하지 못했습니다. 저는 지쳐 버리고 말았지요.

점심식사를 하기 위해 나서면서 제가 친구에게 물었습니다. "왜 흑인들은 그렇게 오랫동안 교회에 머무나? 우리 교회에서는 예배시간이 결코 한 시간 이상 계속되는 법이 없다네."

친구 목사는 미소를 지으며 이렇게 설명했습니다. "이곳의 실업률이 50퍼센트에 육박한다네. 우리 교회 젊은이들만 보면, 그 비율이 훨씬 더 높아. 이게 무슨 뜻이냐 하면, 우리 교인들이 한 주 동안 살아가면서 보고 듣는 것은 온통 '너는 실패자야. 너는 아무런 가치도 없어. 너는 좋은 직장도, 멋진 차도, 돈도 없으니 아무것도 아니야'라는 말뿐이라는 것이지.

그래서 나는 한 주에 한 번 그들을 이곳에 모이게 해서 그들의 생각을 바르게 다듬어 주어야 하지. 나는 그들을 교회에 모아 놓고 찬송과 기도와 설교를 통해 '그 말은 다 거짓이다. 여러분은 중요한 사람이다. 여러분은 존귀한 사람이다. 하나님께서는 여러분에게 귀중한 가치를 부어 주셨고 여러분을 하나님의 선택받은 백성으로 사랑하신다'고 말하지.

이 세상이 그들을 그렇게 철저하게 뒤집어 버렸기에 그들을 똑바로 세우기 위해서 내가 시간을 그리 길게 사용하는 것이라네."

위의 설교라든가 에베소서 5:21-33 같은 본문, 또는 앞에서 언급한 필라델피아의 목회자 같은 이야기에 대해 사람들은 그런 식의 논의는 교회들 사이에 "분파주의"를 조장하거나 아니면 위에서 말했듯이 "부족주의" 같은 인상을 준다는 틀에 박힌 반론을 제기한다. 교회는 자신의 편협한 울타리 안에 숨어 버려서는 안 된다는 것이 우리가 들어 온 말이다. 교회는 사회에 개입해, 미국 사회를 살기에 더 좋은 곳이 되도록 도와주고 불의한 사회구조를 변혁하기 위해 일해야 한다는 것이다.

우리가 보기에 이런 식의 비판에는 한계가 있는데, 정의의 본질을 밝히는 것이 얼마나 어려운 일인지, 또 정치구조 그 자체로 말미암아 우리가 무엇이 의로운 것인지에 대해 얼마나 제한적인 개념을 갖게 되는지, 또 그리스도인이 된다는 것이 얼마나 오묘한 일인지 제대로 밝혀내지 못하기 때문이다. 미국의 자본주의적 입헌 민주주의를 떠받치는 이야기와 교회를 떠받치는 이야기 사이에서 빚어지는 갈등은 문화의 변혁자 편에 서 있는 이 그리스도인들이 생각하는 것보다 훨씬 심각한 상태다.

어떤 사람들은 우리가 교회의 본래성을 역설하고 미국 사회에 맞서 교회가 **전투 태세**를 갖출 필요가 있다고 주장하는 것을 보고, 우리가 기독교를 다시 부족주의에 빠지게 만들고 또 오래전에 교회가 미국 내에 들어설 자유를 인정받는 대가로 포기해 버렸던 분파주의로 돌아가게 만드는 것이라고 주장하기도 한다. 그러나 우리가 보기에는, 근대 민족국가가 제공한 자유주의적이고 계몽주의적인 개인의 권리라는 관념과 기독교를 같은 것으로 보는 사람들이 기독교를 부족주의에 빠지게 만드는 사람들이다. 사람들이 교회보다는 미합중국이나 로마 제국, 쿠바, 남아프리카 공화국에 훨씬 더 큰 충성을 바치게 될 때에 부족주의가 생겨난다. 부족주의란 카이사르의 제단 앞에 놓인 한 줌의 향료 같은 것이다.

필라델피아나 에베소 같은 지역에서 그 식민지를 잘 보살피고 사람들을 무장시켜서는, 하나님을 부정하는 이교 사회들이 꾀하는 부족화의 음모에 맞서 싸우게 만드는 모든 목회자들에게 경의를 표한다.

담대하게 복음의 목회 선언하기

사람들은 종종 우리 두 저자에게 우리가 말하고 있는 것이 자유주의인지 보수주의인지 물어 온다. 그 물음은 노골적으로 정치적이다. "당신은 어느 편에 서 있는가? 진보적이고 개방적인 자유주의인가, 아니면 폐쇄적이고 반동적인 보수주의인가?" 우리는 우리가 분명히 정치적이라는 사실은 인정하지만, 그 말이 일반적으로 사용되는 그런 의미에서는 아니다. 보수주의와 자유주의로 나뉘는 양극 구조는 교회가 처한 상황을 분석해 내는 데 별 도움이 못된다. 현재의 자유주의자들과 보수주의자들 사이에서는 근본적인 차이점을 거의 찾아볼 수 없기 때문이다. 양측 사람들은 똑같이 교회의 정치적 의미는 국민들에게 더 좋은 세상을 만들어 주는 것을 목표로 삼는 세속국가를 지원해 주는 데 있다고 생각한다. 보수주의와 자유주의 중 어느 쪽이 이런 과업을 이루는 데 더 도움이 되느냐가 문제일 뿐이다.

교회의 정치는, 진리로 충만하고 또한 희망을 주는 것이라고 주장하고 싶다. 우리의 정치가 **희망적인** 이유는, 그리스도인인 우리에게는 서로 진리를 말할 수 있게 하는 자원이 있기 때문이다. 다행히도 희망은 좌파나 우파가 제시하는 프로그램의 독점물이 아니다. 희망은 교회를 통해 모습을 드러내는데, 여기서 교회란 두려움 앞에서 폭력을 의지할 수밖에 없는 사람들을 그 두려움에서 벗어나 살게 해주는 새 백성, 새 폴리스, 새 장소를 뜻한다.

우리의 정치가 **진리로 충만한** 이유는, 기독교의 정치는 사람들을 폭력적이게 만드는 거짓 신들을 기초로 삼지 않기 때문이다. 우리의 정치는 권력의 정치인데, 보통 세상이 생각하는 권력과는 달리 이 권력은 자신의 삶을 참된 것 위에 세우려고 노력하는 평범한 사람들에게서 나온다. 복음서의 이야기가 우리의 이야기가 될 때, 우리는 냉소주의나 거짓이 없는 백성이 될 수 있는 수단을 손에 넣게 된다.

우리가 말하고자 하는 것은, 우리는 자유주의자도 보수주의자도 아니라는 점이다. 우리는 희망의 사람들이다. 물론, 미국의 정치가들도 역시 자기들이 자유주의자나 보수주의자라는 점을 부정한다. 그들은 가능한 한 폭넓은 유권자 계층에게 호감을 사기를 원한다. 마땅히 그래야 할 것이나, 우리는 호감을 사는 일에는 관심이 없다. 우리의 과업은 교회로 하여금 진리의 백성이 되는 일이 어떤 의미인지를 다시 확인하도록 도와서 모험심을 되찾아 주는 것이다. 즉 미국의 자유주의자들과 보수주의자들이 모두 저버린 희망을 되찾는 것이다.

"백성"이라는 말로 우리가 말하려는 것은, 교회가 씨름할 과제는 정치적이고 사회적이며 교회적인 특성을 지닌다는 것, 즉 제자가 되는 데 어떤 희생이 따르는지를 알고 기꺼이 그것을 지불하려는 사람들로 이루어진 가시적인 몸을 세우는 것이라는 사실이다. 우리가 아는 한, 자유주의와 보수주의 그리스도인들은 모두 이 과제를 포기했으며, 말로만 "공동체"를 위한 희망에 대해 심각하게 떠들어 대고 있다. 개인의 특권과 자율이나 열심히 주장하는 신학들, 성서적인 비전이 아니라 정치적인 비전들을 베끼고 내세우는 교회론들을 통해 과연 이러한 희망이 성취될 수 있을지 의심스럽다.

"진리로 충만한"이라는 말로 우리가 의미하는 것은, 교회는 우리를 둘러싼 혹독한 현실에 위축되지 않고 당당히 맞서는 백성이 될 수 있다는 점이다. 우리는 예배중에 죄를 고백하고 용서받는 순간마다 그러한 능력을 미리 맛보고 체험하게 된다. 세상은 두려움 없이 자기 자신에 대해 정직한 사람들을 도덕적으로 뛰어난 영웅으로 인정한다. 기독교는 그러한 능력이 복음의 선물을 통해 평범한 사람들에게 부어진다고 주장한다. 진리를 따르지 못할 때 우리에게 남는 것은, 기껏해야 우리의 거짓에 대해 고통을 느끼지 못한 채 살아가는 일뿐이다.

예를 들어, 오늘날 유대인들은 미국의 흑인들이 유대 민족에 대해 적대적이라고 비난하고 있다. 이 주장이 여러 가지 면에서 사실인데도, 모든 사람이 들고 일어나 그렇지 않다고 부인하면서, 사회의 하층계급 사람들에게 불필요한 도덕적 압박을 가하는 일을 피하려 한다. 우리 사회가 그 사실을 부정하는 까닭은, 그러한 논의가 우리를 두렵게 만들기 때문이고, 우리가 추구해 온 소수 민족들의 용광로를 만드는 일이 실패로 돌아갔음을 확인해 주기 때문이며, 또한 우리 사회 내부에는 자신을 "미국인"이라고 여기기에 앞서 "유대인"이나 "흑인"으로 보는 집단이 여전히 존재한다는 사실을 드러내기 때문이다. 게다가 정치인들이 그 사실을 부인할 수밖에 없는 이유는, 흑인이나 유대인들을 자기네가 호감을 사야 할 특정 이익집단으로밖에 보지 못하기 때문이다. 통합을 가능하게 해주는 이야기를 갖지 못한 백성들은 "용광로"를 선택할 수밖에 없다. "용광로"를 성취하는 데 실패한 데다 진리의 이야기를 갖지 못한 백성이 자신들 사이에 존재하는 차이점과 관련해 할 수 있는 일은 거짓말밖에 없다.

흑인들은 반유대적이고 유대인들은 인종차별적이라는 사실은 겉으로 내놓고 떠들어서는 안 될 일이다. 그 까닭은 인종차별적이고 반유대적인 사회 속에서 소수민족 출신으로 "성공"에 이르는 사람들이 가능한 것은, 주류 계층의 편견에 편승함으로써만 가능하기 때문이다. 백인 미국인들은 대체로 제시 잭슨Jesse Jackson 목사의 연설을 좋아하는데, 그 까닭은 그의 외침을 통해 우리 백인계 미국인이 진정 의로우며 인종차별주의자들은 아니라는 사실을 재차 확신하게 되었기 때문이다. 그 결과 제시 목사는 "성공"에 이르게 되었다. 그의 말에 귀 기울인 흑인들은 분명 전혀 다른 메시지를 듣게 된다.

우리 두 저자의 신학적인 발전에 큰 영향을 준 것은 월남전이었다. 정치가가 이 전쟁에 대해 우리에게 사실을 밝힌다면 어떤 식이 될까? 진리를 감당할 자원(즉 죄의 고백과 용서)을 갖지 못할 때 우리가 할 수 있는 일은 기껏해야 그 전쟁이 커다란 실수였으며 잘못된 정부에 의해 저질러진 탈선이었다고 호도하는 것뿐이다. 양심에 따라 그 전쟁에 참여한 수많은 사람들의 희생을 존경하는 일도 당연히 어려워진다. 그 누가 거대한 실책의 한 부분으로 이용된 사람들의 희생을 존경하려고 하겠는가?

그러나 반드시 밝혀야 할 사실은, 월남전은 국가적인 실책이요 유감스러운 과오였을 뿐만 아니라 우리 안에 깊고 넓게 뿌리내린 미국적 신념의 소산이었다는 점이다. 이 나라는 세상을 지배하고, 일들을 바로 세우고, 모든 곳에 민주주의와 자유를 전파하기 원한다. 정말이지 우리는, 심지어 제시 잭슨 같은 사람까지도 미국은 다른 나라와는 다르다고, 우리나라의 행동은 이기심이 아니라 숭고한 이상을 따라 이루어진다고 믿고 싶어 한다. 우리나라의 가장 위대한 민권 대통령인 린든 존슨 Lyndon B. Johnson이 이룬 업적과 우리가 월남전의 구렁으로 빠져든 일에는 밀접한 관계가 있다. 존슨에게서 이 둘은 하나가 되었다. 우리나라가 자신에 대해 품었던 거대한 환상들이 우리 역사의 가장 큰 참사로 이어졌다. 즉 최고의 미국적 이념들을 위해 미 원주민들을 살해했고, 북베트남을 폭격했다. 이 사실이 뜻하는 것은 이 일에 봉사한 사람들이 불명예스럽다는 것이 아니라, 그들은 영예롭지 못한 전쟁을 위해 자신의 의무를 영웅적으로 수행했던 사람이라는 것이다. 명예로운 사람들을 영예롭지 못한 수단으로 이용할 수 있는 것이다. 이런 일은 언제나 발생한다. 우리 사회가 이 사실을 인정하기 전에는 진리의 길로 한 걸음도 나아갈 수 없다.

불행하게도, 진리의 이야기가 우리를 인도하기 전에는 우리는 참될 수 없다. 그리스도인들은 우리가 죄를 고백할 방법을 배웠기 때문에 거짓말하지 않고서 살 수 있는 자원을 가지고 있다고 주장한다. 이것이야말로 미국 감리교회의 감독들이 핵무장의 폐해에 대해 말하려고 할 때 왜 지금까지 해왔던 식으로, 기독교의 의로운 전쟁 이론과 기독교 평화주의 모두를 부인하는 정치적 중도 좌파인 듯 거들먹거리는 태도를 취하지 말아야 하는지에 대한 이유가 된다. 우리의 판단에 의하면, 그들이 그런 식으로 행동한 것은 자기네 말을 세상의 권력을 잡은 사람들이 복음과 상관없이도 알아들을 수 있는 것으로, 「뉴욕 타임스」에서 다룸직한 것으로 만들기 위해서였다. 전쟁에 공헌하는 체제에 우리가 연루되어 있음을 고백하고, 교회에서 전쟁 문제에 대해 신앙적으로 증언하는 능력을 박탈한 죄를 회개하는 것이 감독들에게는 더 온당한 처신이었을 것이다. 만일 전쟁 준비가 나쁜 것이라면, 우리 연합감리교회는 방위산업체에서 근무하는 교인들의 헌금을 받아야 하는가? 연합감리교회의 목회자들은 무기를 제조해 생계를 꾸려 가는 사람들을 주의 만찬Lord's Table 자리에 참여하도록 허락해야 하나? 이러한 물음은 교회가 관심을 기울일 문제이며, 또 기독교 행동주의에서는 '교회가 주의 만찬을 어떻게 먹고 마셔야 하는가'라는 문제보다 더 중요한 일은 없다고 생각하는 사람들이 중요하게 다룰 문제다. 우리가 이런 문제에 답하지 못할 때, 연합감리교회의 감독들이 할 수 있는 일은 기껏해야, 들은 체도 하지 않는 의회를 향해 감독의 직함을 내세우며 허풍스럽게 훈계하는 일뿐이다.

풀어야 할 과제가 너무나도 많은 이 시대는, 서로 상대방에게 자유주의자나 보수주의자라는 굴레를 씌우는 일에 시간을 낭비할 여유가 없다. 선택해야 할 문제는 진리냐 거짓이냐다. 그러므로 에베소서의 저자가 초대 에베소 교회에게 "내가 입을 열 때에, 하나님께서 말씀을 주셔서 담대하게 복음의 비밀을 알릴 수 있게……내가 마땅히 해야 할 말을 담대하게 말할 수 있게" 기도해 주기를 부탁하는 말은,^엡 6:19-20 곧 성직자와 평신도를 포함해 교회에 속한 우리 전부를 대신해 하는 말이다.

목회를 위한 능력

앞에서 언급했듯이, 우리가 원하는 것은 오늘날의 교회 안에서 목회를 담당하는 사람들에게 힘을 실어 주는 것이다. 에베소서의 저자는 담대히 진리를 말하는 데 필요한 능력을 구하고 기도했다. 그는 사슬에 매여 글을 썼다. 오늘날 우리를 속박하고 현대 목회자들을 무기력하게 만드는 "사슬"은 에베소서의 지자를 묶었던 사슬만큼 분명하게 드러나지는 않을지 모르나, 그 위협에서는 결코 뒤떨어지지 않는다.

오늘날 목회자들이 사슬에 묶여 버리는 이유는, 교회와 목회에 대해 논하는 현대식 사상들이 그들에게 힘을 실어 주기보다는 빼앗고 있기 때문이다. 사람들이 신학교에 입학하게 되면 어떤 일이 일어나는가? 우리가 그들에게 가르치는 교육과정은 그들이 목회를 기쁘고 신나는 마음으로 이끌어 갈 수 있는 기술을 제공해 주는 것이 아니라 그들에게서 힘을 빼앗아 버린다. 예를 들어, 한 신학생이 구약이나 신약의 한 과목을 듣게 될 때 어떤 일이 일어나는가? 그 학생에게 연구자료 목록과 역사적·비평적 주제들이 소개되는데, 이것은 역사적·비평적 이론들에 의해 결정된 것이고 또 그 분야에만 한정된 것이다. 첫 번째 주간은 창세기 1장의 구조에 대한 문서가설을 분석하면서 보내는데, 마치 성서에 제기해야 할 가장 중요한 물음은 역사적·문헌적·과학적 물음처럼 보인다. 그런데 이것이 목회와 어떤 관계가 있는가? 앞에서 우리는 주장하기를, 목회와 관련된 물음들은 기본적으로 사회적이고 정치적이며 교회적인 성격을 지니는 것이지 모든 지식을 과학과 역사의 수준에서 다루고 모든 연구방법을 개인적이고 사사로운 것으로 바꾸어 버리는 현대적인 사조에서 나오는 것이 아니라고 했다. 교회가 주님의 말씀을 분별하기 위해 사용하는 방법에 도구와 기술이 어울리지 않게 되는 현상이 나타나고 있다.

상황은 더 나빠져서, 이 불행한 신학생은 역사적·비평적 성서해석의 전문가들이 내놓은 문제들을 다루기 위해 그 많은 비판적 도구와 언어적 기술을 배워야 하는 일이 자기한테는 불가능한 일이라고 생각하게 된다. 성서의 많은 관념들이 현대적인 사고 형태로 쉽게 번역되지 않는다는 뿌리 깊은 문제점에서 볼 때, 목회자들에게 가장 도움이 되는 것이 성서 원어에 대한 지식이다. 불행하게도, 성서의 언어를 가르치는 목적이 교회의 필요에 답하기 위해서가 아니라 학계의 논쟁을 발전시키기 위한 때가 많다. 일부 목회자들은 신학교에서 "본문이 뜻하는 것"을 찾고 복원해 내는 유일한 방법으로 가르치는 역사적이고 언어적인 연구방법을 배우는 것조차 포기해 버린다. 그러면서도 "본문이 우리에게 의미하는 것"이 무엇인지를 밝히는 것이 신학자와 목회자의 과제라고 말한다.

그 결과 신학생이 졸업하고 첫 목회지에 부임하게 되면 두 손을 들어 버리고는, 자신의 개인적인 견해를 설교하는 쪽으로 마음을 굳혀 버린다. 성서적으로 설교할 수 없다면, 주관적으로 설교하는 것도 괜찮지 않겠느냐는 것이다. 만일 주관적이라는 말이 루터와 아우구스티누스, 칼뱅 같은 교회의 성도들과의 대화, 또 그들이 성서의 구절들에 대해 말했던 것과의 대화를 의미한다면, 그런 주관적인 방법이 그리 나쁘지 않을 수도 있을 것이다. 불행하게도, 오랜 세월 동안 이 주관성이라는 말은 우리가 말하는 의미로 사용되지 않았다. 그 말이 일반적으로 사용된 의미는, 우리의 경험에 의지해 직감으로 설교하게 되었다는 것이다.

목회자로서 우리는 우리가 행사하는 권위의 출처에 관해 **명료할** 필요가 있다. 그 방법 중 하나가 성서를 가지고 설교하는 것이요, 특히 교회 일치적인 성서일과를 따라 설교하는 것이다. 어떤 목회자가 낙태에 관해 설교하려고 한다고 치자. 그러나 이 목회자는 교인들이 이 주제에 대해 크게 양분되어 있음을 알기에 설교하기가 쉽지 않다. 낙태에 관해 설교하는 것은 마치 설교자가 자신의 사적인 생각을 늘어놓는 것처럼 보이기 쉽다. 그래서 성직자의 권위라는 것이 "우리는 설교자에게 15분에서 20분 동안 무엇이 옳은지에 대해 자기의 견해를 말할 수 있는 특권을 허락해 주어서 그의 기분을 좋게 해준다"는 식으로 표현된다. 성경을 읽고 성경을 근거로 설교하는 행위 자체가 우리 시대에는 커다란 도덕적인 행위이며, 또 목회자의 권위의 출처를 확인하는 일이 된다. 설교자가 성서일과를 사용할 때, 그는 자기도 **들어서** 설교하도록 깨달은 것을 설교하는 것임을 분명히 밝히는 것이다. 이렇게 하는 것이 중요한 까닭은, 성서의 **이야기**가 우리를 만든다는 사실을 분명하게 드러내기 때문이다. 또 이것을 통해 교회는 자신이 이 세상을 어떻게 뒤집어 버리는지 그 방식에 대해서도 확인하게 된다.

비극적이게도 우리 중 많은 이들이 성서 없이 설교하고 교회 없이 성서를 해석하려 애쓰고 있다. 근본주의 성서해석과 성서 고등비평은 흔히 동전의 양면과 같아 보인다. 근본주의 해석자들은 스코틀랜드 상식철학파 Scottish Common Sense school of philosophy 에 뿌리를 두고 있는데(그래서 근본주의는 현대판 이단이다), 이 상식철학파의 주장에 의하면, 사고하고 합리적인 사람이라면 누구나 명제를 이해할 수가 있다. 합리적인 사람이라면 누구나 하나님이 하늘과 땅을 창조하셨다는 주장을 상식으로 이해할 수 있어야 한다. 기독교 설교자는 단지 이러한 명제를 주장해야 하며, 또 그것은 참된 것이기에 상식을 가지고 있는 사람은 누구나 이해할 수가 있는 것이다.

역사적·비평적 방법은 근본주의의 주장을 거부한다. 고등비평의 주장에 따르면, 성서는 오랜 역사적 과정의 산물이다. 따라서 어떤 성서 본문의 참된 맥락을 파악하지 않고서는 그 본문을 이해하는 것이 불가능하기에, 우리는 그 본문에다가 역사적 분석의 정교한 규칙과 도구를 적용해야 한다. 그래서 옳은 역사적 도구를 적용하는 사람이라면 누구나 그 본문을 이해할 수 있게 되는 것이다.

근본주의자와 고등비평가들은 모두 훈련 없이도, 도덕적인 변화가 없이도, 또 교회 안에서 이루어지는 죄의 고백과 용서가 없이도, 성서 본문을 이해하는 것이 가능하다고 생각한다. 무의식중에 이 두 해석 도구들은 모든 사람을, 성경을 하나님의 말씀으로 삼는 공동체의 구성원이 되는 것과는 상관없는 종교적인 존재로(곧 성서를 이해하고 이용할 능력이 있는 존재로) 만들려고 애쓰고 있다. 최근에 많은 관심을 불러일으키고 있는 소위 귀납적 설교—논리적이고 연역적인 추론을 통하지 않고 이야기들을 통해 간접적이고 귀납적으로 복음을 전달하고자 시도하는 설교 방식—는 교회 울타리 밖에서 성서를 이해하려는 시도라고 할 수 있다. 귀납적 설교가 복음을 전하는 방식을 보면, 모든 사람이 "자기 자신의 마음을 가꾸는 것"을 가능케 해주려는 것 같다. 그러나 우리가 보기에, 성서는 우리에게 가꿀 만한 가치가 있는 마음이 있기나 한지 묻는다. 가꿀 만한 가치가 있는 마음이란 비판적 지성을 지닌 마음이요, 자기 자신의 개인적인 주관주의를 넘어 훨씬 더 본질적인 어떤 것을 근거로 거짓과 참을 판단하도록 훈련받은 마음이다.

그러므로 설교의 성패는 전적으로 기독교 공동체의 본래성을 회복하는 데 달려 있다. 이 공동체는, 우리 각 사람을 자기 자신의 독재자로 만들어 버리는 미국 개인주의의 숨 막히는 폭정을 깨뜨리고 일어선 공동체다. 이 공동체는 우리 각자가 자신의 마음을 가꿈으로써 이루어지는 것이 아니라 **부름받음**으로써, 즉 자신의 삶을 성도들의 권위에 종속시키도록 부름받음으로써 세워지는 대안 백성이다.

신학과 윤리학 과정 쪽은 그래도 형편이 좀 낫다고 말할 수 있는 것도 아니다. 이 두 과목을 통해 우리는 도덕적 합리성과 정당성에 관한 여러 종류의 이론을 소개받는다. 우리는 의무론적 윤리와 목적론적 윤리 중 어떤 것이 더 좋은지를 놓고 다투거나, 사랑과 정의에 대한 바른 이해가 어떤 것인지에 대해 논쟁한다. 기독교 윤리와 신학은 교회가 어떤 존재여야 하는지에 대해 교회가 실제적으로 논하는 자리가 되기보다는 유형론의 체계로 변질되어 버렸고, 지적인 딜레마가 되어 버렸다. 이러한 상황은 현대 신학자들과 윤리학자들이 쓰는 글이 목회자가 아니라 다른 신학자와 윤리학자들을 대상으로 삼음으로써 더욱 악화되었다. 왜 목회직을 수행하는 사람들이 갈수록 신학과 윤리학에 관한 책을 읽지 않게 되는지 그 이유가 이로써 설명된다. 이것은 또 학문적인 신학을 실제로 사용 가능한 것으로 번역해 주는 새 학문 분과로 "실천 신학"이 생겨난 이유도 설명해 준다. 기독교 신학은 본질상 실천적 신학이다. 신학은 교회를 세우는 데 봉사하는 것이요, 그렇지 않다면 하찮고 쓸데없는 것이 되어 버린다. 설교자들은 신학이 기독교다운가를 가르는 시금석이 된다. 안타깝게도 오늘날의 많은 신학을 보면, 그 목표가 설교자들로 하여금 자기들은 너무 둔하기 때문에 참된 신학을 이해할 수 없다는 생각을 갖게 만드는 것이 아닌가 하는 느낌이 든다. 우리가 설교자들에게 권하고 싶은 것은, 이런 가정을 그대로 받아들일 것이 아니라 무기력하게 된 신학 자체에 문제가 있는 것은 아닌지 자문해 보라는 것이다.

이처럼 신학교가 목회직의 능력을 빼앗아 버리게 된 이면에는, 목회직에 있는 이들에게 그들은 신학교에서 가르칠 만큼 똑똑하지 못하다는 생각을 심어 주려는 의도가 숨겨져 있다. 바로 이러한 이유에서 우리는 철학 박사학위를 받으려고 애쓰는 사람들에게는 신학교에서 계속해서 가르치는 혜택을 주고, 그에 반해 새로운 목회 지망생들에게는 그들의 소명이 교수가 되는 것이 아니라는 확신을 심어 주고자 그들을 신학교에 데려다 놓음으로써 그들의 능력을 박탈하는 짓을 저지른다.

물론, 이 말에는 과장된 면이 있다. 그러나 안타깝게도 일부는 사실이기도 하다. 바람직한 일은, 일부 사람들을 따로 정해서 목회 사역에 부름받은 사람들을 가르칠 목적으로 책을 읽고 쓰게 하는 것이다. 이런 사람들을 통해 신학교는 목회자들이 훈련받은 장소가 될 뿐만 아니라 지식을 통해 하나님을 사랑하는 일에 자신의 삶을 바친 사람들에게도 자리를 제공해 주는 곳이 된다. 우리 같은 신학교 교수들은 마땅히 시간의 상당 부분을 책을 읽는 데 할애해야 하고, 그래서 사라지는 기독교 전통을 되살려 우리와 죽은 이들 사이에서 지속적인 대화가 이루어질 수 있게 해야 한다. 산 자와 죽은 자를 포함하는 성도의 교제 안에서 우리가 하나로 결합되는 한, 죽은 자들은 죽은 것이 아니며 나아가 우리의 대화는 현재 살아 있는 사람들에게만 한정되는 것이 아니다. 앞에서 말했듯이, 목회자들은 교회의 요구에 부응하는 한에서만 의미를 지닌다. 이에 덧붙여, 우리 같은 신학교 교수들은 목회자들을 어떻게 세워 주느냐에 의해서만 의미를 갖는다.

우리가 써 온 글이 현대 교회가 능력을 회복하도록 돕는 일에서 첫걸음이 되었기를 간절히 바라는 것도 모두 위와 같은 사실 때문이다. 만일 목회자들이 자기네 교인들에게 열정적인 모험심을 불러일으키지 못한다면 그들은 실패자다. 신학교 교수들도 목회자들을 도와 그들이 평신도들의 모험심을 일깨울 만큼 능력 있는 사람이 되도록 이끌어 주지 못한다면 그들 역시 실패자다. 자주 언급했듯이, 우리 앞에 놓인 근원적인 도전은 교회적인 것이다. 새롭고 독창적인 신학은 신학교 교수들을 지루하지 않은 사람이 되게 해줄지는 모르나 그들이 신학교 교수로서 감당하는 핵심 사명에서 벗어나도록 만들 수도 있으며, 또 그런 신학은 교회를 갱신하는 일에는 전혀 도움이 안 된다. 정신없이 출몰하는 기발하고 새로운 신학들로 말미암아 성직자들은 계속해서 일시적 유행을 쫓게 되었고, 또 자기들의 문제는 교회적인 것이 아니라 지적인 것이라는 잘못된 생각에 빠지게 되었다.

갱신은 고립되고 영웅적인 사상가들이 아니라, 앞에서 예로 들었던 그런 사람들의 평범한 행동을 통해 교회 안에서 이루어진다. 우리는 말씀과 성례전을 통해 지속적으로 능력을 체험함으로써 갱신을 이루어 갈 수 있다고 믿는다. 이러한 체험이 말씀the Word에 귀를 기울이고, 그리스도의 몸과 피를 받을 수 있는 교회를 각 세대 속에 불러 일으킨다.

그러므로 여러분은 지난날에 육신으로는 이방 사람이었다는 사실을 명심하십시오.……그때에 여러분은 그리스도와 상관이 없었고, 이스라엘 공동체에서 제외되어서, 약속의 언약과 무관한 외인으로서, 세상에서 아무 소망도 없이, 하나님도 없이 살았습니다. 여러분이 전에는 하나님에게서 멀리 떨어져 있었는데, 이제는 그리스도 예수 안에서 그분의 피로 하나님께 가까워졌습니다. 그리스도는 우리의 평화이십니다. 그리스도께서는 유대 사람과 이방 사람이 양쪽으로 갈라져 있는 것을 하나로 만드신 분이십니다. 그분은 유대 사람과 이방 사람 사이를 가르는 담을 자기 몸으로 허무셔서, 원수된 것을 없애시고……원수된 것을 십자가로 소멸하시고 이 둘을 한 몸으로 만드셔서, 하나님과 화해시키셨습니다.……그러므로 이제부터 여러분은 외국 사람이나 나그네가 아니요, 성도들과 함께 시민이며 하나님의 가족입니다. 여러분은 사도들과 예언자들이 놓은 기초 위에 세워진 건물이며, 그리스도 예수가 그 모퉁잇돌이 되십니다. 그리스도 안에서 건물 전체가 서로 연결되어서, 주님 안에서 자라서 성전이 됩니다. 그리스도 안에서 여러분도 함께 세워져서 하나님이 성령으로 거하실 처소가 됩니다. 엡 2:11-22

하나님의 능력으로

앞에서 우리는 그럴듯한 목회자들의 손안에서, 곧 "사람들을 돕고자" 애쓰기는 하나 그러한 도움을 베풀 만한 자원이나 자신을 보호할 장비도 갖추지 못했으며, 있는 것이라곤 사람을 돕고 멋진 사람이 되려는 의욕뿐이기에 비참해진 목회자들의 손안에서 교회가 어떻게 서서히 죽어가고 있는지 살펴보았다. 우리는 문득, 하나님께서 이토록 무감각하고 냉정하고 공격적인 사람들을 많이 불러 세우셨기에 하나님으로서도 어쩔 수 없게 된 교회에게 무슨 잘못이 있다고 말할 수 있을지 생각해 보았다.

차라리 우리가 진리의 복음을 굳게 붙잡고 용기를 내서 우리가 섬겨야 할 사람들에게 말을 아끼지 않고 담대하게 말하는 것이 더 나은 방도일 것이다.

진리로 충만할 때 힘이 나온다. 기독교 성직자의 힘은 그들이 문화적으로 어떤 비중을 차지하고 있는지에 의해 결정되는 것이 아니라, 살아 있는 진리이신 예수 그리스도께 봉사하는 데서 온다. 기독교가 세상이 말하는 식의 "해방"과는 관계가 없을지 몰라도, 우리에게도 힘은 중요하며, 그래서 그리스도인들은 힘을 포기했다는 식의 잘못된 겸손에 빠져서는 안 된다. 종으로 섬기는 일servanthood은, 길과 진리와 생명이신 분께 순종하는 한에서 힘이 된다. 성직자들은 문화의 인정을 받지 못한다고 해서 자신이 힘이 없다고 생각해서는 안 된다. 교회를 위해 말씀을 설교하고 성만찬을 베풀 수 있는 권위, 곧 우리 가운데 계신 하나님의 참 현존을 증언할 수 있는 권위는 목회자에게만 허락되었기 때문에 기독교 목회자는 힘이 있다. 그것이 힘이다.

그러므로 성직자가 씨름할 과제는, 정치 권력만을 알아 주는 이 세상 속에서 힘 없는 사람으로 어떻게 살아야 하느냐의 문제가 아니다. 진정한 과제는 하나님과 하나님의 교회가 부여한, 말씀과 성례전을 베푸는 놀라운 권세를 어떻게 도덕적으로 행사하는 사람이 되느냐이다. 성직자가 자기는 다른 사람의 마음을 아프게 하는 일을 감당해 낼 만큼 강한 사람이 못 된다는 생각으로 목회에 임하는 것처럼 위험한 일은 없다. 의과대학에 입학한 한 학생이 "저는 의사가 되고 싶습니다. 그러나 시체 해부는 겁이 나서 해부학 과목은 듣지 않겠습니다"라고 말한다고 생각해 보자. 이에 대해 대학 측에서는 "자네의 개인적인 생각일랑은 때려치우게나. 자네가 해부학을 배우지 않는다면 자네에게 사람을 수술하라고 맡길 수는 없네!"라고 말하게 될 것이다.

그런데도 많은 신학교에서는 미래의 목회자들이 교회사나 신학을 제대로 공부하지 않으려 해도 모른척 해버린다. 그 까닭은 성직자가 무식하다고 해서 사람을 죽이는 일은 없을 것이라고 생각하기 때문인 것 같다. 교회에는 묶고 푸는 권세, 죄를 선고하고 용서하는 엄청난 권세가 주어져 있다. 베드로가 가련한 아나니아와 삽비라에게 했던 일을 보라. 따라서 우리는 하나님께서 우리에게 주신 힘을 귀하게 여기고, 그 힘을 신실하게 사용할 줄 아는 사람이 되어야 한다.

자기가 깨달은 진리를 망설임 없이 솔직하게 말했던 조나단 에드워즈Jonathan Edwards는 동료 목회자들을 향해 다음과 같이 묻고 있다.

한없이 비참한 처지에 있는 사람들을 인도해 진리를 알게 하거나 빛으로 나아가게 하는 일을, 단지 그들이 놀라게 될지도 모른다는 염려 때문에 주저하는 까닭이 무엇입니까? 만일 그들이 언젠가 회심을 하게 된다면, 그들을 변하게 한 것은 분명 이 빛일 것입니다. 비록 그 죄인들이 비참한 상태에 있고 빛을 두려워한다 해도 그들을 계속해서 빛으로 인도하다 보면 점차 그 빛도 그들에게 기쁨으로 변화될 것입니다. 자연인이 누리고 있는 안락과 평화와 위로는 어둠과 무지에 뿌리를 두고 있습니다. 따라서 그 어둠이 사라질 때 그들은 두려움에 사로잡히게 됩니다. 하지만 그들이 안정을 누리게 도와주는 어둠을 왜 파헤쳐야 하느냐고 따지는 것은 옳은 주장이 아닙니다.[1]

우리가 보기에, 오늘날 목회 사역은 사람들이 진리이자 우리의 능력의 출처가 되는 복음으로 나가는 것을 방해하는 허튼수작이나 벌이고 있고, 바로 그 때문에 활력과 권위를 잃고 있다.

목회자들이 담대하게 진리를 말할 수 있기 위해서는 자기 교인들에 대한 두려움에서 자유로워야 한다. 어떤 이들은 목회자의 자아를 강화하는 심리학적 도구들을 통해 목회자들에게 용기를 불어넣어 주려고 하지만, 우리는 목회자들이 수행하는 목회의 신학적 기초를 확보함으로써 그들에게 힘을 실어 주려고 애써 왔다. 따라서 우리는 월터 브루그만Walter Brueggemann의 다음과 같은 말에 동의한다. "목회자의 활력은 하나님께서 이 세상에서 무슨 일을 하시고 계신가에 대한 구체적인 인식과 관련되어 있다. 만일 목회자가 이 점에 대해 확고한 신념을 갖지 못한다면, 그는 계속해서 변덕이나 부리고 속이는 짓을 저지르게 될 것이다."[2] 저 옛날 에베소서의 저자는 사슬에 묶여 있었음에도, 하나님의 소명을 근거로 자기 회중에게 말하고 목회할 수 있는 권세를 주장할 수 있었다.

나는 이 복음을 섬기는 일꾼이 되었습니다. 내가 이렇게 된 것은 하나님께서 그분의 능력이 작용하는 대로 나에게 주신 그분의 은혜의 선물을 따른 것입니다. 하나님께서 모든 성도 가운데서 지극히 작은 자보다 더 작은 나에게 이 은혜를 주셔서, 그리스도의 헤아릴 수 없는 부요함을 이방 사람들에게 전하게 하시고, 만물을 창조하신 하나님 안에 영원 전부터 감추어져 있는 비밀의 계획이 무엇인지를 [모두에게] 밝히게 하셨습니다. 그것은 이제 교회를 통하여 하늘에 있는 통치자들과 권세자들에게 하나님의 갖가지 지혜를 알리시려는 것입니다. 이 일은, 하나님께서 우리 주 그리스도 예수 안에서 성취하신 영원한 뜻을 따른 것입니다. 우리는 그리스도를 믿음으로써, 그분 안에서 확신을 가지고, 담대

하게 하나님께 나아갑니다.엡 3:7-12

목회자가 담대하게 진리를 말할 수 있는 까닭은, 예수 그리스도 "그분 안에서 확신을 가지고, 담대하게"라는 성경 말씀을 의지해 목회 사역을 감당하기 때문이다. 이러한 확신이 없을 때 목회자는 겁쟁이가 되어 버린다. 한마디로 말해, 목회자들은 사람들이 일상적으로 저지르는 거짓말과 그들이 무의미한 삶에 반응해 쏟아 놓는 천박함과 은밀한 절망감, 격렬한 분노를 가장 가까이서 목격하는 사람이다. 자기방어 본능은 우리 모두를 겁쟁이로 만들어 버릴 뿐이다.

예수의 부름을 받아 교회를 이룬 사람들은, 겉으로는 불신앙의 모습을 드러내도 여전히 진리에 귀 기울일 수 있는 사람들이기 때문에 목회자는 두려워할 필요가 없다는 것이 우리의 생각이다. 사람에 대한 두려움에서 이루어지는 목회는 결코 행복할 수가 없다. 사람들이 여러 가지 잘못된 동기에서 교회에 나온다는 것은 분명하다. 그러나 목회자는 말씀을 통해 그들을 도와주고, 그래서 그들이 여기 있게 된 것은 그들의 잘못된 동기에도 불구하고 하나님께서 그들을 이곳으로 부르셨기 때문이라는 놀라운 사실을 깨닫게 해줄 수 있다. 사람들은 결혼 문제를 해결하기 위해, 또는 자녀를 순결하고 말 잘 듣는 아이로 기르는 데 도움을 받고자, 아니면 그저 혼자 있기보다는 좀 멋진 사람들과 어울리기 위해서 교회에 올 수 있다. 목회자는, 사람들이 교회에 나오는 잘못된 동기들을 깨뜨리도록 도와주고, 또한 하나님은 가차 없고 매정하며 한없이 기략이 뛰어난 신으로서, 좋은 이유에서든 나쁜 이유에서든 우리를 소유하기로 작정하신 분이라는 사실을 그들이 알도록 도와주는 데 없어서는 안 될 존재다. 바로 이 때문에 우리는 기뻐하며, 또 이런 사실로 인해 우리는 우리가 나누는 식사를 "성만찬"eucharist이라고 부른다.

많은 사람들이 우리 두 저자가 자유주의자인지 보수주의자인지 알고 싶어 했는데, 그 외에도 우리가 여기서 주장하는 내용에 과연 "새로운" 것이 있는지 궁금해 하는 사람들도 있다. 새로운 것을 말하는 것은 우리의 몫이 아니다. 그것은 학계에서나 좋아하는 일거리요, 새로운 것이 아니라 참된 것을 말하는 데 관심을 둔 교회에는 별로 쓸모가 없는 일이다. 그렇지만 우리가 쓰고 있는 이 글에서 새로운 강조점이 무엇이냐고 묻는다면, 그것은 기독교 신념들을 교회의 삶과 사역 속에 구체화함으로써 그것들의 본래성을 새롭게 확인하게 되었다는 점을 들 수 있겠다. 이 책의 앞부분에서 우리는 현대 그리스도인들이 씨름할 과제는 기독교적인 신념들을 현대적인 언어로 번역하는 일이 아니라 공동체를 세우는 것이라고 주장했다. 즉 그 누구도 성부와 성자와 성령이신 하나님에 대한 믿음을 고백하는 것이 무엇을 의미하는지 물을 필요가 없을 정도로, 확실한 신념으로 형성된 나그네 된 거류민의 식민지를 세우는 것이다.

기독교 신학이 씨름해야 할 가장 큰 과제는 번역이 아니라 실행이다. 현대의 위대한 신학자들이 우리의 언어를 현대성에 맞게 번역하려고 애썼던 주된 이유 중 하나가, 바로 교회가 실행에 무기력하게 되어 버렸다는 사실 때문이다. 그러나 제아무리 세련된 신학 사상이라 해도 하나님에 관한 언어를 몸으로 살아 내는 사람들의 공동체인 교회를 대신할 수는 없다. 이 공동체 속에서는 우리가 함께하는 삶과 우리의 말이 모순되지 않으며, 따라서 하나님에 관한 담화는 솔직하게 이루어진다. 교회란, 자신의 죄를 인정하고 하나님의 용서를 받으며 그로 인해 사랑 안에서 진리를 말할 수 있게 된 사람들을 통해 하나님에 관한 우리의 언어가 가시적이고 정치적인 형태로 실행된 것이다. 주일예배는 우리에게 우리의 능력의 출처가 무엇이며, 세상을 괴롭히는 문제에 대한 우리의 해결책의 독특한 본성이 어떤 것인지를, 가장 명백하고 교회다운 방식으로 확인시켜 주는 통로가 된다.

은혜롭게도 하나님은 우리를 우리 자신의 수단에만 맡겨 두지 않으셨고, 나아가 나사렛 예수와 그의 교회를 통해 우리를 만나시기 위해 오셨다. 그러므로 하나님을 알 수 있는 가장 좋은 방법 중 하나는 하나님께서 세우신 사람들, 곧 성도들의 삶을 자세히 살펴보는 것이다.

그런데 이것이 오히려 많은 사람들이 하나님을 믿지 않겠다고 말하는 근거가 되기도 한다. 그들은 교회라 불리는 "성도들"의 집단을 살펴보고는, 이 사람들이 믿지 않는 사람들과 크게 다른 점이 없어 보인다고 말한다. 이렇게 된 원인의 일부는, 그 구경꾼들이 지나치게 편협한 신 개념이나 터무니없이 이교적인 신 개념을 가지고 있어서, 하나님께서 글래디스나 바울의 삶을 통해 그들에게 다가오실 때 하나님을 보는 일이 막혀 버리기 때문이다. 더 큰 이유는 우리 그리스도인들이 우리가 섬기는 그분을 본받는 데 실패했기 때문이라고 할 수 있다.

우리는 하나님께서 이 세상을 포기하지 않으셨다고 믿으며, 그런 까닭에 목회자들의 용기와 그들의 회중이 잠재적으로라도 가지고 있는 진실함에 대해서도 변함없이 신뢰를 보낸다. 오늘날 우리 교회에는 수없이 많은 잘못이 있으며, 그 누구보다도 이 사실을 잘 아는 사람이 교회의 목회자다. 그러나 감사하게도 우리 중에서 성도들을 전혀 찾아낼 수 없을 정도로 우리가 깊은 불신앙에 빠져버리지는 않았다.

그러므로 성만찬 자리에서 회중이 드리는 기도를 본받아, 우리도 이렇게 기도한다.

주님,
그리스도의 피로 구속된,
하나이며 거룩하고 보편적이며 사도적인 교회를 기억하소서.
그 일치를 보이시고, 그 믿음을 보호하시고, 평화를 누리도록 보존하소서.
주님, 당신의 교회에 속한 모든 종들을,
감독과 장로와 집사와
당신께서 목회 사역의 은사를 부어 주신 모든 이들을 기억하소서.

그리스도의 평화 가운데 죽은 우리의 모든 형제자매들,
그리고 오직 주님만이 아시는 신앙의 사람들도 기억하소서.
그들을 인도하셔서 주님 앞에서 만백성에게 예비된 기쁨의 잔치자리로
인도하소서.
복된 동정녀 마리아와
조상들과 예언자들과 사도들과 순교자들과……
주님의 함께하심으로 생명을 누리는 모든 성도들과
이 모든 이들과 함께
저희는 주님을 찬미하며 주의 나라의 행복을 기다립니다.
거기에서

죄와 죽음에서 해방된 모든 피조물들과 함께

우리는 우리 주 그리스도와 함께

주님께 영광을 돌리게 될 것입니다.

—리마 예식서 Liturgy of Lima

후기

　내가『하나님의 나그네 된 백성』을 읽은 지 적어도 20년의 세월
이 흘렀다. 이 책의 25주년 기념판에 실을 '후기'를 쓰기 위해 책을 다
시 읽어야 한다는 게 두려웠다. 내가 예전에 쓴 책을 읽는 일이 고통
스러울 때가 많은데, 그 이유는 내 글이 깔끔하지 못하다는 생각이 들
때가 많기도 하고 또 내가 펼쳤던 주장이나 견해를 일관성 있게 제시
하지 못했음을 깨닫기 때문이기도 하다. 우리는『하나님의 나그네 된
백성』을 쓸 때 일반 독자들을 대상으로 삼았기에 우리의 견해를 옹호
하는 데 필요한 만큼 철두철미하게 글을 쓰지 않았으며, 그런 까닭에
내가 이 책을 다시 읽는 일이 쉽지만은 않으리라고 생각했다. 이 책을
다시 펼치면서 생각하기를 우리가 말한 것들에 대해 나 자신이 매우
비판적이 되지 않을까 예상했었다.

　결과적으로,『하나님의 나그네 된 백성』를 다시 읽으면서 이 책
이 꽤 괜찮을 뿐만 아니라 내가 즐겁게 읽고 있다는 사실을 깨닫게
되었다고 말할 수 있게 되니 참으로 만족스럽다.『하나님의 나그네

된 백성』은 꼭 저술될 필요가 있는 책이며, 또 이 책이 어떻게 쓰였느냐는 주목할 만한데, 이 "어떻게"는 주로 윌리엄 윌리몬의 실력에 의해 다듬어졌다. 특히 내가 보기에 이 책의 장점은, 신학적 주장과 사회 분석을 통합한 것이요, 그렇게 해서 우리 그리스도인 앞에 놓인 도전을 건설적인 방식으로 밝혀 준다는 점이다. 간단히 말해 이 책은 주류 교회들을 향한 하소연일 뿐만 아니라, 하나님께서 교회를 위해 놀라운 일을 행하시는 시대에 우리가 살고 있다는 사실을 증언하는 희망 가득한 책이다. 그래서 나는 우리가 25년 전에 쓴 내용을 옹호하는 데서 한 걸음 더 나가려 한다. 내가 보기에 우리가 『하나님의 나그네 된 백성』에서 하려고 애썼던 일은 오늘날 교회가 직면하고 있는 도전에 대해서도 여전히 합당하기 때문이다.

25년 전에 이 책은 매우 급진적인 것으로 여겨졌다. 그런 대접을 받은 것도 당연했다. 어떤 사람들은 이 책이 주장하는 견해를 "따라잡기 어렵다"고 말했다. 이 책이 범주화를 거부했던 것이 그 이유다. 이 책을 보수주의나 자유주의로 분류하는 것이 그때나 지금이나 쉽지 않은데, 그 이유는 이 책에서는 제기된 질문들에 대한 답을 바꾸지 않았기 때문이다. 사실 『하나님의 나그네 된 백성』에서 하려고 한 일은 질문 자체를 바꾸려는 것이었다. 질문을 바꾸는 일은 언제나 익숙해지는 데 시간이 좀 걸린다. 우리는 어떤 질문을 받고, 그 답으로 우리가 좋다고 생각해 온 답을 기꺼이 선택하는 데 익숙하기 때문이다.

예를 들어, 『하나님의 나그네 된 백성』에서 우리는 리처드 니부어가 제안한 "그리스도와 문화는 어떤 관계인가?"라는 질문의 유용성에 문제를 제기하였다. 『그리스도와 문화』는 그리스도인들과 그들이 속한 세상의 관계를 어떻게 이해해야 하는가를 논제로 다룬 탁월한 책이었고 지금도 역시 그렇다. 니부어는 자신이 제안한 유형론이 규범적인 것이 아니라고 주장했지만, 우리의 식견을 넓혀 주는 데는 매우 유용했다. 하지만『그리스도와 문화』를 읽은 사람들은 대부분 변혁 유형이 민주주의 사회에서 교회의 역할을 이끄는 사회 전략이 된다고 보았다. 존 하워드 요더를 따라서 우리는 니부어의 유형론, 그 중에서도 특히 변혁 유형이 우리 시대의 교회 사역을 받쳐 주기에는 그리스도론과 교회론의 측면에서 너무 "빈약한" 전제들에 의해 결정되었다고 주장하였다.

그래서 우리는『그리스도와 문화』에서 리처드 니부어가 제시한 창조/구속이 아니라 교회/세상이라는 근본적 이원성을 주장한다. 리처드 니부어와 라인홀드 니부어의 연구에서 뼈대를 이루는 개념 체계에 우리가 문제를 제기했다는 사실 때문에, 민주주의 사회 속에서 교회가 어떤 특성을 지니는지 논하는 일체의 연구에 필요한 개념들을 그 두 저자가 제공했다고 생각하는 많은 성직자와 평신도들은『하나님의 나그네 된 백성』을 이해하기 어렵다고 느낀다. 이 책을 읽은 많은 사람들은 여전히 우리가 문제로 여긴 바로 그 범주들을 토대로 이 책을 비판하려고 애쓴다. 그래서 우리가『하나님의 나그네 된 백성』에서 그리는 교회가 세상에서 도피하게 하는 분파적 공동체라는 비난이 자주 제기되었다.

우리는『나그네 된 백성이 사는 곳』*Where Resident Aliens Live* 에서 이런 비판들에 답하고자 애썼으나, 우리를 비판하는 사람들의 사고방식 속에 분파적인 고정관념이 너무 깊숙이 자리 잡고 있는 까닭에 그들이 문제를 다루는 방식을 바꾸는 데 거의 성공하지 못했다. 그래서 많은 사람들은 『하나님의 나그네 된 백성』에서 주장하는 견해가 "문화와 대립하는 그리스도"를 대변하는 것이 분명하고, 그 때문에 그리스도인들이 세상에서 "책임 있게" 행동하는 일을 신학적으로 정당화해 주지 못한다고 추정한다. 『하나님의 나그네 된 백성』보다 나중에 출간되었으나 내가 그 전편으로 여기는 책인 『기독교 세계 이후』*After Christendom?: How the Church Is to Behave If Freedom, Justice, and a Christian Nation Are Bad Ideas*에서 나는 『하나님의 나그네 된 백성』에서 펼친 견해를 옹호하는 몇 가지 논증을 제시하려고 노력했지만, 오히려 우리가 그리스도인들을 사회정치적 참여에서 멀어지게 한다는 비판자들의 주장을 확인하는 결과를 낳은 것은 아닌지 걱정이 된다.

나의 책 『선한 무리 속에서』*In Good Company: The Church as Polis*에 실려 있는 '『하나님의 나그네 된 백성』은 왜 심금을 울리나'라는 제목이 붙은 장에서는, 『하나님의 나그네 된 백성』을 긍정적으로 이해하느냐 부정적으로 받아들이냐는 독자의 연령과 밀접한 관계가 있다는 사실을 윌리엄과 내가 모두 확인했음을 밝혔다. 우리와 같은 연배의 성직자들은 거의 대부분 이 책을 좋아하지 않으며, 반면에 비교적 젊은 나이의 목회자들은 이 책이 대변하는 도전들을 참된 것으로 받아들인다. 젊은 성직자들과 또 훨씬 중요하게는 많은 평신도들이 이 책을 읽고 우리에게 보낸 편지에서, 이 책은 그리스도인인 그들이 세상을 어떻게 경험하고 있는지를 선명하게 밝혀 주었다고 알려 주었다. 그들은 뭔가 크게 잘못되어 있는 까닭에, 지금까지 무엇이 잘못된 것인지를 파악하고자 사용해 온 분석 방식조차도 더 이상 적합하지 않게 되었다고 생각했다. 그래서 우리는 요더의 고백 교회 유형이 니부어의 변혁 유형에 대한 건설적 대안이 될 수 있다고 제안한다.

『하나님의 나그네 된 백성』에서 다룬 내용을 내가 여전히 만족스럽게 생각하는 또 한 가지 이유는, 이 책이 앨러스데어 매킨타이어가 『덕의 상실』*After Virtue*에서 모든 철학은 사회학을 전제로 한다고 주장한 것을 구체적으로 제시한다는 점이다. 우리는 이 주장이 신학에도 그대로 적용될 수 있다고 생각한다. 요더의 저술에서는 그가 그리스도론과 교회론을 분리하기를 거절한 데서 이 주장이 적용된 것을 확인할 수 있다. 『하나님의 나그네 된 백성』의 중심에도 이러한 주장이 자리 잡고 있다. 이러한 관점을 토대로 우리는 근래에 발전한 가장 영향력 있는 신학 견해들, 곧 틸리히와 불트만, 니부어 형제, 플레처*Joseph Fletcher*와 같은 이름과 연계된 대안들이 기독교 세계의 사회학을 옹호할 뿐만 아니라 적극 반영한다고 주장한다. 이 신학자들은 그리스도인들은 "정치적"이어야 한다는 중요성을 강조했다. 그런데 바로이 지점에서 정치—그리스도인들이 동의한 정치—는 역설적으로 교회를 탈정치화하는 결과를 초래했다.

우리는 우리가 하나님을 예배할 때 그리스도인으로서 어떤 이야기를 하는지 그 의미를 주의 깊게 헤아림으로써 교회의 정치적 특성을 새롭게 세우려고 했다. 또 그리스도인의 말의 진실성을 되찾는 일과 교회가 세상 속에 자리 잡는 방법 사이의 관계에 관해 만족할 만큼 명료하게 다루지 못했을 수도 있다. 하지만 누구든 『하나님의 나그네 된 백성』을 읽으면서 신학과 사회 분석의 밀접한 상호 관계를 놓칠 수는 없다는 것이 내 생각이다. 그런 점에서 『하나님의 나그네 된 백성』은 사회 분석의 틀 안에서 기독교 신학을 하려는 시도를 대변한다. 그러므로 우리가 펼친 논증에서 핵심적인 부분은 신학이 왜 그리고 어떻게 정치적 함의를 "지니지" 않는지를 입증하는 일이었다. 오히려 신학은 본질적으로 그리고 동시에 태생적으로 "그 자체가" 정치적이다.

우리가 폭스 극장이 주일에 문을 열었던 일을 사례로 이 책을 시작해서 일부 독자들을 잘못된 방향으로 이끌었을지도 모르겠다. 그 때문에 우리가 주장하는 견해가 기독교 세계의 불가피한 몰락을 근거로 삼고 있다는 인상을 주었을 수도 있다. 달리 말해 우리가 하려고 한 일이 사회적 인정과 지위, 정치적 힘을 상실하는 현실에서 어떻게 교회의 지위를 재정립할 것인지를 제시하는 방법처럼 보였을 수도 있다. 물론 우리도 기독교 세계의 몰락이 불가피한 일이라고 생각하지만, 다른 한편으로는 그런 몰락이 교회로 하여금 권력자들에게 도전할 수 있게 하는 섭리적 징표라고 주장하기도 했다.

분명 우리는, 콘스탄티누스주의 체제나 기독교 세계 체제에 집착해 온 교회는 재검토될 필요가 있다고 고집스럽게 문제를 제기하였다. 콘스탄티누스주의란 교회가 국가의 지원을 받아 특권을 누리는 것을 말한다. 이런 유형의 체제는 결코 문을 닫는 법이 없는데, 오히려 우리의 눈으로 볼 때 훨씬 더 난감한 문제는, 이런 체제의 교회가 현실의 사태를 마땅하고 최선의 상태로 여기는 가정을 정당화해 주는 제도라는 점이다. 특히 우리는, 요더의 표현으로 말해 그리스도인은 "역사의 운전대"를 쥐고 있으며 그 때문에 이른바 진보적 발전의 주체가 될 수 있다는 억측에 이의를 제기하려고 했다. 그러나 우리가 이렇게 문제 제기를 했다고 해서 그리스도인이 세상에서 도피하는 일을 바람직하다거나 가능하다고 여겼다는 뜻은 아니다. 우리는 세상에 에워싸여 있으며, 따라서 탈출은 불가능하다. 우리가 하려고 한 일은 그리스도인의 세상 참여는 교회의 정치적 실재를 통해 배운 것을 기준으로 결정되어야 한다는 것을 그리스도인들에게 상기시키는 것이었다.

이것이 바로 우리가 "분파주의"라는 비난에 대해 그처럼 거부감을 보인 이유다. 우리는 부당하게 "분파주의"라고 비난당했던 메노파 교도들을 크게 존중하기는 하지만, 주류 개신교인들에게 메노파가 되라고 권하지는 않는다. 주류 세력을 따라가려는 사람들을 차단하는 데 빈번히 어려움을 겪었던 메노파 사람들에게는 자기네를 모방하려고 기웃대는 주류파 말고도 문제가 많다. 어쨌든 주류 개신교인들로서는 그런 문제가 어떻게 해결될는지 알 수 없다. 누가 뭐라든 우리는 주류 개신교인들이다.『하나님의 나그네 된 백성』은 무엇보다도 주류 개신교인들을 위해 쓴 책이었다. 그래서 우리는 주류 개신교 내에 이미 존재하는 잠재성, 즉 세상 정치의 대안이 되는 교회의 정치적 의의를 되찾아 제시하려고 했다.

이렇게 정치를 회복하는 일에는 앞에서 내가 말한 대로 신학의 구조를 조정하는 작업이 수반된다. 특히 그리스도론과 교회론을 통합하는 작업에는 사회학이 이용되는데, 우리가 볼 때 교회의 신실한 증언을 위해서 사회학이 필요하다. 예를 들어, 우리는 속죄론을 따로 떼어 고립시키려는 모든 시도를 거부한다. 여기서 속죄론이란, 교회 안에 있는 것이 곧 구원이라는 주장을 더 이상 고집할 수 없는 형편에서 구원에 관해 명확한 설명을 제시하려는 노력이라고 말할 수 있다. 우리의 관점에서 볼 때, 속죄를 설명하는 충족설satisfaction은 교회가 우리의 구원과 관련해서 더 이상 의미가 없을 때나 필요하다. 달리 말해, 충족설은 기독교 세계를 배경으로 삼은 교회가 더 이상 세상에 대안을 제공하지 못하는 것으로 여겨질 때에나 필요하다. 이 점에서 추정할 수 있는 사실은, 흔히 자신을 복음주의라고 내세우고 보수주의 신학 견해를 대변한다고 자부하는 교회들이 실제로는 개신교 자유주의의 습성을 그대로 반복하고 있다는 점이다.

앞에서 나는 교회/세상의 이원적 관계에 대한 우리의 이야기가 신학 자체가 수행되는 방식에 어떤 차이를 낳는지 주의해 보라고 요청했다. 내가 볼 때, 이 책을 논평한 많은 사람들조차 이 점을 제대로 이해하지 못한 것 같기 때문이다. 그러나 이런 형편이 바뀌고 있다. 예를 들어, 제임스 데이비슨 헌터James Davison Hunter는 그의 중요한 책인 『기독교는 어떻게 세상을 변화시키는가』To Change the World: The Irony, Tragedy, and Possibility of Christianity in the Late Modern World에서 『하나님의 나그네 된 백성』을 크게 비판하면서도 우리가 이 책에서 주장한 교회/세상의 이원성이 지니는 의미는 바르게 이해하고 있다. 그는 이 이원성의 의미를 이해할 뿐만 아니라 우리의 신학적 주장 가운데 많은 것을 공유하는 것으로 보이는데, 이런 점에서 『하나님의 나그네 된 백성』에 제기한 그의 비판은 유익하다.

헌터는 공평하게도 『하나님의 나그네 된 백성』을 그가 "신재세례파neo-Anabaptist 전통"이라고 규정한 영역에 속한 책으로 이해한다. 게다가 그는 좌파(주류 개신교)나 우파(복음주의 개신교)보다는 이쪽 대안에 훨씬 더 공감한다. 예를 들어, 헌터는 교회의 정치적 증언을 결정짓는 일에서 그리스도의 중심성을 강조하는 신재세례파의 견해에 크게 동조한다. 게다가 신재세례파와 마찬가지로 그도, 예수가 요구하는 급진적 사회 변화에서 보면 다양한 형태로 등장했던 콘스탄티누스주의는 사실 "이단"이라고까지 생각한다.[1] 그는 이 주장이 특히 미국의 교회에 딱 들어맞는다고 생각하는데, 미국 교회는 그리스도뿐만 아니라 자유민주주의와 소비자본주의의 정치경제에까지 이중으로 충성을 함으로써 스스로 병들어 버렸다. 헌터는 주저하지 않고 이런 정치의 결과를 우상숭배라고 부른다.[2]

헌터는 신재세례파에서 그리스도인들의 나그네 된 특성을 강조하고자 사용한, 교회와 세상을 가르는 강력한 이분법을 매정하게 대하지는 않는 듯하다. 신재세례파처럼 그도 교회는 세례와 섬김, 용서, 비폭력, 원수 사랑을 실천하면서 구현하는 독특한 정치적 삶을 산다고 생각한다. 헌터는 교회를 이해하는 이런 방식이 어떻게, 『하나님의 나그네 된 백성』에서 우리가 주장한 것처럼 교회는 많은 사회 윤리를 가지는 것이 아니라 교회 자체가 사회 윤리가 된다고 말하는 근거가 되는지 제대로 이해하고 있다. 게다가 신재세례파에서 교회가 정치라고 주장한 것이 근본적으로 "정치적"이라는 말의 의미를 바꾸려는 시도였다고 본 헌터의 생각은 전적으로 옳다.[3]

헌터는 『하나님의 나그네 된 백성』의 몇 가지 주제들에 대해서는 공감하는 것 같으면서도 우리가 교회의 대안적 정치라는 논의를 잘못 설명함으로써 그리스도인들이 교회 밖의 삶에 참여하는 것을 어렵게 만든다고 생각한다. 특히 헌터는 우리가 국가와 시장을 악마로 만들어 버리며, 그렇게 해서 우리는 우리가 옹호하는 것이 아니라 맞서 싸우는 것에 기대어 교회의 정체성을 규정한다고 주장한다. 우리 교회의 정체성은 타락한 정부 및 여러 권세들에 의해 결정되며, 그들의 타락이 분명하면 분명할수록 교회의 사명도 더욱 분명해진다는 것이다.[4]

니콜라스 월터스토프Nicholas Wolterstorff는 『힘 있는 자와 전능자』*The Mighty and the Almighty: An Essay in Political Theology*에서 요더에 대해 비슷한 비판을 제기한다. 월터스토프는 요더가 국가에 의해 정당하게 행사되는 권위, 특히 자유민주주의 국가의 특징인 권위 유형을 설명하는 데 실패했다고 주장한다. 따라서 월터스토프(그리고 헌터)의 관점에서 보면, 요더와 마찬가지로 우리도 여러 국가 형태들의 차이점을 밝히는 근거를 제시하는 데 실패했다.

헌터가 신재세례파의 대안을 긍정적으로 평가하기는 하지만, 그의 판단을 요약하면 윌리엄과 내가 "세상을 혐오하는 신학"을 대변하며, 그래서 우리의 저술에서는 창조 속의 아름다움이라든가 교회 밖에 있는 사람들과 공유하는 진리에 대한 긍정을 찾아보기가 거의 불가능하다는 것이다.[5] 헌터의 주장에 따르면, 우리의 저술에서는 피조물의 기쁨과 환희, 즐거움에 대한 표현을 볼 수 없다. 오히려 그는 우리가 교회의 순수성을 유지하기 위해서는 세상에서 물러나야 한다고 보는 영지주의 형태의 기독교를 대변한다고 주장한다.[6] 헌터는 우리가 성육신을 긍정한다는 점에서는 신학적으로 정통이지만, 그리스도의 인간되심의 의미를 교회에만 한정하고 교회 밖의 일이나 사회적 삶에 대해서는 중요성을 인정하지 않는다고 주장한다.[7]

우리의 견해에 헌터가 지적하고 비판한 것에 어떻게 답해야 할지 모르겠다. 어떤 식으로 대답하든 그것은 "당신이 배우자를 때리기를 멈춘 때가 언제냐?"라는 질문에 대한 답과 같은 모양이 될 듯싶다. 그래서 내가 할 수 있는 최선의 응답은 내가 저술한 책 가운데서 적어도 내가 세상을 부정하는 신학에 매달린다는 헌터의 주장을 수정할 수 있는 내용을 제시하는 것이다. 윌리엄과 내가 쓴 모든 글을 헌터가 읽었다고 보기는 무리겠지만, 내가 보기에 그가 우리 저술을 조금이라도 폭넓게 읽었다면 우리가 세상을 부정하지 않는다는 사실을 알았을 것이다. 예를 들어 나의 책 『일상의 언어로 드리는 기도』*Prayers Plainly Spoken*에서 그는 내가 다음과 같이 기도하는 것을 볼 수 있을 것이다. "붉게 물들어 가는 초록빛 잎사귀의 아름다움, 밝게 빛나는 낯선 이의 얼굴, 흥겹게 뛰노는 고양이, 친구들의 너그러움에서 느끼는 순전한 경이감, 이 모든 것과 그 외의 많은 것을 풍성하게 베푸시는 주님께 감사드립니다. 은혜로우신 하나님을 찬양합니다." 기도는 계속해서 이렇게 이어진다. "하지만 주님, 저희를 도우셔서 주님께서 예수 그리스도를 통해 우리를 지으셨음을 기억하게 하소서. 예수 그리스도는 자기네가 선물로 존재함을 알지 못하는 세상을 위해 주님께서 베푸신 감사 제물입니다. 우리가 굳건히 달려 나가, 주님 베푸시는 새 시대의 잔치에 참여하게 하소서. 거기 주님께서 마련하신 시공간 속에서, 우리가 기꺼이 주님의 기쁨 되기를 원합니다. 아멘."[8]

나는 『하나님의 나그네 된 백성』이 출간되고 나서 이 기도문을 썼으며, 내가 가르치는 기독교 윤리학 수업을 시작하기 전에 종종 이 기도문으로 기도했다. 나는 이 기도문에서 고백한 내용들이 『하나님

의 나그네 된 백성』의 주장들과 상충하지 않는다고 생각한다. 아마
헌터는, 내가 어떤 맥락에서는 하나님의 선하신 피조물을 찬양하지
만 그런 피조물의 아름다움에 대한 찬양을 내 전체 저술의 본질적인
부분으로 제시하지는 못한다고 대답할 것이다. 그래서 그는 『하나님
의 나그네 된 백성』에 대한 자기 비판을 수정할 필요가 없다고 주장
할 것이다.

하지만 그러한 그의 반박도 내가 『우주의 티끌과 함께』*With the Grain*
*of the Universe*에서 펼친 주장을 고려한다면 적절하지 않을 것으로 보인다.
그 책에서 나는, 바르트의 사상이 "자연"*the natural*을 신학적으로 옹호하
는 것으로 이해할 수 있으며 그 방식은 "자연"이 그리스도론적 토양
에서 분리된 규범이 되는 것을 막는 식으로 이루어진다고 주장하였
다. 내가 반대하는 것은 개혁주의 전통에 속한 많은 사람들이 창조를
이용하는 방법인데, 그들은 그리스도의 심판을 대신할 규범을 세우
기 위해 창조에 호소하려고 한다. 요더가(그리고 내가) 창조를 종말론
적 관점에서 이해해야 한다고 주장한 것은, 창조를 근거로 수립된 규
범들—비록 그리스도의 제자가 된다는 의미와 충돌하기는 하나 특별한
문제가 없어 보이는 규범들—에 문제를 제기하려는 것이었다. 게다가
나는 창조를 이런 식으로 이해하는 것이 그리스도인과 비그리스도인
의 상호 작용을 불가능하게 한다고 생각하지 않는다. 비그리스도인
들도 자기네가 예상한 것보다 훨씬 더 많은 것을 그리스도인들과 공
유한다는 것을 알게 될 것이다.

우리는 바르트도 여기에 동의하리라고 믿는데, 그가 『행동하시
는 하나님』*God in Action*에서 이렇게 말하기 때문이다. "하나님께 귀 기울

여 듣는 사람은—아니, 그런 사람만이—자신의 불경스런 속성을 안다. 교회에 본질적인 사실은, 인간적이 아닌 것은 모두 교회에 낯선 것이라는 점이다."[9] 바르트는 이 주제를 계속 발전시켜서, 교회 안에서 사람들은 인간의 유한성과 제약, 고독을 기꺼이 인정함으로써 자신을 냉철하게 볼 수 있어야 한다고 말한다. 바르트는 세상이 좀처럼 교회에 고마워하지 않는 이유는 교회가 세상의 우상들을 무시했기 때문이라고 말한다. 사실 그리스도인들은 그런 태도로 인해 계속해서 박해를 받아 왔고 앞으로도 그럴 것이지만, 교회가 세상과 구별되는 독특성은 그렇게 세상의 우상들을 무시하는 교회에 의해 발견된다.

바르트가 볼 때 교회가 세상과 구별되는 차이점은 교회의 세상성worldliness이다. 교회는 세상보다 훨씬 더 세상적이라고 바르트는 주장한다. 교회는 인도주의자보다 훨씬 더 인도적이다. 요더가 『국가에 대한 기독교의 증언』The Christian Witness to the State에서 국가가 어떤 것인지를 국가보다 교회가 더 잘 안다고 주장한 것처럼, 바르트는 교회가 세상의 비밀을 꿰뚫어 본다고 주장한다. 그러므로 교회가 세상이 퍼붓는 비난과 모욕에 휘둘리지 않고 굳건히 서는 그만큼 교회는 세상에 참으로 충성하게 된다.

우리는 『하나님의 나그네 된 백성』이 바르트의 교회관과 세계관을 반영하고 있다고 생각한다. 그런데 이 사실 때문에 우리는 이 작고 평범한 책에서 우리가 하려고 했던 것에 대한 헌터의 비판 앞에서 훨씬 더 당혹스럽게 된다. 우리가 전혀 다른 정치 이해를 제시하려고 했다는 헌터의 주장—헌터도 역시 이런 작업에 관여하고 있다—이 전적으로 옳기 때문이다. 예를 들어 우리는, 본질적인 신앙에 대한 일치가 무너지는 현실에 직면해 사회적 연대를 확보하고자 정치로 넘어간 사람들에 대해 헌터가 제기한 비판에[10] 크게 공감한다. 헌터는 정치, 그중에서도 특히 국가 정치가 이런 목적을 위해 동원될 때 정치 본래의 책무나 한계를 벗어날 우려가 있다고 주장한다. 그래서 그는 민주주의 이론과 국가 이론을 구분하는 것이 극히 중요하다고 말한다. 우리는 이에 대해서도 당연히 동의하며, 그렇게 동의한다는 증거로 내가 롬 콜스[Rom Coles]와 함께 저술한 『기독교와 민주주의, 그리고 급진적 일상성』[Christianity, Democracy, and the Radical Ordinary]을 제시한다.

또 우리는 기독교 공동체는 무엇보다도 "자기의 사상뿐 아니라 제도들을 통해서도 말하는 언어 공동체"라고 본 헌터의 주장에 크게 동의한다.[11] 교회가 하나님의 부르심에 충실하면서 또 자신이 속한 다른 환경에서 사회적 삶의 조건들에도 충실하고자 노력할 때, 교회의 삶에는 내재적 갈등이 생긴다고 본 그의 생각은 옳다. 『하나님의 나그네 된 백성』은 그런 갈등을 피하려고 시도한 책이 아니었다. 오히려 이 책에서는 세상을 충실하게 섬기기 위해서 세상과 갈등하는 능력 있는 교회가 되라고 요청하였다. 따라서 우리는 교회가 우리의 신앙을 공유하지 않는 사람들과 "접촉점"을 찾는 데 반대할 이유가 없다. 하지만 헌터의 말처럼 "복음이 제시하는 급진적 대안을 양보하는 일이 없도록 그런 접촉점들을 신중하게 분별할 필요가 있다."[12]

『하나님의 나그네 된 백성』과 관련해 헌터의 책에 대해 말할 것이 많지만, 나는 『하나님의 나그네 된 백성』의 몇 가지 주장들을 명료하게 밝히기 위해서나 헌터가 그의 중요한 책에서 제시한 견해를 우리가 얼마나 존중하는가를 보이기 위해서는 충분히 말했다고 생각한다. 헌터는 자신의 책에 『기독교는 어떻게 세상을 변화시키는가』라는 제목을 붙였다. 당연히 그리스도인들은 세상을 변화시키려는 열정을 품어야 하지만, 우리가 그렇게 할 수 있는 것은 그리스도의 삶과 죽음과 부활을 통해 세상이 변화되었다고 믿기 때문이며, 헌터도 이에 동의하리라고 확신한다.

하지만 어떤 사람들은 내가 헌터의 견해와 『하나님의 나그네 된 백성』이 제시하는 견해의 차이를 과소평가했다고 생각할 것이다. 헌터가 보기에 그리스도인들은 나그네^{alien} 라기보다 거류민^{resident} 의 성격이 강하다. 헌터는 "나그네 된 거류민"이라는 구절을 그리 중요하게 여기지 않지만, 바벨론에 끌려온 사람들에게 예레미야가 "이곳에서 정착할 집도 짓고, 과일을 따 먹을 수 있도록 과수원도 만들라"^{렘 29:28}고 권한 말을 사용하는 것은 흥미롭다. 헌터는 이 구절이 존 하워드 요더가 좋아한 본문 가운데 하나였다는 사실을 모르는 듯하다. 그러나 우리가 보기에 이 구절은 그리스도인들이 자기네가 지은 세상에서 나그네로 살아가기를 배운다는 것이 무슨 의미인지를 보여주는 예가 된다. 헌터가 주장하듯이, 그리스도인들이 세상을 긍정한다고 해서 교회가 본질상 "저항 공동체"라는 사실을 잊어도 된다는 뜻은 아니기 때문이다.

『하나님의 나그네 된 백성』이 지금까지 그리스도인들을 도와서 우리가 "거류민"인 동시에 "나그네"라는 사실을 깨닫게 해주었다면, 앞으로도 이 책이 계속 출간되기를 윌리엄과 나는 감사하는 마음으로 기대한다. 참으로 이 책은 스스로 써 가는 듯싶은 책이었다. 우리의 간절한 희망은, 이 책이 우리 두 저자뿐만 아니라 이 책을 읽고서

풍성하게 말할 거리를 발견하는 사람들에 의해서도 계속 쓰이는 것이다. 우리는 하나님께서 주님의 교회를 버리지 않으실 것을 믿으며, 그래서 『하나님의 나그네 된 백성』이 희망의 책이 되기를 원했다. 하지만 하나님께서 우리를 버리지 않는다는 것은 우리가 하나님의 심판 아래에 들어와야 한다는 것을 뜻한다. 그리고 심판은 그 자체가 희망의 징표다. 『하나님의 나그네 된 백성』에 대해 마지막으로 한마디 더 한다면, 간단히 말해 "우리는 아직 죽지 않았다"는 말이 될 것이다. 우리로서는 『하나님의 나그네 된 백성』 출간 25주년을 기념하는 것이 생명의 징표가 될지 알지 못하지만, 그렇게 되기를 간절히 소망한다.

스탠리 하우어워스

주

서문

1. Thomas G. Long and Thomas Lynch, *The Good Funeral: Death, Grief, and the Community of Care* (Louisville, KY: Westminster John Knox Press, 2013), p. 37. (『좋은 장례』 CLC)

2. Karl Barth, *Church Dogmatics* IV.1 (New York: T&T Clark International, 2004), pp. 653-654. (『교회 교의학 IV/1』 대한기독교서회)

3. Lesslie Newbigin, *The Household of God: Lectures on the Nature of the Church* (London: SCM Press, 1952), p. 48. 같은 강연에서 뉴비긴은 교회를 "사건"으로 본 바르트의 교회론에 대해 종말론적 특성이 "역사적 성격을 완전히 밀어냈다"는 이유로 비판하였다(p. 49). (『교회란 무엇인가』 IVP)

4. Karl Barth, *Church Dogmatics* IV.3, p. 826. (『교회 교의학 IV/3-2』 대한기독교서회)

5. Karl Barth, *Church Dogmatics* IV.2, p. 617. (『교회 교의학 IV/2』 대한기독교서회)

6. Karl Barth, *Dogmatics in Outline* (New York: Harper & Row, 1959), p. 147. (『칼 바르트 교의학 개요』 복 있는 사람)

7. Bruce W. Winter, *Seek the Welfare of the City: Christians as Benefactors and Citizens* (Grand Rapids: William B. Eerdmans, 1994). 국가/교회의 상호작용에 대한 윈터의 설명은 웨인 믹스Wayne Meeks가 *The Origins of Christian Morality: The First Two Centuries* (New Haven, CT: Yale University Press, 1994)에서 설명하는 것과 반대된

다. 특히 3장을 보라. 믹스는 초기의 도시 그리스도인들이 윈터가 생각했던 것보다 훨씬 더 이교 국가와 불화하였던 것으로 본다. 윈터는 초기 그리스도인들이 예수를 예배하지 않는 여러 문화 속에서 시민과 자선가로 활동하면서 굉장한 업적을 성취하였다고 생각한다. 그리스도인들이 주변의 이방 나라들과 맺은 복잡한 관계에 대해서는 Peter Brown, *Through the Eye of the Needle: Wealth, the Fall of Rome, and the Making of Christianity in the West, 350-550 AD*(Princeton, NJ: Princeton University Press, 2012)에서도 다루고 있다. 로마에 사는 그리스도인들은 로마의 가난한 사람들을 새롭게 이해한 일로 로마 제국을 크게 앞질렀다(4장).

1장

1. Frederick Buechner, *Wishful Thinking: A Theological ABC*(New York: Haper & Row, Publishers, 1973). (『통쾌한 희망사전』 복 있는 사람)
2. 히르쉬에 관한 논쟁적인 자료는, Robert P. Ericksen, *Theologians Under Hitler*(New Haven : Yale University Press, 1985)를 보라. 이 글에서 틸리히와 히르쉬가 친한 친구였을 뿐만 아니라 두 사람의 신학도 본질상 동일한 것이었다고 말하는 에릭슨의 주장은 참으로 난감하다. 두 사람의 다른 점이라면, 자기들의 신학에서 어떤 정치적인 의미를 끌어냈느냐는 점뿐이다.
3. George Hunsinger, "Where the Battle Rages: Confessing Christ in America Today," *Dialog*, vol. 26, no, 4, pp. 264-274.

2장

1. Reinhold Niebuhr, *Love and Justice: Selections from the Shorter Writings of Reinhold Niebuhr*, ed. D. B. Robinson(New York: Meridian Books, 1967), p. 65.
2. Lesslie Newbigin, *The Other Side of 1984: Questions for the Churches*(Geneva: World Council of Churches, 1983), pp. 13-15. (『기독교의 새로운 출발을 위하여』 대장간)
3. "Poetry as Political Philosophy: Notes on Burke and Yeats," in *On Modern Poetry: Essays Presented to Donald Davie*, ed. Vereen Bell and Laurence Lerner(Nashville: Vanderbilt University Press, 1988), p. 149.
4. 근대 민족국가의 발전에서 전쟁과 군대가 담당한 이런 독특한 역할에 대한 증거자료는 Anthony Giddens, *The Nation-State and Violence*(Berkeley: University of California

Press, 1985)에서 볼 수 있다. (『민족국가와 폭력』 삼지원)

5. Arthur C. Cochrane, *The Church's Confession under Hitler* (Philadelphia: Westminster Press, 1962), p. 239.

6. "A People in the World: Theological Interpretation," in *The Concept of the Believer's Church*, ed. James Leo Garrett, Jr.(Scottdale, Pa.: Herald Press, 1969), pp. 252-283.

3장

1. Alasdair MacIntyre and Paul Ricoeur, *The Religious Significance of Atheism* (New York: Columbia University Press, 1969), p. 24.

2. Neil Postman, *Amusing Ourselves to Death* (New York: Penguin Books, 1986). (『죽도록 즐 기기』 굿인포메이션)

4장

1. Augustine, *Reply to Faustus*, pp. 22, 767.

2. Karl Barth, *Church Dogmatics*, IV.3.2 (『교회 교의학 IV/3-2』 대한기독교서회)

3. "The Sermon on the Mount as Radical Pastoral Care," *Interpretation* 41(1987), pp. 161-162.

5장

1. 신학이 어떻게 현대 무신론을 위한 자리를 마련해 주었는지에 대해서는 Michael Buckley, S. J., *At the Origins of Modern Atheism* (New Haven: Yale University Press, 1987)에서 방대한 자료를 얻을 수 있다.

2. W. C. Roof and W. McKinney, *American Mainline Religion* (New Brunswick, N.J.: Rutgers University Press, 1987)을 보라.

7장

1. Jonathan Edwards, "Thoughts on the Revival of Religion in New England, 1740," in *A Narrative of the Surprising Work of God in Northampton, Mass., 1735* (New York:

American Tract Society, n.d.), pp. 244-245.

2. Walter Brueggemann, *Hopeful Imagination* (Philadelphia: Fortress Press, 1986), p. 16.

후기

1. James Davison Hunter, *To Change the World: The Irony, Tragedy, and Possibility of Christianity in the Late Modern World* (New York: Oxford University Press, 2010), p. 153; 배덕만 옮김, 『기독교는 어떻게 세상을 변화시키는가』(서울: 새물결플러스, 2014), p. 160.

2. 같은 책, p. 155; 같은 역서, p. 234.

3. 같은 책, p. 161; 같은 역서, p. 245.

4. 같은 책, p. 164; 같은 역서, p. 249.

5. 같은 책, p. 174; 같은 역서, p. 263.

6. 같은 책, p. 218; 같은 역서, pp. 322-323.

7. 같은 책, p. 249; 같은 역서, pp. 369-370.

8. Stanley Hauerwas, *Prayers Plainly Spoken* (Grove, Ill.: InterVarsity Press, 1999; London: Triangle, 1999), p. 112. (비아 출간 예정)

9. Karl Barth, *God in Action: Theological Addresses*, tr. E. G. Homrighausen and K. J. Ernst (Edinburgh: T. & T. Clark, 1936), p. 27.

10. James Davison Hunter, *To Change the World*, p. 103; 배덕만 옮김, 『기독교는 어떻게 세상을 변화시키는가』(서울: 새물결플러스, 2014), p. 160.

11. 같은 책, p. 230; 같은 역서, p. 341.

12. 같은 책, p. 233; 같은 역서, p. 345.

찾아보기

해설의 글

Dream Team, 윤리학자와 설교자의 만남

이 책은 미국을 대표하는 윤리학자와 설교자의 공동작품이다. 스탠리 하우워어스는 2001년 『타임』지에 의해 "미국 최고의 신학자"로 선정되었으며, 윌리엄 윌리몬은 1996년 베일러 대학교에 의해 "영어권의 최고 설교자 12인 중 한 사람"으로 선정되었기 때문이다. 진정, 이 두 사람은 미국의 윤리학과 설교 분야에서 당대 최고의 명성을 지닌 대표적 인물들이다. 이 두 거장은 듀크 대학교에서 동료 교수로 만났다. 하우워어스는 이 대학교에서 기독교 윤리학과 법학을 가르쳤고, 윌리몬은 이 대학교의 최연소 교수로 임명되어, 실천신학을 강의하면서 대학교회 교목으로 사역했다. 이 책을 쓸 무렵 두 사람은 미국 연합감리교회 소속이었는데, 지금은 하우어워스는 성공회 교회에 출석하고 있으며, 윌리몬은 연합감리교회 감독을 역임했다.

이처럼 공통점과 차이점이 뚜렷한 두 사람이 이 책을 저술하게 된 동기는 "교회"에 대한 공통된 관심이었다. 신자로서 그들은 본래의 정체성을 상실한 미국 교회의 현실을 안타까워했다. 신학자로서 그들은 신학이 교회를 위해 봉사하지 못하고 계몽주의와 실용주의의 부정적 영향 속에 방황하는 모습에 크게 실망했다. 설교자로서 그들은 목회자들이 자신들의 고유한 사역을 제대로 이해하지 못해, 사역에 대한 과중한 부담감 속에서 우울증 환자들로 전락하는 현실을 통탄했다. 이런 문제 의식 아래 그들은 이 책을 공동집필했으며, 바로 이런 점에서 이 책의 현실적 의미와 학문적 가치가 분명해진다.

Dreams in Church, 하나님의 나그네 된 백성

이 책은 자신의 정체성을 상실하고 방황하는 현대 교회를 향해, 두 신학의 거장들이 던지는 교회론의 화두다. 두 저자의 판단에, 현재의 교회는 교회와 국가의 기형적 통합을 성취한 콘스탄티누스주의, 이성과 신앙의 통전성을 해체한 계몽주의, 그리고 공동체로서의 교회를 개인들의 사상누각으로 변질시킨 개인주의의 포로가 되어 있다. 교회에 대한 이런 진단을 토대로 이들이 제시하는 처방은 "하늘나라의 식민지"로서 교회의 자기정체성 회복이다. 이 땅에 거하고 있지만 이 땅에 정착해 안주하지 않으며, 이 땅의 현실에 영향을 받고 있으나 이 현실과 비판적 거리를 유지하고, 이 땅의 타락에 저항하지만 하늘의 진리로 혁명을 꿈꾸는 하나님의 백성으로 살아야 한다는 것이 이들의 해법인 것이다. 그렇다면, 이들이 꿈꾸는 "공동체로서의 교회"는 어떤 것인지, 그들의 메시지에 좀 더 귀 기울여 보자.

첫째, 교회는 모험 공동체다. 이들은 교회와 국가의 통합을 추구하는 콘스탄티누스주의에 정면으로 도전한다. 콘스탄티누스주의에 물들 경우, 교회는 특정 이념이나 체제에 봉사하는 정치적 도구로 전락한다. 보수신학에 근거해서 미국에 신정정치를 실현하고자 분투하는 근본주의나 미국제 민주주의의 실현에 봉사하는 것으로 교회의 기능을 축소하는 진보주의는, 그들의 외형적 차이에도 불구하고 콘스탄티누스주의 신봉자란 점에서 이란성쌍둥이에 불과하다. 진정한 교회는 현실에 안주하지 않는다. 그들은 현실적 안락과 안전의 유혹을 뿌리치고, 하나님이 지시하는 땅으로 믿음의 여행을 떠나는 나그네들이다. 그들은 세상이 제시하는 경계와 범주를 거부하고 세상이 설정한 삶의 방식과 모델을 포기한 채 "불신앙의 사회 속에서 나그네 된 거류민으로 살고, 모험을 감행하는 식민지로 존재한다."[77쪽]

둘째, 교회는 이야기 공동체다. 이 책의 저자들이 꿈꾸는 "공동체로서의 교회"가 이 땅에 세워지기 위해 반드시 필요한 것은, 교회가 "하나님의 이야기"에 귀 기울이고 그 이야기를 되풀이해서 타인에게 들려주는 것이다. 그동안 교회가 본질을 상실하고 왜곡과 타락의 길을 걸었던 중요한 이유들 중 하나는, 교회가 이 이야기를 망각하고 상실했기 때문이다. 하나님께서 우리를 구속하시는 독특한 방법에 대한 이야기, 우리에게 하나님의 거룩한 사역에 동참하도록 초청하는 이야기, 그리고 앞으로 우리가 믿음 속에 계속 이어가야 할 이야기의 공동체가 바로 교회인 것이다. 이 거룩한 이야기를 통해서, 우리의 본질을 기억하고, 우리의 현실을 인식하며, 우리가 가야 할 목표를 깨달음으로써, 교회는 비로소 하나님의 교회가 되며, 마침내 자신의 본질을 구현하게 된다. "그러한 깨달음을 통해서 그들은, 그 이야기를 모르는 수많은 사람들의 삶을 지배해 온 강력한 사회적 힘과 편견, 인습에서 자유로울 수 있는 능력을 얻는다."101쪽

셋째, 교회는 종말론적 공동체다. 이 책의 저자들은 교회가 현실에 안주하고 현실과 자신을 동일시하는 교회론적 변질이 발생한 결정적 이유로, 교회 안에서 발생한 종말론에 대한 관심과 긴장의 상실을 지적했다. 이런 종말론의 부재로 인해, 산상수훈 같은 예수 그리스도의 핵심적 가르침이 비현실적 혹은 신화적 가르침으로 폄하되고, 그 자리가 세속적 이념과 가치로 대체되는 비극이 발생한 것이다. 이런 서글프고 암담한 현실을 향해 저자들은 종말론적 비전의 회복을 강력히 촉구한다. 예수의 성육신과 십자가 사건으로 하나님 나라가 이미 우리 안에 침투하기 시작했고, 세상을 구원하시는 하나님의 방법이 뚜렷하게 제시되었으며, 그 영향력이 엄연하게 감지되고 있다. 동시에 공동체로서의 교회는 가야 할 궁극적 목적지를 발견했고, 세상이 포기한 그리스도의 윤리적 가르침을 현실 속에서 당당히 실천할 수 있게 되었다. 종말론적 공동체로서 교회에 대한 자신들의 확신을 두 저자는 이렇게 토로한다.

우리 두 저자가 바라는 것은, 하나님의 본성을 보여주는 산상설교를 따라 살고자 하는 마음과 그러한 백성이 되는 것이 우리의 목표라는 생각을 사람들에게 되찾아 주는 것이다. 식민지는 우리를 그 목적지까지 실어다 주는 배다. 우리가 진리를 알게 되고 더 나아가 그 진리와 함께 길을 가게 되는 일은 이 배 밖에서가 아니라 안에서 이루어진다.133쪽

끝으로, 교회는 혁명 공동체다. 교회를 "하나님의 나그네 된 백성"으로 이해하는 하우어워스와 윌리몬의 교회 개념 자체가 개인주의, 실용주의, 자본주의, 민주주의, 제국주의, 그리고 콘스탄티누스주의에 장악된 세상 속에서 혁명적 의미를 지닌다. 민주주의를 신봉하는 정치 광장에서 예수 그리스도를 왕으로 선포하는 것, 개인주의를 찬미하는 문화적 주류를 향해 공동체의 가치를 역설하는 것, 자본주의를 신으로 섬기는 맘몬의 신전에서 십자가로 우상을 파괴하는 것, 실용주의를 삶의 방식으로 맹신하는 세상을 향해 평화와 용서를 설교하는 것, 폭력의 전차에 올라타 세계를 향해 질주하는 제국의 심장부에서 비폭력의 깃발을 흔드는 것, 그리고 종교를 국가의 부속기관으로 임명해 충성을 요구하는 콘스탄티누스주의를 향해 교회의 독립을 선언하는 것은, 역사상 가장 장엄하고 거룩한 혁명인 것이다. "우리가 이 여행을 지속해 가는 데 필요한 미덕을 계발하는 것이 기독교 윤리요, 이 기독교 윤리는 혁명의 윤리다."[94쪽]

Dreams for Korea, 한국 교회여, 들으라!

『하나님의 나그네 된 백성』에서 하우어워스와 윌리몬이 교회를 향해 던지는 메시지는 단지 미국 교회를 향한 특이하고 예외적인 발언이 아니다. 전 세계에서 미국 교회의 영향을 가장 신속하고 광범위하게 받고 있는 한국 교회에도 이들의 메시지는 거의 동일하게 유효하다. 특히, 한국 교회가 자본주의에 대한 비판적 거리를 유지하기보다 일방적으로 자본주의의 나무에 물을 주고 그 탐스런 열매를 탐하는 현실, 정치 이념과 체제에 대해 성서적 대안과 비판을 제공하기보다는 그것들과 자신을 배타적으로 일치시킴으로써 현실적 이권을 추구하는 모습, 세속의 문화를 향해 예언자적 저항과 비전을 제시하는 대신에 그 문화를 무비판적으로 수용하거나 암암리에 추종하는 경향 등은, 이 책의 저자들이 제시하는 "하늘나라의 식민지"나 "하나님의 나그네 된 백성"으로서의 교회와는 너무나 차이가 많다.

한국 교회는 하나님 백성으로서의 자기정체성을 회복해야 한다. 세상의 이념과 문화에 동화되지 않는 십자가 공동체로서 자신의 본질을 재발견해야 한다. 현실에 안주하고 만족하는 제도로서의 교회가 아니라, 끊임없이 하나님 나라를 향해 먼 여행을 과감히 떠나는 나그네로서의 비전을 되찾아야 한다. 불신앙의 세상을 향해 끊임없이 인간적 구애의 손길을 뻗치는 대신, 하늘의 비전을 소유한 백성으로서 담대히 복음을 선포하고 실천하는 담력을 길러야 한다. 그러므로 빛과 소금의 생명력을 상실하며 끊임없이 추락하는 한국 교회가 이 두 저자의 진지한 도전 앞에 겸손하고 정직하게 서서, 그들의 메시지에 귀를 기울여야 한다. 이로써 한국 교회 내에서 "긍정의 힘"으로 대변되는 미국제 기독교의 일방적 영향에 대한 신학적 대안을 마련하고, 이런 지배적 흐름에 대한 적절한 균형을 회복하는 방법을 모색할 수 있을 것이다. 그렇게 한국 교회가 자신의 잃었던 건강을 조금씩 회복할 수 있을 것이다. 꼭 그럴 것이다.

배덕만 교수
기독연구원느헤미야 교회사